中华古籍保护计划

ZHONG HUA GU JI BAO HU JI HUA CHENG GUO

·成 果·

Zhaowanli Xiansheng Jinian Wenji

赵万里先生纪念文集

国家古籍保护中心 ◎ 编

国家图书馆出版社

图书在版编目（CIP）数据

赵万里先生纪念文集／国家古籍保护中心编. --北京：
国家图书馆出版社，2018.5
ISBN 978－7－5013－6343－8

Ⅰ.①赵… Ⅱ.①国… Ⅲ.①赵万里（1905－1980）
－纪念文集 Ⅳ.①K825.41－53

中国版本图书馆 CIP 数据核字（2018）第 017643 号

书 名	赵万里先生纪念文集	
著 者	国家古籍保护中心 编	
责任编辑	耿素丽	
封面设计	一瓢文化·邱特聪	

出 版	国家图书馆出版社（100034 北京市西城区文津街 7 号）	
	（原书目文献出版社 北京图书馆出版社）	
发 行	010－66114536 66126153 66151313 66175620	
	66121706（传真） 66126156（门市部）	
E-mail	nlcpress@ nlc. cn（邮购）	
Website	www. nlcpress. com→投稿中心	
经 销	新华书店	
印 装	北京盛天行健艺术印刷有限公司	
版 次	2018 年 5 月第 1 版 2018 年 5 月第 1 次印刷	

开 本	710×1000（毫米） 1/16	
印 张	16.25	
字 数	197 千字	

书 号	ISBN 978－7－5013－6343－8	
定 价	48.00 元	

目　　录

著名版本目录学家赵万里传略

张劲先

赵万里先生（1905—1980）是著名的版本目录学家，曾任北京图书馆研究员兼善本特藏部主任，中国图书馆学会名誉理事，第三届全国人民代表大会代表。

赵万里先生字斐云，别署芸盦、舜盦等，浙江海宁人，1905 年 4 月 4 日生于海宁啸园。啸园是著名的陈阁老花园安澜园的一部分，虽荒废已久，当时仍有许多花木。在住房的屋前屋后，还有不少桃树和十多株枇杷树，这就培养了他对植物的浓厚兴趣和深深的爱好。从上小学时起，他到处采集植物，分类分目地制作标本。江南草木茂盛，逐年积累，他能识别许多植物，能随口说出其名称科目。他少年时制作的植物标本，积存达数百种，后来全部赠给海宁县中山中学（这所学校在抗战炮火中被夷为平地）。

入学以前，他在母亲教导下已认识了千余字，能背诵几十首唐诗。6 岁进海宁达才小学读书，十分用功，成绩很好。上小学时，他每天很早就去学校，这曾引起过祖父的怀疑。有一次祖父跟踪窥视，见他到校后正从缸中取水，磨墨习字。他少年时期的作文就十分出色，老师曾在他的作文《海宁观潮记》后，写了长篇批语，赞扬备至。小学毕业后，以优异成绩考入嘉兴浙江省立第二中学，在校时用功学习，各科均名列前茅，尤致力于中国文学和史学。有次在雨天的星期日，他向别人家借得一部《三国志》，高兴地捧书回家，足穿钉鞋，不意滑跌一跤，左边眉心碰破，但书却高高举着没有污损。1921 年中学毕业，考入东南大学国文系，曾从吴瞿安（梅）先生学习，研究词曲，颇有心得。他对词的创作爱好尤深，这期间填词很多，在家里常常绕着桌子边走边吟，反复推敲。后来研究转向戏曲，词也不多作了，保留的一些作品虽是"少作"，仍可见其造诣之深。

他在学生时代，生活十分节俭，把零用钱省下来买了书，每次回家都带回很多线装书，到后来他的卧房几乎成了小书库，书的积累日多，排列也井然有序，这些书后来在抗战时全部散失了。1925 年到北京，拜王国维先生为师，以后在清华学校国学研究院任助教。他对王先生非常敬慕，执礼甚恭。王先生对这位高足，也是颇加青睐的。他曾临校王先生校本《水经注》，王先生在书上题了长跋。在王先生指导下，他学习刻苦专心，此后他在学术领域中涉及的面更广了，这时期在史学、文学、金石、戏曲、目录版本等方面，都奠定了基础。王先生治学态度谨严、实事求是、一丝不苟的作风，也使他深受薰陶。在以后几十年学术研究工作中，他一直保持着从严求实的态度。他从青年时起，写过和发表过的文章不下百余篇，整部著作的出版却是慎之又慎的，如《汉魏南北朝墓志集释》一书，早在 1936 年已定稿，又经一再补充修订，到 1956 年才由中国科学院考古所列入"考古学专刊"出版。他早年发表的论文，以《述"录""方"二字义》[①] 和《唐写本〈文心雕龙〉残卷校记》[②] 两篇为较早。

1927 年王先生自沉于昆明湖，当时他悲痛异常。这不仅是出于师生之谊的沉痛哀悼，更因为王先生的逝世实在是中国学术界的重大损

---

① 《国学丛刊》第一卷第二期，1923 年 8 月。
② 《清华学报》第三卷第一号，1926 年 6 月。

失。他编写了《王静安先生著述目录》①、《王观堂先生校本批本书目》②、《王静安先生年谱》③。同时编辑王先生著作成《海宁王静安先生遗书》，1928 年出版。以后他离开清华国学研究院，到北京图书馆的前身北海图书馆工作，任中文采访组组长和善本考订组组长，在北京图书馆工作长达五十多年，新中国成立前历任该馆编纂委员、购书委员会委员、善本部主任；新中国成立后任研究员兼善本特藏部主任。他到图书馆时，善本部主任是徐森玉先生。徐老是当代有名的版本学家、文物鉴定家，学识渊博，对金石、书画、目录、版本，以至陶瓷，无不精通。工作中他受徐老的指导，影响很大，加上北京图书馆丰富的善本书藏，逐日沉浸于宋元旧刻、名校精抄之间，取得了宝贵的实践经验。他以过人的理解能力和记忆力，加之原来的治学基础，因此在版本学、目录学、校勘学方面，有更深的造诣。当时著名的藏书家傅增湘、周叔弢、张允亮诸前辈，也都是研究版本目录学的行家，由于对古籍有共同的真知笃好，他与他们处于师友之间，互相切磋，把版本鉴定推向新的水平。

从 1929 年到 1949 年，他在图书馆工作之外，兼任前中央研究院历史语言研究所特约研究员和通讯研究员，同时任故宫博物院图书馆和文献馆专门委员。这期间还在北京几所大学中教课，历任讲师、副教授和教授等职。1929 年他开始在北京大学教课，当时年仅 24 岁。从 1929 年至 1937 年、1945 年至 1950 年，先后在北京大学任教。1933 年至 1937 年在清华大学任教。1933 年至 1951 年在辅仁大学任教。1942 年至 1945 年在中国大学任教。他在上述各大学讲授中国史料目录学、

---

① 《中华图书馆协会会报》第二卷第五号，1927 年 4 月。

② 《国学月报》专号，第二卷第八、九、十号合刊，1927 年 10 月。

③ 《国学论丛》第一卷第三期，1928 年 4 月。

目录学、校勘学、版本学、中国雕版史、中国戏曲史、中国俗文学、词史等课程。

在繁忙的教学和研究工作中,他仍将图书馆工作视为自己的主要工作,对馆藏古籍善本进行整理编目,编出《北平图书馆善本书目》四卷,1933年刻版印行。同时开展了《永乐大典》研究工作。乾隆年间纂修《四库全书》时,采纳朱筠建议,从《永乐大典》中辑出许多早已失传的珍贵资料。现有《永乐大典》虽仅存当时的百分之二三,其中仍有许多资料是值得继续发掘的。他深知这项工作的意义和分量,一方面想方设法搜集国内外现存的《永乐大典》,或收购,或传抄,或通过馆际交换,征求摄影本,缩微复制。从新中国成立前到新中国成立后几十年中,现存《永乐大典》的绝大多数以各种不同形式的本子,入藏于北京图书馆(1961年中华书局影印《永乐大典》,这批《大典》资料,全部都用上了)。另一方面,从20世纪30年代起,在他的倡导下,开始编制《永乐大典》引用书卡片索引,从而开展辑佚工作,先后编成《校辑宋金元人词》《元一统志》《析津志》和其他待整编方志、文集多种。

1928年以后,他负责编辑《国立北平图书馆馆刊》,从1933年9月起编辑《大公报·图书副刊》,除组织稿件外,自己也经常写些古书题识和书评等文章。

1948年北京解放前夕,国民党当局蓄谋将北图珍藏古籍善本盗运走。他为此日夜不安,竭尽心力,设法拖延,终于使国民党当局这一图谋未能得逞。1949年北京解放不久,华北人民政府将八路军战士抢救下来的山西赵城县广胜寺所藏金刻藏经4300多卷,送到北京,移交北京图书馆保藏。他对此极为感动,亲自撰写说明,举办《赵城金藏》展览,宣扬党和人民政府重视文化遗产、积极保护文物的政策和精神。

他多方设法，从延请技艺精湛的装裱工，到访求装裱必需的棉纸，为做好《赵城藏》的装裱整修工作采取种种具体措施，使这部藏经得以装修复原，延年长存。建国后，他喜见祖国新生，精神振奋，努力学习，要求进步。对当时政务院公布的保护文物和禁止珍贵文物图书出口办法，积极拥护。以后在文化部文物局领导下，协助郑振铎、王冶秋等领导同志，对各地图书文物的调查、保护和收集、鉴定做了许多工作。如 1950 年在董必武同志领导下，曾参加华东工作团工作。1963 年有位流寓澳门的藏书家，要将他的藏书出售，当时国外觊觎者甚多。文化部得知此讯，立即请他前去鉴定，将这批书及时购回，其中宋刻本 8 种、元刻本 15 种、黄丕烈校跋书 8 种，还有鲍廷博、陈鳣校本和明铜活字印本，使这样一批珍本免于流佚国外。经他调查并鉴定由港澳收回的珍本古籍，还有好几批。另外，他还尽心竭力或自己出面，或协助馆内同志，征集到许多珍本书和名家手稿，如王国维、梁启超、吴晗等人的手稿，吴梅收藏并校跋的古典戏曲等等。

1959 年值建国十周年大庆，他主持编定《北京图书馆善本书目》，将建国以来新入藏的大量善本古籍，也包括少部分抗战以后至建国前入藏善本，编成书目 8 册，由中华书局出版。同时主编《中国版刻图录》，以图版形式，按版刻时代及雕版地区编排，系统地介绍我国雕版印刷的起源和发展，由文物出版社精印出版。以这两部书作为建国十周年的献礼。

1964 年他被选为第三届全国人大代表，工作更加努力。他对北图的善本书藏，看作是中华民族的文化宝库的一个重要部分，从每一部书的整理编目，以至登记、入库、排架，都亲自参与。他对善本的装修，亲自过问并加指点，提出"整旧如旧"原则，力促精益求精。而这一原则，是根据历代书籍装修实例、装修的传统技术提出的。他对图书馆事业的热爱，一方面表现在对于书籍的关心备至，一方面着重在专业人员的培养，期望后继有人。从 50 年代中期开始，他在馆内给同志们开课，以目录学为主，先后讲过史料目录学和集部的目录学，系统地讲述历代的史学著作、不同体裁的史书，并结合版本知识，介绍各种史书的版刻源流、现存版本的优劣等等。集部目录学的讲授，大致也是如此。原计划从 1966 年起讲授经部目录学，因"文化大革命"开始而中止。

十年浩劫中，他受"四人帮"的残酷迫害，以致长期卧病在床。1980 年 6 月，终因病重逝世，享年 75 岁。

（原载《中国当代社会科学家》第九辑，书目文献出版社，1986 年；又以"赵万里"为题，刊于《海宁人物资料》第 1 辑，1985 年；又曾刊于《文献》1985 年第 4 期，署名赵深）

赵万里先生传略

赵芳瑛　赵深编　胡拙整理

赵万里先生是当代著名的版本目录学家，生前曾任第三届全国人民代表大会代表、北京图书馆研究员、善本特藏部主任、中国图书馆学会名誉理事，及北京大学、清华大学等校教授。

先生字斐云，别署有芸盦、舜盦等，祖籍浙江省海宁县。传说赵氏家族原籍甘肃天水，后到河南，又随北宋南迁，遂定居浙江。家中藏有旧时名家篆刻"天水扶风氏"和"南渡世家"两方印。祖父赵承鼎，字鉴斋，号耐庵。清代廪生，因挚友陈陆笙的劝说，感到仕途艰危，遂不再参加科考应试，多年在上海坐馆授徒。他喜篆刻，善书法，家乡许多街道桥梁的牌匾，都出于他的手笔。他将自己家乡的书房命名为"吟秋草堂"。父亲赵宗孟（1881—1955），字纯夫，号尘俯。在上海商界任职。他喜吟诗，也善书法，精行、隶体，是上海书法界名人。后来他将自己多年的诗作辑录成《尘俯诗钞》八册。斐云先生是家中长子、长孙，有弟妹五人。

先生在文史、金石、戏曲、俗文学、版本、目录和校勘等领域都有着很深的造诣，著作颇丰。特别是他的版本学被世人赞为"绝学"。

先生一生可分为六个时期：

一、1905—1921年，少年时代。

二、1921—1928年，奠定治学基础、态度和方法，先后从吴瞿安

（梅）先生和王静安（国维）先生受教。

三、1928 年以后，开始长达五十多年的图书馆善本古籍收集、整理与研究事业，就职于北平北海图书馆（1929 年与国立北平图书馆合组，建国后更名北京图书馆，1998 年更名为中国国家图书馆）。他利用北图丰富的库藏和往各地访书的机会，深入研究版本学、目录学和校勘学，大量论著频频发表。自此开始系统研究《永乐大典》，前后三十余年，硕果累累。在北大、清华等校任教。

四、1939—1948 年，完成两件重要工作：一是抗战时期在日寇占领区抢救收集各地的珍籍文物，使之免于被日寇所掠夺；二是北平解放前夕力阻国民党将北图善本精品南迁去台的企图，使全部国宝得以安全地保留下来。

五、1949 年新中国成立后，积极从事古籍文物的调查鉴定和收集保护工作。通过收购与宣传国家的鼓励捐献和奖励捐献的政策，使各地藏书家陆续将所藏聚集于国有，文化部把其中的大量精品调拨北图，从而使北图善本书库成为国宝荟萃之所。这时期他的论著陆续发表。他主编的《中国版刻图录》一书，阐述极其精辟，堪称他毕生研究版本学的总结。

六、1966—1980 年，"文革"风暴摧毁了他的健康，于 1980 年辞世。

先生有子女三人，都学有所成，在祖国教育、科研等岗位上做出了贡献。有孙辈四人，先后在国内外取得博士或硕士学位，从事专业工作。曾孙辈六人，都正茁壮成长。

以下根据不完整资料修作年表：

1905 年　出生

5 月 7 日（农历乙巳年四月初四）出生于浙江省海宁县城内（今

海宁市盐官镇）的啸园。啸园曾是清代乾隆朝大学士陈元龙的私家花园。

1911 年　六岁

母亲张顺媛（1882—1961）是他的启蒙老师。在学龄前他已能识字千余，背诵唐诗几十首。

秋，入海宁达才小学。他学习主动，勤于习练书法，喜爱植物，制作了多种植物标本。

1917 年　十二岁

小学毕业后考入嘉兴浙江省立第二中学。他学习用功，成绩名列前茅，对文史尤其喜爱。对植物甚感兴趣，曾将自制的标本送校参展。展后，又将标本赠予海宁县中山中学，作为教学参考之用。

1921 年　十六岁

中学毕业，考入南京国立东南大学（今南京大学）国文系，攻读文史。他学习积极，师从当代著名的戏曲理论家和词曲作家吴梅（字瞿安）先生，研习词曲。及至师从国学大师、词作家王国维（字静安）先生时，他的词学基础又得到进一步深化。后来他誊录存留下来的在大学时的一些习作集成《斐云词录》。这虽是少作，仍可见其词学造诣。

在大学期间，他生活俭朴，用节省下来的生活费买书。几年间得书颇丰，爱书藏书的癖好逐渐养成。其间还手钞了不少自己喜爱的书籍，如《水云楼》（自跋）、《烟霞万古楼诗》（吴梅跋）、《黼黻图回文诗》（王国维题签，吴梅跋）等。

1922 年　十七岁

作《述"录""方"二字义》，载 1923 年《国学丛刊》。

1925 年　二十岁

这年王国维先生受聘任清华学校（今清华大学）国学研究院导师。

当时国学研究院导师还有梁启超、陈寅恪、赵元任三位先生。经吴瞿安先生介绍，他大学毕业前半年离校，到北平拜王国维先生为师，在国学研究院任王先生助教。他对王先生非常敬佩，王先生对他也颇加青睐。在王先生的指导下，他的学术造诣日深，研究的领域涉及史学、文学、金石学、戏曲学、目录学、版本学、校勘学等方面。特别是王先生治学严谨、实事求是、一丝不苟的学风，使他深受熏陶。在他几十年的学术研究工作中，一直保持着从严求实的态度。

1926 年　二十一岁

冬，临王国维先生《水经注》一书的亲校。翌年春，王先生辞世前在此复墨后作长跋记述自己校《水经注》的经过，并赞许"门人斐云"的过录工作。

从这时起，多年间，他临校王国维先生亲校后又再校的和自己手校、手批的古籍有七十余种。并陆续发表校记、校补等论著。如《〈封氏闻见记〉二卷校补》《唐写本〈文心雕龙〉残卷校记》《〈说苑〉校补》《〈广韵〉校勘记》《〈淮南子〉札记》《〈渑水燕谈录〉佚文辑补》等。

1927 年　二十二岁

6 月 2 日，王国维先生自沉于北平颐和园昆明湖。

王先生的辞世，使他失去一位恩师，国家失去一位学术泰斗。他极为悲痛，哀挽之际，他全力整编恩师的遗作与年谱。

编《王静安先生著述目录》，载 1927 年《中华图书馆协会会报》二卷五号。

编《王观堂先生校本批本书目》，载 1927 年《国学月报》二卷八、九、十期合刊。

编写《王静安先生年谱》，载 1928 年《国学论丛》一卷三期。

编辑《海宁王静安先生遗书》，1928 年商务印书馆出版。

作《王静安先生之考证学》，载 1928 年天津《大公报》的《文学副刊》。

6 月 5 日，在清华学校梅贻琦校长的主持下，他与表妹张劲先结婚。张劲先（1905—1996）出生于浙江省海宁县硖石镇（今海宁市），杭州女师毕业。当时任北平孔德学校教师。婚后他们住清华学校西院，与朱自清先生为邻，与朱先生夫妇交往甚密。

9 月，清华国学研究院决定《国学论丛》第一卷三期为《王国维先生专号》，请陈寅恪先生主持，他分担部分编辑工作。

12 月，应聘与浦江清等先生合编天津《大公报》的《文学副刊》。

1928 年　二十三岁

整理王国维先生《唐五代二十一家词集》出版。

20 年代末到抗战前是他论著的高产期。从 20 到 60 年代，他在学术刊物上发表的文章有 500 余篇，如《中国版刻的发展过程》《唐写本〈文心雕龙〉残卷校记》《两宋诸史监本存佚考》《〈元明乐府套数举略〉序》《宋司马光〈通鉴〉手稿跋》《宋龙舒本〈王文公集〉题记》《〈稼轩长短句〉跋》《〈南唐二主词〉跋》《谈柳词》《〈东坡乐府〉跋》《散曲的历史观》《〈董解元西厢〉跋》《论商务印书馆出版之〈四部丛刊〉》《评陈延杰〈诗品注〉》《评朱师辙〈清史稿·艺文志〉》《评陶鸿庆〈老庄札记〉》，以及为《续修四库全书》和王国维先生遗著所作的《明人别集题记》《静安先生遗著选跋》等。

从 20 年代末起，他经常到各地访书。无论名家书肆、城市乡村，无所不至，所谓"有书不怕地偏僻"。遇见珍贵精品，他都要记下其行款、序跋、刻工、藏印、纸墨等特点。并将其中部分材料整理成《经眼录》，先后发表了数百篇。

7月，京师图书馆更名为国立北平图书馆。

这年经陈寅恪先生介绍，他离开清华国学研究院，到北平北海图书馆任中文采访组和善本考订组组长，并兼任编纂委员和购书委员会委员。从此开始了长达五十二年的图书馆生涯。

当时的善本部主任是徐鸿宝（字森玉）先生。徐鸿宝是当代著名的文物鉴定家，精于版本、目录之学。在徐先生的指导下工作，他业务上更加精进，加之馆内又有丰富的善本收藏，他日日沉浸在宋元旧刻、精校名钞之间，汲取了宝贵的实践经验。他以过人的理解力和记忆力，加上已有的治学基础，在目录学、版本学和校勘学方面，有了更深的造诣。当时著名的藏书家傅增湘、周叔弢、张允亮诸前辈，也都是研究版本目录学的行家，由于对古籍有共同的真知笃好，他与他们亦师亦友，互相切磋，把版本鉴定推向新的水平。

1929 年　二十四岁

6月，长子赵深生。

8月，北平北海图书馆并入国立北平图书馆。北平图书馆行政分为八部，善本部下设考订、写经两组。徐鸿宝先生任善本部主任，他任考订组组长，与徐先生共同负责善本书的调查采购事宜，并主编《国立北平图书馆馆刊》。

9月到1937年6月，他受聘在北京大学兼课。讲授"词史"，编写讲义《词概》，由北京大学出版部印行。

这年到1949年，他兼任中央研究院历史语言研究所特约研究员和通讯研究员、特约编辑员和通讯编辑员，同时还兼任故宫博物院图书馆和文献馆专门委员。

1930 年　二十五岁

校辑是整理研究古籍的一个重要方面。通过校勘和辑佚，将流失的古籍复原或部分复原，也就是利用大量书籍引用的原书材料通过校辑将原书复活。20 年代末他开始研究和辑佚《永乐大典》的工作，历经三十余年。《永乐大典》是世界著名的一部类书，全部为明代手写本，没有刻过版。嘉靖、隆庆间又依永乐所缮正本，另摹副本一份。全书 22937 卷，分装成 11095 册。字数约八亿七千万左右。明亡正本毁。副本藏于皇史宬，后移贮于翰林院。到清咸丰间亦渐散失。1900 年，八国联军侵入北京，副本绝大部分遭焚毁，其余被劫走，或散失于市。现存的《永乐大典》虽仅为原本册数的百分之二三，其中仍有许多资料是值得继续发掘的。他深知这项工作的意义和分量，因而积极倡导并组织开展这项艰巨的研究。

他一方面从事对存世《永乐大典》原本和原本资料的收集——通过收购、捐献、国际交流摄影本微缩胶片与外国归还。到 60 年代，存世《永乐大典》以不同形式入藏北图。其中馆藏《永乐大典》原本也从 1930 年的 93 册增至 60 年代中期的 220 册，约占存世《永乐大典》原本册数的一半。1960 年中华书局将馆藏《永乐大典》原本和原本资料 730 卷影印出版。

与此同时，他开展了对《永乐大典》的辑佚和校注。1929 年他在《北平北海图书馆月刊》上发表了《〈永乐大典〉内辑出之佚书目》和《〈永乐大典〉内辑出之佚书目补正》，列出辑佚书目 490 余种，并将尔时未佚者附录于后。目录列出书名、校辑者、版刻、杂记等项，功力颇深。他还提出辑佚的原则和方法，作为以后系统辑佚工作的准备。从 30 年代起他所从事和主导的《永乐大典》辑佚工作，前后完成方志、文集和史部、子部、典籍的稿本 208 种。其中包括《析津志》《顺天府志》《应天府志》《南海志》等重要方志。他整编校注这些稿本一般都是业余时间在灯下进行。到 1966 年，他完成校辑出版的有《校辑宋金元人词》《元一统志》《薛仁贵征辽事略》等。开始校注的有《析津志》等。

7月，赴沪到苏州观阅潘博山先生藏书，见卢氏抱经堂刻本汉贾谊撰《新书》十卷，极佳，即做题记一篇。在沪承张元济先生关照，到商务印书馆涵芬楼访书二日，尽阅所藏佳本秘籍。

次年，张元济先生又安排商务印书馆同仁陪同，往上海金城银行观阅存放在保险库内的宋版《春秋正义》等善本精品。

1931 年　二十六岁

4月，女儿赵虹生。

《校辑宋金元人词》七十三卷，由中央研究院历史语言研究所出版。此书辑出散佚的从宋到元词家 70 余人的词作 1500 余首，有校注，胡适序。所采用的资料不限于《永乐大典》，都列有出处，注明引用的原书。他在此校辑工作中，方法之缜密，体例之严谨，至今为人称道。

6月，国立北平图书馆文津街新馆落成，开馆，并举办善本古籍展览。

8月，与郑振铎、马廉先生同往宁波，一访范氏天一阁。因范氏族长不在，阅书未成。但在另一处偶然发现范氏旧藏明蓝格钞本《录鬼簿》正续，他们欣喜异常，立即分工合钞，录得续篇一副本，并作序一篇。

11月，赴沪途中到苏州看望恩师吴梅先生。畅谈半日，甚欢。又去吴湖帆先生梅景书屋观阅所藏，见明顾从义编《历代帝王法帖释文考异》一书，十卷，极赞赏，即作跋文于书后。

1932 年　二十七岁

4月，在沪看望来沪的吴梅先生。谈到词学领域的一些新发现。

1933 年　二十八岁

9月到1937年6月，受聘在清华大学国文系兼课。他在讲授金石学时，编写有讲义，由清华出版部印行。

9 月到 1935 年 6 月，在北平中法大学文学院兼课。

9 月到 1951 年 6 月，在北平辅仁大学国文系兼课。

9 月到 1949 年，主编天津《大公报》的《图书副刊》。抗日战争期间停刊，胜利后复刊。香港《大公报》同时刊载。该刊学术性很强，刊载了许多著名学者的论著，很受学术界重视。

这年，他从整顿北图善本书库入手，在重新鉴定甄别全部善本库藏的基础上，编辑并出版了《北平图书馆善本书目（甲编）》四卷（傅增湘序）。书中收录馆藏全部宋、元、明刻本和精校明钞稿本，共 3796 种，按经史子集四部分类。包括经部 200 种，史部 1256 种，子部 707 种，集部 1633 种。书中详细著录所记各书的书名、卷数、著者、版本完缺，以及题跋批校者姓氏等。这些书中最为瞩目的有：明刻方志五百余种，明刻名人别集七百余种，旧本元、明剧曲二百余种。该书被人称为"北图善本书的账本"。又于 2011 年与《旧京书影》合编，由人民文学出版社出版。出版社编辑部在《出版说明》中写道："1933 年《北平图书馆善本书目》是版本研究告别主观性版本鉴定，迈向客观性版本研究的金字塔式的里程碑。拿 1933 年《北平图书馆善本书目》与早期目录相对照，看到过去模糊不准确的鉴定被赵先生的版本研究一条一条改订，读者会感到快刀乱麻的痛快，同时对赵先生的工作油然产生敬慕之心。"斐云先生治学，于版本至严、至深、至精。他的版本学是在他坚实的国学基础上，遍访审阅祖国各地超量的善本珍籍，博采古今名藏家论说的精华，经过深入分析、比较、综合的研究而形成的。它是特定历史时代的产物，达到时代的高峰，达到绝学的境界。

应教育部聘请，担任"编订《四库全书》未刊珍本目录委员会"

委员。

7月,与马廉先生再往宁波,二访天一阁。承鄞县县长等人帮助协调,范氏族人答应开阁七日,供他们阅览。他们每天早六时到阁阅书编目,晚七时出阁休息。七日到期,编目完成。由鄞县县长主持公祭阁主,摄影后访书结束。

7月,作《景印四库全书罕传本拟目》,载《国立北平图书馆馆刊》七卷五期。

8月,为影印《四库全书》应采用何种版本问题向教育部表示,要采取善本,不一定要用库本。

整编王国维先生著《古史新证》一书,1935年以王先生手稿影印出版。

1934年 二十九岁

2月,作《重整范氏天一阁记略》,载天津《大公报·图书副刊》第十二期。

4月,作《从天一阁说到东方图书馆》,载《国立北平图书馆馆刊》八卷一期。文中列出天一阁旧藏明季史料目录。

1936年 三十一岁

2月,次子赵源生。

所著《汉魏南北朝墓志集释》一书完稿。本拟付印,因抗战起未果。这是他为早年收集自汉到隋的墓志、墓记、神座、柩铭等拓本所加的考释,以地下资料与文献材料互证,极见功力。

所著《汉魏六朝冢墓遗文图录》由中央研究院历史语言研究所出版,此书收志石图版797幅。60年代初再版时又作了补遗。

《宋会要》是研究宋史的一部重要参考书。它详细记载了宋代史实和典章制度。书成于宋代,到明代亡佚。明初编撰《永乐大典》时,将《宋会要》散辑于各韵。清嘉庆年间徐松从《永乐大典》内辑出原《宋会要》内容五六百段，但未及整理即谢世。1931年，北平图书馆购得徐松所辑文稿。1933年成立赵万里等七人组成的编印委员会，负责《宋会要》的整理、编辑和出版。该书于1936年由大通书局出版。此项编辑校订工作，则在《国立北平图书馆馆刊》和《图书季刊》上作了介绍。

1937年　三十二岁

7月7日，日本侵略军制造卢沟桥事件，发动了全面侵华战争，中华民族抗日战争爆发。

1938年　三十三岁

这年，北平图书馆袁同礼馆长率部分同仁去昆明，成立北平图书馆驻昆明办事处。他留在北平，任善本部主任。

为了拯救散在沦陷区各地的文物古籍免遭日寇掳掠，他每年暑假都要去上海与老朋友郑振铎先生会面。郑振铎（字西谛），是著名的文史学家和藏书家。他们的友谊甚深，都对古籍真知笃好，又志同道合，把抢救祖国的古籍看作自己的天职，把保存珍贵的文献资料视为自己的崇高责任。

他们一面与在内地的袁同礼馆长联系，争取一些经费，一面往各地访书，收书。几年间，他们把收购到的珍本古籍都存入北平图书馆驻上海办事处，胜利后运回北平。

1942年　三十七岁

9月到1945年6月，受聘在北平中国大学兼课。

1945年　四十岁

8月15日，日本宣布无条件投降，抗日战争胜利结束。

应聘兼任《图书季刊》编辑。

1946 年　四十一岁

8 月，北京大学从昆明复员回到北平。9 月到 1950 年 6 月，他再次受聘在北京大学史学系任教，讲授中国史料目录学、版本学等课程。这期间他还受聘在北京大学图书馆指导近代藏书家李盛铎藏书的编目工作，历经三年完成。1956 年出版了《北京大学图书馆藏李氏书目》。书中收古籍 9087 种。参加这项工作的有冀淑英先生等人。

从 1929 年起，他先后在北大、清华、中法、辅仁、中国等大学任教。历任讲师、副教授、教授等职。开设的课程有：词史、中国戏曲史、金石学、目录学、中国史料目录学、校勘学、版本学、中国雕版史、中国俗文学等。他讲课深入浅出、生动形象，感情极其投入，每讲到精彩处，其手势，其声调，多年后仍清晰地留在听课人的记忆中。如张守常教授曾回忆说："他通常是只带粉笔进课堂，开口即讲，不论是史料目录或版本源流，滔滔不绝，如数家珍。""他讲某书之某版本，诸如版式、刻工、纸张、墨色之特点和优劣，以及收藏、著录、流传、遗失、损毁乃至盗卖，原原本本，清清楚楚，熟悉极了。在此基础上，他就各本之比较和评价，使人听来觉得有根有据，准确可靠。"戴逸教授也回忆说：赵先生"读书之广、识断之精、记忆之强，令人惊叹。上课不带片纸，各种珍本、善本的特点，刊刻年代以及内容，都烂熟于胸。娓娓而谈，均有来历。课堂上有问必答，绝无迟滞"。

1948 年　四十三岁

年底，北平解放前夕，南京国民党当局派教育部参事陈某到北平，策划北平文物精品南迁去台湾事宜。馆长袁同礼先决定要搬迁 500 箱善本精品，后改为 150 箱。他十分焦急，决心抗阻，但感到势单力薄。因而他一方面向社会名流学者呼吁，取得支持，一方面与郑振铎先生商定，采取拖的办法，与当局周旋。同时致函北图驻沪办事处，请他们注意存沪的唐代写经和善本书的安全。由于馆内外各方协同保护，终于使国民党当局的劫运企图未能得逞，将国宝完整地保护下来。

1949 年　四十四岁

1 月 31 日，北平和平解放。他和全市人民一样欢呼新中国的诞生。

4 月 30 日，华北人民政府把抗战期间八路军战士浴血奋战，从山西抢救出来的一部全本金版佛教大藏经，自涉县经邯郸送到北平，入藏北平图书馆。这部大藏经因刻于金代，故称《金藏》，又因原藏于赵城县广胜寺，称作《赵城金藏》，是世存孤本，共有 4320 卷。为保护《金藏》不为日寇发现，一位八路军干部壮烈牺牲。《金藏》的出现，在当时是文化界的一件大事，也说明了中国共产党对民族文化遗产的重视和保护。他深受感动，欣喜异常。由于《金藏》是卷轴装的，年久失修，又为避免日寇搜寻，长期藏于矿井内，大部分经卷已揭不开，急需修复。

5 月 14 日，代馆长王重民先生在馆内召开《赵城金藏》修复工作座谈会，出席的有各方面的专家学者以及宗教界知名人士。他在座谈会上提出"整旧如旧"的修复原则。这个观点后来广泛应用于各领域文物的修复工作。

9 月，他积极主持"《赵城金藏》展览"，并为展览撰写说明，阐述《金藏》抢救和保护的经过。在说明中宣传了党和人民政府重视和保护祖国文化遗产的政策，受到学术界关注与重视。

他亲自寻访延请精于裱工的师傅，并设法搜求到装裱必需的棉纸（一种质地细柔有韧性的手工纸），按照藏经原来款式，坚持"整旧如旧"，进行装裱整修。历时 15 年，全部大藏经整修完成。

作为专家，他不仅为修复大藏经付出心血，而且悼念为抢救大藏经而献身的八路军战士。张守常教授回忆当时听课的情形说："当讲到为抢救《赵城金藏》而牺牲的八位八路军战士时，赵先生作一个把大拇指与食指伸开的手势，并且至少举到齐眉毛那么高，提高嗓门，声调激越，显然是很带感情的：'牺牲了我们八位战士啊！'我至今仿佛还能听见他说这一句话的声音。这是一位专家对八位烈士发出的充满崇高敬意和深切感谢的悼词。"（注：他当时是根据《人民日报》报道，得知八路军为掩护《金藏》转移，阻击日寇，牺牲了八位战士。50 年后，文化部重启调查，牺牲人数与细节与《人民日报》的报道有出入。）

10 月 1 日，中华人民共和国成立。

12 月 17 日，参加董必武同志领导的政务院指导接收委员会华东文化工作团的工作，赴沪。此次在华东工作，收得常熟瞿氏铁琴铜剑楼藏书一批，包括购买的 300 种，及瞿氏捐献国家的 52 种，约占瞿氏藏书的四分之一；并接受无锡丁氏捐献国家的原瞿氏藏书一批，以及多位藏家捐献的文物古籍等。铁琴铜剑楼藏书后经多次收购，已全部入藏国家，保存在北京图书馆等处。铁琴已锈损，现藏国图，铜剑已遗失。

1950 年　四十五岁

他喜见祖国的新生，精神振奋，努力学习，要求进步。

国家为了科学地保护和利用散在民间有价值的典籍文物，政务院公布了保护文物和禁止珍贵文物图书出口的办法，制定了收购和奖励捐献的政策。他非常拥护并多次受国家文物局的委派，到各地对图书文物进行调查鉴定和收集，并作政策宣传的工作。

1 月，将寄存在上海的 208 箱珍本古籍带回北平图书馆。

6 月，国立北平图书馆改名为北京图书馆（1998 年 12 月又更名为中国国家图书馆）。他任善本特藏部主任。

他在领导部内日常工作时，认真细致，事必躬亲。在古籍入库的登记簿上留有他的墨迹。库内柜架的安置，他也要亲自参与丈量设计。

是年夏，与高熙曾同往天津，接受翁氏后人捐献给国家的翁同龢留存于天津的一批善本古籍。其中多为明、清钞本和刻本，也有部分宋、元精品，全部入藏北图。

这年，他与老友、同乡宋云彬相约，多次访浙江海宁籍藏书家蒋鹏骞家，推动商洽西涧草堂、衍芬草堂藏书捐献给国家之事。

1951 年　四十六岁

文化部评定他为第一批研究员。

作《从简牍文化说到雕版文化》，载 1951 年《文物参考资料》。

作《中国印本书籍发展简史》，载 1952 年《文物参考资料》。

8 月，主持的《永乐大典》展览在馆内展示。作《〈永乐大典〉展览的意义》，载 8 月 18 日上海《文汇报》。

12 月，受文化部委托去杭州，12 日与老友宋云彬先生同往省文管会，商议收购海宁蒋氏衍芬草堂藏书事。省文教厅厅长刘丹为他写了介绍信，至海宁观阅蒋氏藏书。

此后又与宋云彬先生多次造访蒋氏族人，商洽收受衍芬草堂和西涧草堂藏书事。蒋氏族人了解了国家文物政策后，放心地决定将 160 年来几经战乱、数度转移的所藏全部捐献国家。国家文物局向他们颁发了捐书证书和奖金。国家文物局将这批书中的宋、元版精品拨交北图收藏。

1952 年　四十七岁

辑注元王伯成《天宝遗事诸宫调》一书完稿，待发表。

8 月 29 日，与文化部社会文化事业管理局张珩先生同往天津，接收周叔弢先生捐赠北图的善本珍籍。这批书有 715 种，2672 册。

50 年代初他继续推动涵芬楼、常熟瞿氏铁琴铜剑楼、潘氏宝礼堂等藏书名家，将所藏珍本古籍捐献国家，入藏北图。另外，他还主持和安排老朋友、著名收藏家傅增湘、周叔弢、郑振铎等先生的珍贵藏书入库北图事宜。这样，北京图书馆就荟萃了质量上无与伦比的善本古籍精品，其数量达到世存量的百分之八十，成为中华民族传统文化宝库的一个重要部分。

古籍的收藏与流通是要靠整修工作保证的，收藏与整修是相依并存的。几十年来，他对古籍整修工作竭尽心力，擘画周详。从人力、物力上，大力加强与充实部内装修组。他非常看重古籍的文物价值，认为除非古籍已极破败，不得毁弃原装，坚持要整旧如旧。对于宋、元版精品，除整修完善外，还要视其品质与文物价值，做一副楠木书匣或蓝布书套加以保护。书匣与书套都要按传统规格"量体裁衣"制作。他曾戏说，一部书进馆，从装修到做好书匣、书套，就是为书办好了"后事"，百年之内当无问题。

他细致入微地爱护古籍，做到了旧时藏书家所说的"爱书如头目"。这不仅表现在对古籍的整理与保管上，还表现在严格规定的与古籍接触的动作上。例如，不能单手拿运古籍，要用双手平托。阅读古籍，要将书平放于桌面上，还要先检查桌面是否干净，光照是否过强，切忌把古籍拿在手中阅读和有强光照射书面。翻叶时，手指不应触动叶面，而要用大指轻轻推动书叶的左下角边缘，完成翻动。他的执着爱护古籍的精神和方法，成为人们学习的榜样。

1953 年　四十八岁

他很重视革命史和近代史史料的收集。这年起在善本特藏部内设立新善本组。他认为新善本应具有思想性、历史性和艺术性，要征收解放区出版的有价值的书刊、革命文献、历史照片和名人文稿等。经过多年采收，这里保存有毛主席部分诗词的手迹、王国维手稿、手校本、信札和遗嘱原件，梁启超、鲁迅、吴晗等人的手稿，以及吴梅收藏并校跋的古典戏曲等。

1954 年　四十九岁

为提高图书馆内年轻同志和馆内外古籍工作者的业务水平，经常为他们讲课，举办讲座。

是年，在第一届公共图书馆工作人员训练班上为学员授课，并编写讲义《中国古代版本史讲义》，由该训练班发行。

1955 年　五十岁

从这年起，他在馆内开中国目录学系列讲座，也有馆外人士参加。到 1966 年，他系统地讲完了史部目录学和集部目录学，原计划继续讲经部目录学，后因"文革"起而被迫终止。

12 月，作《元代史料四种校辑记》，载是年《文物参考资料》。文中介绍了他正在进行的《经世大典》《析津志》《南海志》和《元一统志》校注工作，以及出版计划。

1956 年　五十一岁

《汉魏南北朝墓志集释》一书经一再补充修订，中国科学院考古研究所将其列入"考古学专刊"，由科学出版社出版。

1957 年　五十二岁

1 月，应邀到中国书店作"发扬古旧书业优良传统"的讲话。他提到回收残书和修补古书问题，强调要整旧如旧。

4 月，奉文化部委派去皖浙一带访书，后作《皖南访书记》，载《旅行家》。

校辑《薛仁贵征辽事略》，由上海古典文学出版社出版。1958 年北京中华书局重印。

这年关汉卿选入世界四大文化名人。为此他撰写了《关汉卿史料新得》（附补正），载《关汉卿研究论文集》（1958）。并编校关汉卿的散曲作品，辑成《关汉卿杂曲辑存》，载《关汉卿戏曲集》（1958）。

1958 年　五十三岁

8 月，应邀到北京新华书店和中国书店合办的古旧书业务学习班，讲"书史"。他讲到从宋到清历代的刻本和写本，对各时各地的刻书风气、刻工、行款、用纸等特征，都有所介绍。据郑炳纯先生回忆："讲话既有体系，又富灵活性，往往前后左右对比。讲到兴奋时，神采飞扬。对许多名刻名钞，赞叹不已。对有些至今下落不明的珍本，他急切希望重新发现。其珍惜祖国优秀文化遗产的拳拳之情，溢于言表，听者均为之动容。"

作《古刻名钞待访录》，载于 1958 年《文物》。

他在工作与家庭生活关系上处理得非常和谐，家庭生活充实。他很关心子女的成长，但谈话中很少说及自己的研究工作。为了便于工作到深夜，他经常是在自己卧室的书桌上研读写作。卧室里有一排书柜，放着他常要翻阅、补充、校注的从《永乐大典》辑佚的稿本和其他手稿。他仍喜爱植物，在庭院里种植了果树盆花。在早晨他常哼着吟诵调漫步其间。听鸟唱枝头、赏红梅报春、杏花天映、海棠红绿交织、榴花似火、紫藤低重、枣花飘香、秋实累累。他对戏剧有很深的研究，也抽空去剧场欣赏名角演出。假日，他喜欢带家人去公园小坐品茗，观古木名花。

1959 年　五十四岁

作为建国十周年献礼，他主编了《中国版刻图录》，由文物出版社于 1960 年精印出版。《图录》收录从唐到清历代有代表性的善本珍籍和版画 550 种，图版 724 幅，按刻板年代和刻书地区编排。他为每幅图版撰写了精辟的说明，包括刻版特点和版本鉴定依据等，并为全书作了长篇序言。在序言中，他系统阐述了我国雕版印刷的起源和发展，实为一篇浓缩的中国印刷史。《图录》向国内外发行，得到学术界的高度重视，被视为我国版本学研究的里程碑。

这年，他再次主编《北京图书馆善本书目》八册，由中华书局出版。书中收录北图建国以来新收善本库藏，共 11348 种，包括经部 1003 种、史部 2753 种、子部 2642 种、集部 4950 种。相较 1933 年，增加了两倍。

1960 年　五十五岁

当选北京市先进工作者，出席北京市先进工作者大会，受到表彰。

应邀作为北京市人民政治协商会议委员，出席会议，参与议政。

1961 年　五十六岁

3 月 27 日，在中华书局讲授目录学。

11 月，再次受文化部委派去闽、浙、苏、皖一带访书，并考察地方戏曲与文物古籍。后作《南行日记》，载 1962 年《文物》第九期。

1962 年　五十七岁

作为特邀代表，列席全国人民政治协商会议。受到毛泽东主席、周恩来总理的亲切接见。

1963 年　五十八岁

一旅居澳门的藏书家欲将所藏善本书出售，当时国外欲购者甚多。他受文化部委派立即去澳鉴定，并把书购回，不使珍本古籍流于海外。这批书中有宋刻本 8 种、元刻本 15 种，有黄丕烈、鲍廷博的校本，以及明铜活字印本等多种。

1964 年　五十九岁

当选第三届全国人民代表大会代表，出席大会，参与国家大政的讨论与决定。

由于国内各地大量古籍亟待修整，而老一辈师徒相传的装裱"绝活"又后继无人，濒于失传。他和徐森玉先生向大会提案，建议举办"古籍装修培训班"。提案由文化部落实，培训班办了两期，后因"文革"起而终止。这两期培训班的学员在各地古籍装修工作中起了重要作用。

1965 年　六十岁

在经济困难情况下，国家再次特批专款，从香港藏书家陈清华先生手中购回一批珍本古籍。这批书中有宋版《荀子》，陈氏因得此书而名其书斋为"郇斋"。周恩来总理委派他前往广州鉴定、接收。书运到北京后，周总理在中南海紫光阁亲自审阅，周总理边看书边和他交谈，讨论这批书的文物价值。当时在场的还有文化部、文物局以及北图的领导同志。

经他调查、鉴定而由港澳购回的国宝还有几批。

基于对版本学和目录学多年的研究和准备，他开始撰写《中国版本学》和《中国目录学》两部专著。由于"文革"的阻断，都未能完成。

1966 年　六十一岁

校辑《元一统志》，由中华书局出版。

由于国内善本古籍已逐渐集中收藏于全国各地的图书馆，他认为编撰全国性的善本书总目的条件已具备，计划推动这项宏伟的工作。但不久"文革"风暴猛烈刮起，他的心愿只能化为遥远的期望了。

他主持北京图书馆善本部工作数十年。善本库藏中的大部，是由他亲自采访收购或参与收集，并妥善地装修与安置的。他的办公位置多年都在库内，日日与珍本古籍相伴，呵护着它们。他与善本库藏有着难舍的深厚情谊。正如 1981 年周叔弢先生在给黄裳先生的信上说的："斐云的版本目录之学，既博且精，当代一人，当之无愧。我独重视斐云关于北京图书馆善本书库之建立和发展，厥功甚伟。""可以说无斐云即无北图善本书库，不为过誉。""斐云在地下室中一桌一椅，未移寸步，几十年如一日，忠于书库，实不可及。其爱书之笃，不亚其访书之勤。尝谓余曰：'我一日不死，必护持库中书不使受委屈，我死则不遑计及矣。'其志甚壮，其言甚哀。今之守库者，不知尚能继其遗志否？"黄先生谓："此语可当作他的评传看，极切当，非相知甚深是说不出来的。"

6 月，"文化大革命"席卷全国，一场史无前例的大浩劫开始了。北图的"文革人"（"文革"的积极分子、暴徒）给他——一位毕生从事学术研究的老人——加上"莫须有"的罪名，长期批斗，多次扣押在"牛棚"，强迫劳动，摧残他的健康。

1968 年 5 月，在"牛棚"扣押期间，由于他丢弃了一块未吃完的窝头，又一次对他进行残酷的批斗。"文革人"迫令他当众一边说"窝头好吃"，一边把那块从地里捡回来已经发霉的东西吞咽下去，致使他的肠胃急性感染，高烧腹泻，失水，小便失禁，神志不清，最后深度昏迷，这时"文革人"才把他得病的消息通知家人。当家属赶到医院看望时，只见他黑瘦得失去原形，毫无知觉卧倒在病床上。

在住院期间，由于"文革人"告诉医生"此人有政治问题"，并把这句话写在病历上，在"医疗为政治服务"的口号下，医生自然不能为他认真医治，在他苏醒后未作任何康复治疗，却驱赶他出院，致使他的语言与肢体活动功能未能恢复，长期卧床。这时家里人问他怎样得病的，他只艰难地断断续续地念道"窝头好吃"。

"文革"期间，家里也得到许多有良知的好人照顾。其中第一位就是家中孩子的乳母黄永立老奶奶（名字是他解放后自己取的），她出身京郊三代雇农家，利用这个有利条件支持了赵先生，保护了老人和孩子。当"文革"风暴袭来的时候，"文革人"动员她揭发斗争赵先生，她不睬对方一眼地回答："他不是你们所说的黑帮，我看他是好人。"赵先生垂危到家后，她设法去沟通副食店的朋友，在商品奇缺、市场供应靠票证的漫长日子里，能几乎天天可以悄悄买到一条黄鱼，给赵先生增加营养。做医务工作的亲友，也把赵先生该吃的药物悄悄送来。经过家里的精心调养，赵先生的病有所好转。

经过几年艰难岁月，"文革人"逐渐停止了来家滋扰。他的那些经"文革"磨难而身体尚佳的老朋友、老学生纷纷前来看望。外地的图书馆和博物馆都曾派人专程带古籍到他床前请他鉴定版本，带版画请他鉴定年代。《鲁迅全集》编委会的朋友也请他为某些注释提供资料，他虽言语很困难，但都努力一一作复。

在"文革"卧病期间，他时时惦念他的北图善本库藏的安全。当感到自己的健康不能恢复时，他筹划把多年积累的自己记忆中的那些善本库藏的版本资料讲一讲，请别人记下来，以便传下去。他曾把这个想法告诉前来看望他的北图同仁，在"文革"阴云未散之时，未得到回应。

"文革"期间，房屋被挤占，多年为学术研究工作所搜集的大量文史典籍、版本目录资料和手稿一部分被抄走，其余的封堆于房屋一隅，任虫蛀鼠咬。往日红绿交映的庭院也被洗劫，茂盛的花木摧毁了，年年花繁果硕的老果树作为"能源"献给了街道组织，用于烧砖修砌防空洞了。庭院只有几株向日葵随风摇动，但仔细看去，在向阳的地面上顽强的蒲公英已悄悄顶开砖缝，吐出嫩叶，将在新绿的叶丛中孕育金色的花朵。冬天已到尽头，春天的脚步近了。

1976 年　七十一岁

10 月，历时十年的"文化大革命"以彻底粉碎祸国殃民的"四人帮"而告结束。他欣喜地看到了久盼的这一天。此时，他虽想再为祖国继续有所作为，可是已力不从心了。

这以后，在"拨乱反正"过程中，退还了被挤占的房屋，送回了抄去的书籍资料。党组织宣布"文革"期间一切强加给他的"罪名"和污蔑不实之词，全部推翻，为他在政治上和学术上恢复了名誉。

1980 年　七十五岁

5 月，受聘为《中国古籍善本书目》编委会名誉顾问。他欣慰地接过老友顾廷龙先生交到他手中的聘书，脸上浮出会心而苦涩的笑意。

6 月 23 日，他的病情急剧恶化，经抢救无效，于 6 月 25 日 19 时 45 分在北京北大医院逝世。

骨灰安放在北京八宝山革命公墓。

参考资料：

1. 张劲先：《著名版本目录学家赵万里先生》，载《中国当代社会科学家》第九辑，书目文献出版社，1986 年。

2. 冀淑英：《保护古籍，继往开来——记著名版本目录学家赵万里先生》，载《学林往事》，朝华出版社，2000 年。

3. 张守常：《回忆赵万里先生二三事》，载《读书》1980 年第 12 期。

4. 戴逸：《初进北大》，载《光明日报》1998 年 2 月 4 日。

5. 郑炳纯：《忆赵万里先生》，载《文汇读书周报》1993 年 12 月 15 日。

6. 张志清：《赵万里与永乐大典》，载《中国文物报》2002 年 5

月 10 日。

7. 黄裳：《太和正音谱》，载《文汇报》1993 年 9 月 13 日。

8.《中国国家图书馆馆史（1909—2009）》，国家图书馆出版社，2009 年。

（原载《赵万里文集》第一卷，国家图书馆出版社，2011 年 12 月）

保护古籍　继往开来

——记著名版本目录学家赵万里先生

冀淑英

赵万里先生字斐云，别署芸盦、舜盦，浙江海宁人。著名的版本目录学家。1905 年 4 月生于海宁，1980 年逝世于北京。先生少年时考入嘉兴浙江省立第二中学。中学毕业，考入东南大学国文系。在校时，对中国传统文化，尤其文学、史学方面，用功甚勤，对古籍涉猎日广。先生在东南大学学习期间，曾师从吴梅（字瞿安）先生研究词曲。吴先生是当代著名的戏曲理论家，通音律，又是出色的词曲作家。赵先生当时对词的创作爱好到几乎入迷的程度，课余填词很多。据赵先生的亲属回忆，他在家里常常绕着桌子边走边吟，反复推敲。后来到北京，又从王国维（字静安）先生学习，王先生也是出色当行的词曲作家。以后研究转向戏曲，词就不多作了，保留的一些作品，先生自己曾抄录在一起，题名《斐云词录》。虽是少作，仍可见其造诣水平。1929 年赵先生开始在北京大学教课，当时开的课就是词，曾编有讲义《词概》，由北京大学出版部印行。

1925 年赵先生到北京，拜王国维先生为师。王先生当时在清华大学国学研究院任导师，赵先生后来就在清华国学研究院作王先生的助教，并随班听王先生讲课。王先生学问渊博，治学严谨。赵先生对这位老师非常尊重。在王先生的指导下，在学术领域中涉及的面更广了，对史学、文学、金石、戏曲、目录学、版本学等方面，都打下了扎实的基础。王先生一丝不苟的学风，对他影响很大，赵先生早年从事校勘工作也反映了这一点。比如赵先生曾校《封氏闻见记》。此书自宋迄元，未见有刻本传世。清乾隆间卢见曾据陆贻典传抄本刊入《雅雨堂丛书》，此书始重见刻本。赵先生见到此书的明抄本，比对卢刻本发现与卢本及卢本之后的江都秦氏刻本俱有出入，因想整理此书。及与王先生谈起此点，王先生告诉他，自己以前曾用冯舒抄本和劳格校本校过此书，并曾据《唐语林》《诗话总龟》等书补辑书中佚文。赵先生因将王先生的校本借回，过录一遍，又以《唐语林》《南部新书》等复校一过，合所校在一起，写成《斟补》二卷，此书乃完整可读。在以后的几十年间，类此的校勘工作，赵先生作了不少，如《〈说苑〉斟补》《唐写本说苑反质篇读后记》《〈淮南子〉札记》《唐写本〈文心雕龙〉残卷校记》等等。王先生手校《水经注》是有名的校本。赵先生早年曾临校王先生的校本，一如整理《封氏闻见记》，又加复校。王先生见了也颇为赞许，在书上为之写了长跋。

1927 年王先生自沉于昆明湖，赵先生深感悲恸。这不仅为了真挚的师生之谊，更重要的是王先生辞世，实是中国学术界的重大损失。哀悼之际，他编写了《王静安先生著述目录》《王观堂先生校本批本书目》和《王静安先生年谱》。随后，编辑王先生著作成《海宁王静安先生遗书》（1928 年出版）。

1928 年赵先生到北京图书馆的前身北海图书馆工作，一直工作了几十年。到馆后任中文采访组和善本考订组组长，并任编纂委员和购书委员会委员，后又任善本特藏部主任。由于在中文采访和善本组的工作岗位上，接触书的机会非常多。当时善本部主任是徐鸿宝先生。

徐老字森玉，清季举人，是当代有名的文物鉴定专家，精于版本、目录之学，对铜器、陶瓷、书画、碑帖等均有很深的造诣。赵先生对徐老始终以师礼待之，在徐老熏陶渐染下，业务上更加精进。又有北京图书馆丰富的善本书藏，日日沉浸在宋元旧刻、精校名抄之间，汲取了宝贵的实践经验。他以过人的理解能力和记忆力，加上已有的治学基础，由此在目录学、版本学、校勘学方面，取得了更深一步的成就。赵先生治学勤奋，几十年用功不辍。再有突出一点，即十分手勤，南北访书，见闻既广，凡遇未见之书，必随手记其行款、序跋，以至刻工、藏印。为人周知的，如记宁波天一阁所藏明代地方志。这批书后来归于上海商务印书馆东方图书馆，后在"一·二八"之役毁于日本侵略军炮火之下。现存赵先生旧稿"群书经眼录"中，还有内阁大库书经眼录、昭仁殿景阳宫藏书经眼录、海源阁藏书经眼录，以及上海涵芬楼、南京国学图书馆、浙江省立图书馆、平湖葛氏守先阁、吴县吴氏百嘉室，及零散的宋元刻本、写本、明清刻本、抄本的经眼录等若干篇。数十年间先生访书收书，尽力于祖国古典文献的收集整理，成绩卓著，在这方面的学力、修养更为人所称道。近代藏书家黄裳先生曾撰文说起这样一件故事。他在旧书店买了一本书，是个残本，前半缺，所存从第49叶开始，不见书名，内容是曲选，可断为明初刻本，不知是何书。后逢赵先生去沪，到黄氏斋中看书。黄氏出示此本，赵先生一见即认定这是《太和正音谱》，书是明代洪武刻本，此本迄未见他书著录。黄氏对之赞叹不已。案《太和正音谱》原书二卷，此本存卷上第49至92叶，洪武刻，大黑口，四周双边（黄氏《太和正音谱》一文，见1993年9月11日《文汇报》）。

　　馆藏《永乐大典》，是世界著名的一部大类书，全部为明代手写本，没有刻过版。编纂时采用了明初宫廷中文渊阁所藏宋、元两朝

"御府"藏书，又加当时特地采购的大批图书，作为基本资料，将这些书中资料整段、整篇，甚至整部按韵编排成书。全书连目录共计22937卷，分装11095册。清乾隆时，在编纂《四库全书》和《全唐文》时，《大典》曾大起作用，从中辑出许多今已失传书中的珍贵资料。其后《大典》屡遭劫难，后来庋藏在翰林院。1900年八国联军入京，翰林院所存《大典》被焚毁殆尽。现存《永乐大典》虽仅存原本的百分之二三，其中仍有许多资料是值得继续发掘的。赵先生深知这项工作的意义和分量，在他的倡导下，开始编制《永乐大典》引用书卡片索引，从而开展辑佚工作。已编出的书，如《校辑宋金元人词》《元一统志》《析津志》等，还有其他待整编方志、文集多种。十年浩劫中，此项工作中断，而在纂辑工作中采用方法之细密、体例之严谨，至今为人称道。如《校辑宋金元人词》，辑出宋、元以来散佚的词集，收录词人70家，得词1500余首；引用的材料不限于《永乐大典》，每条都列举出处，注明引用的原书。此书1931年由中央研究院历史语言研究所出版。赵先生早岁收集自汉迄隋以来的墓志、墓记、神座、柩铭等拓本，加以考释，以地下资料与文献材料互证，编为《汉魏南北朝墓志集释》一书，极见功力。此书在1936年已编定，并拟付印。以抗战军兴未果。二十年中又经增订删补，到1956年由社会科学院考古所编入"考古学专刊"出版，可见先生对研究工作是如何审慎。1959年，为建国十年大庆，先生主编《中国版刻图录》，收录唐代迄清书版500余种，按版刻时代和刻书地区编排，系统地介绍我国雕版印刷的起源和发展。先生撰写各图版说明，考订详审，又撰序言，等于一篇浓缩的中国印刷史。此书在1960年由文物出版社出版。

从1929到1949年，赵先生在图书馆工作之外，兼任中央研究院历史语言研究所特约研究员和通讯研究员，同时任故宫博物院图书馆和文献馆专门委员，并在北京大学、清华大学、辅仁大学、中国大学等校教课，历任讲师、副教授、教授等职。在教学和研究工作当中，先生对古籍的访求，同样付出了巨大的精力，尤其在抗日战争之后。如果说当初南北访书主要还是为了补充馆藏，抗战期间，形势就不同了。由于帝国主义分子的文化侵掠，当时流传在市面上的文物、古籍极有可能遭外流之厄。有识之士有鉴于此，力图挽救。赵先生和在上海的郑振铎先生（字西谛）交谊甚厚，对书籍的真知笃好又志同道合。那时赵先生几乎每年暑假都要去上海。一是与郑先生取得联系，共同访书收书，再则是为了和当时处在内地的袁同礼馆长保持联系，争取一些经费，以便搜购一部分亟应保存下来的珍本古籍。他和郑先生二人把访书看作是保存一代文献的崇高意愿，把保存文献看作是至上的事业。这几年中，与郑先生共同筹划，收得了不少善本，留在当时的北平图书馆上海办事处保管，抗战胜利后才运回北京。

1949年北京解放不久，华北人民政府就把抗战期间八路军战士从山西抢救出来的一部金代刻本佛教大藏经，送交北京图书馆。这部藏经刻于金代，藏于赵城县广胜寺，因称《赵城金藏》，是国内现存的孤本，共有4300多卷。这在当时确是文化界一件大事。赵先生对此欣喜异常。由于藏经系卷轴装，年久失修，抗战期间保存条件所限，大部分因受潮已揭不开，当务之急是重装整修问题。因之当年9月先生主持在馆内举办了一次《赵城金藏》展览会，并自己撰写说明书，得到馆内外及学术界的支持。先生又亲自去琉璃厂，通过旧书行业介绍，寻访到五位以裱工见长的装修师傅，并想方设法搜求到装裱必需的棉纸（一种质地细柔有韧性的手工纸），按照藏经原来款式，坚持整旧如旧，进行装裱整修。通过师傅们的辛勤操作，历时15年，到1965年，全部大藏经装修完成，先生认为可以放心了。

历代流传有自的图书、文物，皆赖装潢工作来维护。装潢之业和书籍的保存流传，是相依并存的，这一点前辈学者都十分重视。北京图书馆的善本书藏，可以说是非比寻常。追溯到北京图书馆的前身京师图书馆时代，创立这座国家图书馆，就是以清代内阁大库所存的历代藏书为基础。这批书继承了南宋皇家缉熙殿藏书、元代翰林国史院、国子监崇文阁、明代文渊阁，直至清代内阁大库，历代收藏的宫廷藏书，其中就不只是一般的稀世珍本。再加几十年来的收集入藏，特别是建国以来，全国各地收藏家向中央和地方人民政府捐献珍贵图书、文物，和历年收购所得，如近代著名藏书家"南瞿北杨"（常熟瞿氏铁琴铜剑楼、聊城杨氏海源阁）、傅增湘氏双鉴楼、潘氏宝礼堂、周叔弢氏自庄严堪、上海商务印书馆涵芬楼、常熟翁氏等，有的是几代收藏，今俱荟萃于北京图书馆。承受了这样一份从数量和质量上都无与伦比的珍品古籍，可称得起是中华民族传统文化宝库中的一个重要部分。当年京师图书馆即设有装修组，专门做书籍装订修复工作。延续到新中国成立时，馆内共有五位师傅从事这项工作。每位都技术精湛，在国内同行中也都闻名的。装修工作固然主要是为古籍"治病"，将那些因年久失修，以致脱线、残破、书口开裂、虫蛀的书籍修补完整，得延寿命。赵先生更看重古籍的文物价值，如果没有发现敦煌遗书，如果不是清代内阁大库保存下来的众多宋、元旧本，我们就看不到自唐、宋、元、明以来的卷轴装、蝴蝶装、包背装，历代书籍装帧演变的实物。所以对装修工作，赵先生强调古书非极破败，不得毁弃原装，坚持整旧如旧原则。

几十年来，先生对装修工作竭尽心力，擘画周详，从人力物力方面考虑入微。新中国成立之初，几位装修师傅都有四五十岁了，十年之内工作不成问题，二十年后就难说了。因之在 20 世纪 50 年代北京旧书业公私合营之际，着意寻访书业中装修技术甚高、有待就业人士。得馆领导支持，请到三位师傅来馆，其中一位即是有"国手"之称的张士达老师傅。书有破损，补书时需要各色旧纸，还有书中副叶的选配等等。先生经常出入琉璃厂古旧书店，访书购书之外，见有书店中装订拆下的旧纸，只要合格能用，就买回来，送装订室备用。去南方访书时，也常选购一些粗细皆备的适合装订用的丝线，因南方丝线质量较好。珍本集中得多了，许多历代流传的宋、元旧刻必须加意维护，书的封面如何选用就成了问题。以前市面上能买到的适合做书皮之用的高丽纸、磁青纸、发笺、腊笺等旧纸，都已难得再见。赵先生为此想尽方法，后来通过文化部和文物局领导郑振铎、王冶秋等同志支持，从故宫博物院清宫旧存纸张中，选取了一些高丽纸、库磁青（明、清宫廷中多用一种较厚库笺纸染成深蓝色，用来做书皮，称为库磁青）、高丽发笺（纸上有类似头发的细纹）、洒金腊笺等拨交北图，专为装修这部分珍本之用。这些纸的身份也不寻常，有的还是乾隆间的旧物呢！同时还有当初清宫造办处所存的一些旧楠木家具残片，因是零片，在修缮中派不上什么用场的，也随之拨交了一些。这些楠木残片后来做成了书匣，正好配备保护这批珍籍。北图古籍善本有个保护传统，即书籍经过装修后，视其品质、文物价值再做一副楠木书匣或蓝布书套维护之，书匣与书套都按传统规格"量体裁衣"制作。当时还有一家小器作的杨姓老师傅，手艺高超，书匣做得质量很好。几年后，他的存料用完了，而书匣只能用旧楠木，不可用新料，故宫博物院拨交的楠木残料正应急得用。北图的善本书藏，不说内容，书摆出来，就可见其别有风格。赵先生曾戏说：一部书进馆，从装修到做好书匣或书套，就是为书办好了"后事"，一百年内当无问题，百年之后那是第二代、第三代的事了。

　　黄裳先生在《太和正音谱》一文中讲到，1981 年周叔弢先生曾给他一信，论赵先生极切当："斐云版本目录之学，既博且精，当代一人，当之无愧。我独重视斐云关于北京图书馆善本书库之建立和发展，厥功甚伟。库中之书，绝大部分是斐云亲自采访和收集，可以说无斐云即无北图善本书库，不为过誉。斐云在地下室中，一桌一椅未移寸步，几十年如一日。忠于书库，真不可及。其爱书之笃，不亚其访书之勤。尝谓余曰，我一日不死，必护持库中书不使受委屈，我死则不遑计及矣。其志甚壮，其言甚哀。今之守库者，不知尚能继其遗志否？"黄氏谓此语可当作赵先生评传看，"非相知甚深是说不出来的"。十年浩劫中，先生遭"四人帮"残酷迫害，致卧病不起，1980 年 6 月辞世。

　　（原载《学林往事》，朝华出版社，2000 年；收入《冀淑英文集》，北京图书馆出版社，2004 年；转载于《文津学志》第八辑，国家图书馆出版社，2015 年 8 月）

悼念赵万里同志

李芳馥

我国著名的版本目录学家、校勘学家赵万里同志，不幸于 1980 年 6 月 25 日在北京病逝。我和万里同志共事多年，谊属近亲，噩耗传来，无限悲恸。

赵万里同志字斐云，浙江海宁人，弱冠游学于同邑王国维先生之门，为先生入室弟子，能传王氏之学。王氏于 1927 年逝世后，他首先辑录王氏遗著《人间词话未刊稿及其他》，发表于《小说月报》。此后，又采辑编校王氏已刊未刊之作为《海宁王静安先生遗书》，是现行王国维著作最全的本子。

1928 年春，万里同志受当时北京图书馆之聘，主编《北京图书馆月刊》（后改名《国立北平图书馆馆刊》），兼搜采纂校古籍善本之职，时年仅二十有三；1933 年又负责主编天津《大公报·图书副刊》，二者都为世所重。1929 年京师图书馆与北海图书馆合并，负责主持编纂《国立北平图书馆善本书目》，对原有的《京师图书馆善本书目》多所改正，并另撰《本馆新旧善本书目异同表》，"于是新目著录之书，无不精湛整洁，与旧目较，划然不可同日语矣"。读者皆知其非自诩之言。

1931 年出版他所编纂的《校辑宋金元人词》七十三卷，辑佚钩沉，详加考校，用力最勤，自序云："俾世人知汇刻宋人乐章，以长沙

《百家词》始，至余此编乃告一段落。"时人评曰："这话不是自夸，乃是很平实的估计。"

赵万里同志热爱新社会，他拥护党，拥护社会主义，将他的丰富的学识和毕生的精力贡献于祖国的社会主义建设事业。北京解放前夕，在有关同志的帮助下，他妥善地完整地保护了人民的珍贵财富——北平图书馆的古籍善本。在50年代和60年代，他为北京图书馆搜集到不少宋元旧刻和明清罕见的珍本。他协助和依靠组织，从港澳地区抢救回来了几批流散的珍本图书和碑帖。由于他对祖国文化遗产的征集、保管、研究等方面做出了卓越的成绩，曾受到毛主席和周总理接见，这是给予一个图书馆工作者最高的荣誉。

在党的领导下，赵万里同志更加努力地进行目录学、校勘学、版本学等方面的研究。他的新著如《汉魏南北朝墓志集释》和《中国版刻图录》，得到了中外学者的高度评价。所收材料，悉经严密考证。前人著录，有以真为赝或以赝为真者，皆分别去取，期臻完善，刮垢磨光，可谓勤矣。

我不学，且所专各异，不足以知万里同志。他学识渊博，治学方法严密，辨真伪，精校勘，明出处。对他所领导的业务部门，工作细致，要求严格，注意科学管理，且能身体力行，为同人表率。这种精神，值得我们认真学习。

林彪、"四人帮"横行之日，赵万里同志被妄加罪名，无情批判，身心受到严重摧残，以致多年瘫痪卧床。其时，我亦受到审查，不克修书问候，深感歉恻。君不幸逝世，又不克亲临吊唁，悲恸和怀念之情，逾于他人。现在党为万里同志公开彻底平反，从政治上和学术上都已恢复了名誉，万里同志可以欣然安息了。

（原载《图书馆学研究》第2期，1980年8月）

怀念版本学家赵万里先生

谢国桢

历史是不断向前发展的，"后来居上"，后者必定胜于前者，这是历史发展的规律；然其发展是有过程的，不能割断历史。若只看美好的今天和未来，而不去回顾昨天和前天，那就是要数典忘祖了，这不是研究科学的态度。在自然界和社会上要研究的事物很广，真是"其大莫能载焉，其小莫能破焉"；我们要掌握辩证唯物论的方法，大而至于天际，小而至于电子、分子和粒子，都不能不去研究。别看小到如粒子尘埃的事物，研究起来，却还有极大的用处。这就是有用和无用之间的辩证关系；同时，历史、文学与政治之间既有区别也有依赖的关系，就像庄子所说的"若大饱然，何不置诸于何用之乡。"可见生活在战国时代的先哲庄子，对这点已先于我们的认识而言之矣。赵万里先生是我国著名的版本目录学家，可是他偏重于鉴别宋元版本之学，他尝戏为我说他"研究的是书皮之学，没有什么用处"。照他的自谦之说，那么像我多年来积累的一知半解的肤浅知识，不但不能说是"博学"，甚而连"横通"也谈不上了。但是不要小看我的老友赵万里先生的这点"书皮之学"，他积毕生的精力于我国的善本书籍，宋椠名钞，反复的学习和实践，经他的鉴别，就如同打了一张"保票"一样，哪个是真，哪个是假，便了如指掌。这就给后来的读者研究学问，提供了必不可少的方便条件。他还和郑振铎、徐森玉诸位先生，惨淡经营，采访搜集海内外藏书家所得的善本和孤本，以及寰宇的碑刻拓片，汇藏于北京图书馆，使之成为全国首屈一指的书林和学海，供人民群众阅览，为祖国"四化"，开辟了途径，其功绩是不可以泯灭的。

赵万里先生字斐云，浙江海宁县人，曾肄业于南京东南大学（南京大学的前身），为王国维先生的高足弟子。1925 年我考取了清华学校国学研究院，那时斐云先生已任助教，我当学生。当我于清华结业之后，任职于北平图书馆，与斐云同事差不多有十年之久。后来我奔走南北，新中国成立后任教天津南开大学，与君书信来往，曾无间断。1958 年我从南开调到北京科研机关从事研究工作，与君和向达（觉明）先生来往尤密。我是喜欢收藏书籍的人，但识书的眼力，比赵、向两兄要差得多，凡是遇到罕见的书籍，必向他们两人请教。他们说好，我就欣然以喜；他们说不好，我就嗒然若丧。偶然遇到两三种善本，如陈梦雷《松鹤山房诗集》，以及南宋袖珍刻本《宋名臣言行录》，斐云兄说："这些书非归北京图书馆不可。"我只得把它们献给公家了。又如我藏的日本刻本《大唐西域记》和知服斋刻本耶律铸《双溪醉隐集》，觉明兄说："这是研究我国西北地理和中西交通史之书，君不需此。"我连忙送给他了。这说明识书水平的寒俭如此。自向、赵二公相继逝世，我的耽书之癖，依然如故，可是两目若盲，虽然再遇到难以决疑的书，已无人为我印证，缅怀故人，不胜有山阳闻笛，黄垆之感。

赵斐云先生精于版本之学，编有《中国版刻图录》和《北京图书馆善本书目》，凡要研究版本目录学的人都要取材于此。不像我这样粗制滥造。他对我遇事必相规劝，可以说是我的畏友。他不但长于考据之学，而填一两首小词，也洒洒有致，翩翩然有江左徐庾风流的才华，而谨严过之。他到中年以后，由研治版本而涉及到校雠、辨伪、辑佚等项学问，斐然有著述之才。他曾著有《王国维先生年谱》，编定《王静安先生遗书》。他又辑宋元人已佚的词集，编有《校辑宋金元人词》。他能够继承王静安师的绪余，于考古之学、甲骨金文以外，对魏晋以来的史乘，多能网罗其未备，如魏杨衒之《洛阳伽蓝记》记述拓跋氏建立北魏，自魏文帝由大同迁都洛阳之后，渐习华风，把印度犍陀罗式的艺术和祖国文化优良的传统，融会贯通而一之，如释惠生西渡流沙，求经天竺（印度）带来了西方的造型艺术，现在流传下来的尚有大同和洛阳石窟的雕塑，何等的幽美。自拓跋氏贯姓元氏之后，人才辈出，以元著姓的如东平王元略、广平王元怀，以及元显僎等人，指不胜屈，魏收所著《魏书》尚多遗漏。近百年来，地不爱宝，发现了不少北魏和北齐、北周的墓志，君据以编《汉魏南北朝墓志集释》。在《洛阳伽蓝记》里，描绘了洛阳的景物秀丽，文物遗迹繁多，如洛阳十三个城门，犹存东汉旧日城阙的形象。洛阳是到关中的交通要道，尤其是西头的大夏门，东头的开阳门，商贾云集，来往行人熙熙攘攘。开阳门内旧有太学遗址，汉熹平的《石经》和曹魏正始三字《石经》就建立于此。清代徐松是精于史地和西北方域之学的，曾编有《洛阳图》，君视为珍品，加以整理，成为巨制。

斐云兄从中年以来专门喜欢从《永乐大典》中辑出已散佚的书籍，君藏有《永乐大典》美字韵一厚册，精美异常，曾举以示余，我叹为观止，现归北京图书馆。君在北京图书馆看见《永乐大典》残本众多，曾由《大典》中辑出《元一统志》的佚文。又由于北京是从辽金以来建国的首都，北京这个地方，在辽代叫作析津，君领导善本部同志，从《永乐大典》和其他书中辑出了《析津志》佚文。在此以前，清末缪荃孙修《顺天府志》时，曾由《永乐大典》中辑出《顺天府志》七卷，实就是《析津志》，但尚未能完备，君主持所辑的《析津志》要比缪辑本完备的多了。自君没后,北京图书馆善本组的同志们能够继承他的遗业,将《析津志》辑稿加以校勘整理,由北京古籍出版社出版。说明了北京是自辽金以来的旧都会,为解放以来中国人民建国的首都,其昭示人民、嘉惠学林多矣!我曾记得赵斐云先生担任过第三届人代会的人民代表,曾与周叔弢、郑西谛先生为毛泽东主席所接见,毛主席勉励他们说:"行行出状元。"那么赵万里先生就是版本学家的状元了。今先生往矣,我马齿徒增,质疑问难,只有请教于馆中新进的同志了。一方面庆有传人,一方面又感慨系之。

1981 年 10 月 14 日记于北京寓庐之瓜蒂盦。

(原载《文献》第 12 辑,1982 年 6 月;收入《谢国桢全集》第七册,北京出版社,2013 年 12 月)

忆赵万里先生

朱家濂

我和赵万里先生开始相识，是在 30 年代。有两次会晤，至今我还记得很清楚。一次在 1931 或 1932 年，赵先生到我家来，访问我的父亲，主要是想看一部宋本《啸堂集古录》。看过以后，就和我父亲长谈起来。那时赵先生还不到 30 岁，可是他学问已成，特别是在目录、版本方面的研究，更是知名于世。这次听他谈话，使我感受很深。又一次是在 1936 或 1937 年赵先生到我家来。他知道先父所藏清朝一代出土的六朝隋唐墓志多有画石初拓的本子，想要参校一下。我即取出他需要看的拓本，顺便带出一些名人抄校的元代诗文集请他鉴定。这次谈的时间很长，直到日暮才兴辞而去。这两次长谈，等于给我上了两堂课，今天回忆起来，仿佛就在眼前一样。

1952 年，我调到北京图书馆工作。和先生时常见面，更能遇事请教。特别是 1957 年以后，我从参考部调到采访部。由于工作上的联系，和先生接触更为频繁。那几年除去经常性的采访工作以外，文化部提交的书、兄弟馆拨的书以及私人捐赠和寄存的书源源进馆，举其大者如郑振铎先生的遗书、故宫博物院调拨的书、邓以蛰先生藏书等等。这些书中，善本很多，在接收时，赵先生都亲预其事。尤其是西谛藏书，极受先生重视。西谛藏书进馆后，即设专库保存。当时学术界急于看到这一专藏，为了适应读者的要求，馆内决定一面供读者阅览,一面整顿和编目。我记得那时赵先生经常到库里来,在编目过程中,我们就更能够得到先生的教导。同时,在工作中具体涉及一部书的版本渊源和流传经过时,先生也常常谈到他数十年来的访书经历。这不但使我们知道了许多古籍知识,也更使我们看到先生一生为图书馆事业所付出的辛勤劳动。

我和赵先生相处既久,还体会到他作为一个图书馆工作者所具有的一种美德,那就是对于图书的由衷爱护。过去的藏书家常说对图书爱护如头目,赵先生是真正地做到了。而且他爱护的是社会主义国家图书馆的宝藏,不是他私人的藏书,这就与藏书家的爱书有本质的不同。

一部善本书入藏,如果不是十分破旧,赵先生总是尽量保持它的原状。如果须要修补,也是十分经意地恢复它的完整。过去北图对图书修复流传着一句话,是"整旧如旧",换句话说,也就是保持书的原来面目。北图修整图书有着很高的水平,但是赵先生还不放心,经常要到装订组去了解一部书的修整进度。

赵先生在看书的时候,总是把书平放在桌上,还要检查一下桌面是否干净。翻叶时,用右手大指轻轻推动书的左下角书沿,绝不把手落实在书上,也绝不把书拿在手里看。一般人看书,在翻开以后,习惯于用手把书按平,或者书皮较厚,展开比较费事时,又往往把书面翻过来用手折一下,赵先生时常说,这是看善本书的大忌。

北图善本书库的清洁卫生工作做的最为出色。有一次我到善本库去,我故意用手指在《四库全书》架上书匣背后摸一摸,结果一点尘土也没有。我对赵先生说:善本书库真是一尘不染。赵先生笑着说:"这是同志们共同努力的成绩。"的确如此,在赵先生以身作则的领导下,爱书的美德在善本库已经蔚成风气了。宋代费衮在《梁溪漫志》

里说："温公（司马光）独乐园之读书堂，文史万余卷，而公晨夕所常阅者，虽累数十年，皆新若手未触者。"唐代韩愈送诸葛觉往随州读书诗里也说："邺侯家多书，插架三万轴。——悬牙签，新如手未触。"今天北京图书馆所保藏的善本书何止数十万卷，赵先生所做到的，真是不愧古人，而且胜过古人。

最近两年，我以读者身份有时到善本阅览室借阅图书，我注意到从书库里提出来的书还是那样干净，足见保管工作、清洁工作还是很认真的。阅览室的工作同志也非常尽职。有一次我借了两种书同时摊开，进行勘校，书放得比较乱，工作同志马上就过来帮我整理。当时我感到又惭愧，又欣慰。惭愧的是我从事图博工作四十年，对图书还这么不经意。欣慰的是赵先生爱护图书的好作风、好习惯已经传下来了。后继有人，赵先生可以放心地安息了。

（原载《北图通讯》1982年第3期）

忆念赵万里先生

冀淑英

赵万里先生逝世两周年了。赵先生是我国当代著名的版本目录学家，这是很多人都知道的；而赵先生献身于图书馆事业，毕生致力于古典文献资料的搜集、整理、保存和研究工作，同时尽心竭力为古籍全面考虑、悉心安排、所做的贡献，回忆起来，也是值得我们忆念的。

1925 年赵先生来到北京，拜王静安（国维）先生为师，后来就在清华国学研究所，任静安先生的助教，这期间，得到静安先生的指导，在史学、文学、戏曲、金石、考古、版本、目录学等方面，打下了坚实基础，人谓能传王氏之学。更为可贵的是，先生同时也传了王氏治学严谨的学风，从事图书馆工作 50 余年，在治学与治事方面，贯彻谨严、认真的精神。先生早年校辑宋金元人词，是大规模采用辑佚方法，辑出宋、元以来散佚的词集，全书共收词人 70 家，得词 1500 余首，材料之多，固为前人所不及，而方法和体例之谨严周密，尤为人所称道。书中所收材料，均详举出处，原不限于《永乐大典》，每词注明引用的原书，有的词引用来源多至数种乃至十余种，也都一一注明原书并注出卷数，还注明不同本子的异文；疑信不定的词，列为附录，也都详加考校，用力至勤。此书 1931 年由当时中央研究院历史语言研究所出版，时先生 26 岁，是属于青年时代的研究成绩。先生对待研究工作的一丝不苟，从青年时期到晚年是始终如一的。先生早年收集出土墓志，并加考释，以地下材料与史事互证，成绩甚著，30 年代后期已卓然成书，并拟付印，因抗战期间，未付实现。20 年中，又经增订、删补，1956 年编为《汉魏南北朝墓志集释》，始由科学院考古所编入"考古学专刊"出版，其审慎可见。校辑《元一统志》，也和《校辑宋金元人词》一样，体例严谨，方法周密，从材料的编排以至标点上，都体现了勤奋从事、严肃认真的精神。

先生为访求、搜集古籍付出的辛勤劳动，和他对研究工作倾注的心力，可说是等量齐观的。他从最初为图书馆访书购书以补充馆藏，到进一步把访书看作是保存一代文献的崇高意愿，而且自愿地把保存文献作为至上的事业并引为己任这一点，和郑振铎（西谛）先生是相同的。抗日战争年代里，北京图书馆的善本书基本上已南运，西谛先生正孤处上海，有识之士对当时流传在市面上的古籍，都深虑恐遭"外流"之厄。赵先生那时几乎每年暑假都去上海一行，主要是为了和当时处在内地的北平图书馆负责人取得联系，争取一些经费，搜购一部分亟应保存下来的善本。这项工作，实际是在郑先生大力帮助下共同做的。著名的明代藏书家赵琦美抄校的《古今杂剧》，就是这几年中所收书的高峰。此书收得后，即送当时的北平图书馆上海办事处保存，胜利后连同这期间所收的其他书，一起运抵馆内。整个经过，郑先生后来写成《跋脉望馆抄校本〈古今杂剧〉》一文，作为附录，收在《劫中得书记》之后。解放后，郑先生来到北京，先后主持文物局和参加文化部领导工作，老朋友成了工作上的领导，二人在访书和保存一代文献上的宏愿，在党的领导和关怀下，更取得丰硕的成果。建国以来，许多收藏家自愿向政府捐献自己的珍藏。以图书而论，如铁琴铜剑楼瞿氏、常熟翁氏、江安傅氏、建德周氏、宝礼堂潘氏等著名的藏书家，通过文物局向北京图书馆捐赠了不少名贵的孤本秘笈。这期间，经过多方访问、联系，赵先生是做了很多工作的。还有些侨居港澳的收藏家，所藏的大批珍本将有出手之意时，由于周总理的关怀过问，先生协助并依靠组织，及时前往鉴定，几次将成批的珍本图书、碑帖，及时收购回来。先生对祖国文化遗产无比热爱，加上学识渊博，对古籍有真知灼见，才能做出卓越成绩，在1964、1965年时，曾受到毛主席和周总理的接见。

先生对待书籍的热忱，也是无与伦比的。1949年北京解放不久，党和人民政府就把抗战期间从山西赵城县广胜寺抢救出来的金代刻本大藏经，送交北京图书馆。《金藏》到馆时，先生兴奋极了，亲自察看，并筹划清点、安置的措施，由于抗战期间物质条件差，全藏4300多卷大部分都受了潮，已揭不开，当务之急，是如何重装整修问题（藏经是卷子本，装修时需揭裱，不同于一般古旧书，技术要求也不尽同）。经馆领导的支持，先生一方面通过琉璃厂旧书行业，寻访以裱工见长的装修师傅，一面想方设法，搜求装裱必需的棉纸（一种很细而薄的手工纸，以河南、广西等地所产为佳）。因为《金藏》是国内现存的孤本，历经艰苦得以保存下来，在当时确是文化界的一件大事。9月份，建国前夕，先生主持在馆里开了一次《赵城金藏》展览会，先生自己撰写展览说明书，除介绍《金藏》成书渊源始末和抢救保管经过外，重点说明展览意义，其中说到"反动派造谣说共产党不要文化，《金藏》的保存下来，就是对他们的一记响亮耳光！"当时到会各界人士济济一堂，如李济深先生、巨赞法师诸人，都热情提出愿为装修《金藏》尽力，后来李济深先生捐赠了一批广西棉纸，当年《金藏》的整修工作就顺利开始了。这项工作经几位老师傅的辛勤操作，历时15年，到1965年，4300多卷大藏，已全部按照原来样式，装修完成。继《金藏》之后，数年间，各地藏书家捐赠书籍，不仅数量多，质量也是空前之高，1950 年到 1951 年，在赵先生主持下，北图先后举办"新收善本书展览""《永乐大典》展览"等。每次展览，先生都是亲自选书并写说明，宣扬社会主义文化事业之发展，举旧中国时代帝国主义分子任意掠夺我国文化和艺术遗产的事例，说明只有在中国共产党领导下，才能爱护和重视这些最宝贵的文化遗产，使之不再遭受散佚和掠夺，还将会进一步发扬其固有的学术价值，使人们提高对社会主义祖国的爱国热情。

先生的严谨治学态度，也反映到治事，或说是一般事务性工作上来。1950 年，原北图在上海和南京的两个办事处工作结束，抗战前寄存在上海的敦煌写本和善本乙库地方志等都运回馆内，这一来对善本书库是个很大的压力，原有的空间已为胜利后新入藏的书占去了，空间、书柜都成问题，而善本书还要妥善保管。赵先生和别的同志一起，在书库里左转右看，当时也没用什么皮尺、盒尺，只是手拿一把鸡毛掸，在四库书库一排排大书架之间量来量去，最后决定，大书架之间空隙，留出一人可走的通道，可放若干排书箱。书箱从哪里来？当时正当建国之初，百废待兴，一下也做不成大量的书柜或书箱，书需入库是不能等的。恰值藏书家前辈傅增湘老先生在上年作古，遗嘱将所藏大批线装书捐赠家乡四川图书馆，书的托运是由北图代办的，于是和傅宅商量，运四川的书要装大木箱，傅氏原放书的书箱不宜托运，不如作价让给北图，傅宅慨允。收下这批书箱后，乙库地方志和其他书，整整齐齐全部装入 60 多个书箱，依次排列安置在库内，很快就供应读者阅览了。

多年来，先生对线装书（主要是善本书）的装订工作，也是经常亲自过问并加具体指导的（所谓指导，是原则上如何做法，不是技术上的）。书籍之流传久远，与装修工作有直接关系，我国历来的藏书家都十分重视这项工作，作为国家图书馆的善本书藏，当然更应着重抓起来，尤其北图的藏书，一部分还是直接从清代内阁大库继承而来的呢！这样的书，不论内容，就书而言，很多也都具有文物价值。先生常说："不单是宋、元时代的蝴蝶装，就是明、清时代的原装，也不能轻易破坏。"所谓"破坏"，听来似乎严重了一点，实际上是说改变原有装订形式（如蝶装、包背装改为线装），做成面貌一新的样子；或是撤掉旧书皮，换上新封面。不看是什么书，都采用这样的做法是不行的。如果历来都这样搞，今天也就不知宋代蝴蝶装是什么样式了。因之，几十年来，他对馆里的善本装修工作，坚持贯彻"整旧如旧"原则，装修过程中，决不许"剃头修脚"（指书的天地头不得任意切去见新）。建国之初，北图专做善本装修的，共有五位老师傅，个个技术精湛，在国内同行中也是闻名的，但年岁都在四五十岁了，考虑到十年之内不成问题，二十年后就难说了，因之在 50 年代北京旧书业公私合营之际，就有意寻访书业中装修技术较高而有待就业的，经馆领导支持，又请了三位师傅来馆，其中一位，即是现今健在，有"国手"之称的张士达老师傅。有了技术力量，还要有物质条件，比如补书的旧纸，副叶的选配等等，他全都时时在念。多年以来，先生经常出入琉璃厂等处旧书店，除了访书购书，见有书店中装订拆下的旧纸，只要适合应用，也必买回来，送交装订室备用。每次去南方出差，总要亲自选购适于订书用的粗细不等的丝线，因南方丝线质量好。用先生自己的话说："只要对书有好处，什么我都愿意做。"

先生为培养新生力量，以期后继有人，也做了不少安排。一方面从业务上着手，开班讲授"应用目录学"。先讲史学部分，讲授内容针对图书馆工作人员具体情况，和在北大等校讲"史料目录学"不尽相同，着重基础知识和目录学范围内的常识。如某一代史书，正史纂修情况，正史以外的史书有多少，其他有关历史范围的著作内容质量如何，最后介绍各书版本及流传情况。讲文学部分也如此。参加听课是自愿的，不限于善本特藏部的同志。到 1965 年，开始讲经部目录学，开始不久，因十年浩劫而中止。另一方面，他对古旧书装修工作时刻在念，我国的装修技术是有优秀传统的，许多老师傅是过去旧书店学徒培养起来的，今后怎么办？先生和当时前辈徐森玉、周叔弢诸老先生聚会时也常谈论此事。后来徐老和周老二位在全国人代会上联合作为提案提出，经文化部落实，举办"古籍装修培训班"，每期学习二年，学员由全国各馆推荐，由北京图书馆和中国书店的老师傅们同时各带一个班。培训班从 1961 年起，举办了两期，为全国省、市图书馆和其他单位培养了一批装修专业人才。第三期没有学满，十年动乱一起，宣告终结。有人建议先生应多做些研究工作，不要多牵涉这类事务性的事，先生却不认为装修书是小事，为此付出了多少精力，只因为装修工作直接关系到古籍寿命的延续，所以非抓不可。还是那句老话，"只要对书有好处，什么我都愿意做"，这是先生的一贯主张。

作为赵先生的学生，我在学校时，上过先生的"校勘学"和"版本学"的课，当时因为没有实际接触过什么版本书，印象不甚深刻。

到图书馆工作后，在先生指导下，第一提出要我记住五千种书名和五千个人名，这当时使我吓了一跳，用多少功夫才能达到要求呢？通过一年年的编目实践，我逐渐懂得了不记住书名、人名是没法干好这项工作的，确实应该由此入手。有时先生也指出"这个人要记住"，"这个问题要搞清楚"等等。工作中遇到问题，自然要向先生请教，有时问过的问题，再遇到又问，则不再告诉，只说"想想看"。对某一名家笔迹也是如此，见过或请教过的，下次仍不记得，就说"这是'熟人'了，想想看"。由于自己基础不足，水平低，学习不够，领悟很差，直到如今，还只能说是个没达到及格标准的学生，但先生的教导和认真严谨的治学态度是不能忘的。

（原载《文献》1982 年第 2 期）

悼念赵万里先生

丁 瑜

我国著名的版本目录学专家赵万里先生逝世了。这个不幸的消息使人不胜哀悼，更让人惋叹。

我认识赵先生已经 30 多年了，解放前，我在北京大学念书时，他在历史系讲授"史部目录学"，我选了他的课，便与他认识了。

全国解放后，赵先生辞去了大学的职务，专在北京图书馆善本部担任领导工作。后来，我也调到北京图书馆，又在他领导下工作，多年来受到他许多的教益。现在先生溘然长逝，抚今追昔，更增添了无限悼念和思慕的心情。

赵先生热爱图书馆事业，对祖国的文化遗产极为重视。在解放前夕，国民党反动派曾企图将北平图书馆的善本书运往台湾。他知道这个消息后及时与郑振铎先生联系，依靠进步力量，商讨办法，利用合法地位，拖延时间，终于使国民党劫运善本书的企图未能得逞。

赵先生在解放后，对调查国内外古籍善本的流传散失情况，搜集民间著名藏书，整理馆藏善本，更是尽心竭力。经过他的努力工作，国内著名藏书家周叔弢、翁之憙、邢之襄、赵元方、蔡瑛、吴良士等先生以及傅氏双鉴楼、潘氏宝礼堂，把世代相传和辛勤搜集的珍贵古籍都无条件地献给了国家，使北京图书馆的善本书藏，成倍增长。更使人不能忘怀的是为抢救一批流散到香港的珍贵碑帖和善本图书的事。

那是 1965 年秋天，居住在香港的藏书家郇斋准备出售他庋藏多年的善本书籍。其中宋刻宋印本《荀子》《张承吉文集》，宋拓本《神策军碑》《嘉祐石经》《蜀石经》，元大德陈仁子东山书院刻本《梦溪笔谈》都是海内外仅存的孤本。消息传出后，不少外国人士也很想求获这批善本。赵先生得知这个消息，十分焦急。唯恐传世奇珍流落域外，积极地进行抢救活动，经过几个月的奔走，终于把险些流散到海外的一批罕见传本抢运到北京。返京后，他不顾旅途的劳顿，也不管高血压和眼底出血等病痛，以无比喜悦兴奋的心情又开始编写说明。在一天夜晚周总理亲自检阅了这批抢救归来的珍贵书籍，并指示北京图书馆妥善保管。先生经常讲："我们搞善本工作，不仅仅是懂得什么是善本，还应该知道善本书流传的渊源和它的下落。"抢救这批流入到香港的珍贵善本，恰当地证明了他说话的重要。

赵先生是知名学者，早期研究词曲、史学，后来致力于辑佚典籍和版本目录学。历年来编撰出版了《王静安先生年谱》《校辑宋金元人词》《北平图书馆善本书目甲编》《中国版刻图录》《汉魏南北朝墓志集释》《元一统志》等书，还有大量的图书题跋和专题论文等。对学术界有着广泛的影响，受到中外学者的重视和高度评价。可以说是"综一人之心得，俾百世之取资"。

先生在图书馆工作期间，为提高干部业务水平，曾多次讲授版本目录学方面的课程、开办短期学习班、举办专题讲座报告会等，受到广大听课者的欢迎。他讲课严肃认真，态度谦虚，常常以现身说法鼓励年轻人。有一次讲课联系到自觉学习和练基本功的问题，他说："我年轻时没有钱买书，曾向同乡借抄《康熙字典》和《三国志》。"他还谈到："在南京读书时，费尽千辛万苦得到机会，允许到丁氏八千卷楼内看书，为了多看书，中午不返校吃饭，只吃一两个炊饼，这样坚持了一年的时间。"他以过去的艰苦岁月对比今日的美好时光，来激励同志们要刻苦学习，做好工作。

赵先生是一位杰出的著名版本目录学专家，他在搜集善本图书、整理古代文化典籍方面，为国家为人民做出了贡献，被选任为北京市政协委员、第三届全国人民代表。虽然他的职务多了，任务繁重了，但是对一般日常工作从不放松要求，并以严肃认真的态度亲自操作。他经常去到书籍装订部门指导装订方法，检查质量，对新入藏的善本书必亲自钤盖藏书章、抄写书签等等。这些都体现出他对一般日常工作的重视。

先生的唯一爱好，就是访书、用书、为国家买书，这也是他毕生的工作。为了访书他的足迹遍及大江南北，为了用书他编撰了大量的书目和题跋，为了买书他可以和熟识的朋友争得面红耳赤。解放初期他和郑振铎先生、吴晗同志常常一起到琉璃厂买书，往往为了一部好书而互不相让，这也是学者的率真风度吧！

这样一位勤奋刻苦、文质彬彬的学者，在十年浩劫中受到冲击，一病不起。以华主席为首的党中央一举粉碎"四人帮"后，赵先生在兴奋喜悦之余，迫切希望早日回到工作岗位，但是疾病未能使他实现这个愿望。

赵万里先生的逝世，使学术界失去了一位老同志、老专家，是难以弥补的损失。尤其在全国图书馆界正为落实周总理遗愿"要尽快地把《中国古籍善本书目》编出来"的指示时，曾经聘请先生为顾问。许多同志在编目工作中时时要借助于先生对古籍善本书研究的成果，参考他工作实践中总结出的经验。我作为一个后进的学生，在继续从事于先生的未竟事业时，摩挲遗编，缅怀过去，更增加了对先生的思慕与悼念。今天写此短文，聊表对先生的卓越贡献和治学精神的钦敬，并将作为鞭策自己努力工作、不断前进的动力。

1980 年 7 月 7 日

（原载《北图通讯》1980 年第 3 期；又载丁瑜《延年集》，国家图书馆出版社，2016 年 6 月）

缅怀赵万里先生

丁　瑜

　　1948 年我在北京大学中文系三年级时，慕名选修了赵先生的"史料目录学"，忝列先生门墙之下。新中国成立后，赵先生辞去北大的教授职务，专职在北京图书馆（今国家图书馆）负责善本特藏部领导工作。后来，我也调至北京图书馆，又分在善本组工作。从上世纪 40 年代到先生不幸离世，许多事迹历历在目，抚今追昔，更增添了无限缅怀和悼念的心情。

　　赵先生在北图 50 余年，30 年代初即在编纂委员会和购书委员会任委员，后又任善本考订组组长，最后任善本特藏部主任。由于工作性质要求，接触古籍图书的机会非常多。他每见到罕见之书，或是有特点之古籍，必记录其卷数全否、序跋有无、行款字数、刻工姓名以及藏书印鉴等。从先生遗著中尚可见到"藏书经眼录"十六帙。如此稀见的访书文献，实非"百宋一廛"和"千元十驾"所可比拟的。但是，先生却迟迟不欲结集刊印。先生早年访书用力之艰难，用心之坚持，更使人钦羡。他曾讲到，北京某藏书家是很有造诣的知名学者，又是国内主持教育的高官。赵先生与之结识后，定期登府看书并讨论有关流略之学。一次遵约到藏书家处，仆役说："主人尚未起床，请在门房稍候。"原来藏书家有阿芙蓉之嗜，等他收拾好，休息好，整装待客时，院中积雪已经数寸有余了。

　　宁波范氏天一阁是中外闻名的，其藏书更是名闻遐迩。自清太平天国战乱阁中藏书数次被盗抢散失，流入市面书肆，赵先生即对天一阁书多加关注。1931年赵先生自北平南下访书，在上海与文学史家郑振铎先生相遇，两人结伴欲往宁波天一阁观未见书。恰遇台风，轮船停驶，乃雇一大汽车飞驰而去。抵宁波晤马隅卿（马廉，北京大学教授，小说、戏剧研究专家），与之共同谋划登天一阁事。但格于范氏族规，未能如愿。原来范氏族规规定"非曝书日，均不得登阁观书，即便范氏子孙亦不例外"。

　　在天一阁被拒之后，转而寻访鄞地著名藏书家如冯孟颛、朱鼐卿、孙蜗庐诸氏，观其所藏，尽睹书中瑰宝。而最使人惊心动魄的书就是明蓝格抄本《录鬼簿》三卷，是研究元、明文学最重要的散佚史料。此书孙蜗庐藏，是天一阁藏书佚出阁外之物，为宝中之宝。即与孙氏相商携归寓所，次日璧还，孙氏慨然应允。三人费二日一夜之力抄毕，按时奉还。1946年10月，明蓝格抄本《录鬼簿》从宁波孙蜗庐家散出，郑振铎先生举债将其购得。赵万里先生得知后，曾写一跋记三人访书因缘。1958年郑振铎先生飞机失事意外逝世，身后藏书悉数捐献国家，后拨交北京图书馆。1963年馆里在西谛藏书中提取善本，又遇到这本蓝格明抄《录鬼簿》。当我为其写编目草片时，赵先生说起往事，当时情景历历在目，恍如昨日，忽忽已经42周年了。

　　1933年7月赵先生到上海，又遇到马隅卿先生，谈到天一阁藏书事，想到前年被拒未能登阁，但对阁周围环境却有很深的印象，天一阁藏书条件和藏《四库全书》的文渊阁不能比，和移藏到图书馆的文津阁藏书相比，亦有天渊之别。出于对中华民族文化的热爱和对古籍文献的责任，二人鼓起勇气，同船去了宁波。

　　几经接洽，由鄞县县长陈冠灵先生和鄞县文献委员会冯孟颛先生和范氏族人达成谅解：同意赵、马等人进阁观书，以一周为限。每天有范氏族人监视。监视人的伙食费用，由进阁人负责供给。

赵先生进阁看到藏书约有两千多种，破的、烂的、完帙的、残缺的，种种不同时代的书。

赵先生初次登天一阁，每天早六时进阁，下午七时出阁，历时 7 天，给他的印象是深刻的。他总结说："天一阁之所以伟大，就在能保存朱明一代的直接史料。除了乾隆修《四库全书》时，天一阁和贵族的学术界一度接触以外，至今二百余年，学术界没有受到他一点影响。这一个奇异的洞府，几时可以容我们作前度刘郎再去访问一次。这是我天天所想望的。"（《重整范氏天一阁藏书纪略》，《国立北平图书馆馆刊》第 8 卷第 1 号，1934 年）

赵先生的想望随着新中国的成立很快就实现了。天一阁已经成为国家的一个藏书单位，先生不止一次到阁访问调研。他经常说起天一阁明代方志的收藏在全国是首屈一指，纂修时代大部分是弘治、正德、嘉靖，万历刻本是少数。这些志书都是明代包背原装入阁。除因保管不善遭到虫蛀水浸之外，多是纸墨精良，触手如新，当代难以得见的珍品。他还谈到天一阁所藏明代登科录在明朝即著称于世。到赵先生检查时竟然有洪武、永乐以下各朝的登科录。这样的发现不但让人惊讶而且让人深思。据史料记载宋代登科录传至现在仅有朱熹登科的《绍兴十八年同年小录》和文天祥登科的《宝祐四年登科录》二种而已。但是天一阁所藏明代登科录，竟数十倍于传世的宋代登科录。

除此类史书外，历代文集的收藏从版刻印刷捡玑拾珠，更是所在多有。如明铜活字本唐人集子，当时南北所见多不过 40 种。但是天一阁所藏多至 30 余册 80 多种。"明铜活字本"版本学上称"下宋本一等"。赵先生见阁书中如此众多，称为"奇书"。

最后一次登上天一阁，是 1961 年冬初。先生到阁阅览明刻本《淮海居士长短句》。此书有正德辛巳马一麟序，是他本未尝见的。又阅明严嵩纂修《正德袁州府志》、邵有道纂修《嘉靖汀州府志》、王瓒纂修《弘治温州府志》、盛仪纂修《维扬志》、黄璇纂修《景泰建阳县志》等志书多种，棉纸明装，皆稀世孤本。继又从《嘉靖建阳县志》内摘录刊工叶文辉、刘臣等 33 人的姓名，为审查建本时代标准资料。其看书之勤奋，实非我辈后学所能做得到的。其对天一阁藏书之渊源和阐述更使人陶醉。版本目录学者冀淑英先生听过之后，曾发誓说："我平生第一志愿就是登上天一阁，第二是去敦煌瞻仰莫高窟。"这个誓言在她编辑《中国古籍善本书目》时，终于实现了。时至今日，冀先生已驾鹤西游十有五年。正如《藏书纪事诗》所载黄丕烈为袁廷梼题诗云："而今楼在人何在，手触遗编涕泗流。"山阳笛韵，思之惘然。

赵先生对北京图书馆善本书库藏进行过两次编目整理。1933 年编辑刊印木刻本《国立北平图书馆善本书目》四卷。1959 年编辑出版铅印线装八卷本《北京图书馆善本书目》。1960 年编辑《中国版刻图录》收录当时全国各藏书单位自唐代迄清代刻版上有代表性的书版 500 多种，按刻版时代和刻书地区编排。此书出版发行之后，成为古籍图书收藏单位及个人研究鉴定古籍版本之圭臬。

先生长期对《永乐大典》的研究和辑佚工作付出大量劳动。据《赵万里文集》卷三附录统计：共收书籍 242 种 352 册。这些都是初稿半成品。其中只有《元一统志》三册、《析津志》三册已分别由中华书局和北京古籍出版社出版发行。赵先生生前主持业务时，对此批书稿专贮一楠木橱中，从不介绍。

以上都是 50 年前后的事了。如今我以耄耋笨拙之笔缅怀先生之学识轶事，自惭无能。敬以先生生前莫逆之友周叔弢书札（载《周叔弢传》）中之评价作为本文小结："斐云版本目录之学，既博且精，当代一人，当之无愧。吾独重视斐云关于北京图书馆善本书库之建立和发展，厥功甚伟。……斐云在地下室中，一桌一椅，未移寸步，数十年如一日。忠于书库，真不可及。其爱书之笃，不亚其访书之勤。"

2015 年 3 月 8 日

（原载《文津学志》第八辑，国家图书馆出版社，2015 年 8 月；又载丁瑜《延年集》，国家图书馆出版社，2016 年 6 月）

赵万里先生二三事

黄润华

近日赵万里先生的铜像安放在国家图书馆善本阅览室。安放仪式举行一周后我去阅览室看书，有幸瞻仰到赵先生的风采，许多往事也一幕幕浮现在眼前。

我第一次见到赵先生是在一个非常独特的环境里。1966 年 5 月"文革"狂飙骤起。当时我刚从大学毕业分配到北图，随即赴甘肃农村参加"四清"工作队，7 月突然中断"四清"从宁县回京参加"文革"。那时馆、部一级的领导都已"靠边站"，各部门由"文革"领导小组负责。我们几个新分配到善本部的大学生被领进主楼一层西南面的一间大屋子。当时善本部的业务已经停止，这间大房间是善本组平常开会学习的地方。我们被一一介绍给组里的革命群众。我看到在房间的西南角坐着一位老年人，正在埋头写字。"那是赵万里。"带领我们的人用有点不屑的口气说道。哦，这就是著名的版本学家啊！我脑子里这样想。我注意到赵万里先生手里是握着毛笔在白纸上书写，他写得很快，旁边有一摞已经写好的稿子。我们走过他的桌旁，他抬起头来望我们一眼，大家都没有说话，但我看到他的眼光里似乎有一种惊恐的神色。他接着又低头写字了，周围发生的一切好像与他无关。我那时一个深刻的印象是赵先生写"检查"居然也用毛笔！这是我见到的把毛笔作为日常书写工具的唯一的一个人。这是我与赵先生的初次见面，几十年过去，他当时眼光里那种微微的惊恐神色挥之不去，后来我读懂了：他在之前已经受到了严重冲击。

赵先生不但日常用毛笔显得很传统，后来还发现他在称谓方面也保留了不少传统的东西。比如他对徐森玉先生一直习惯称"徐森老"。他与徐森玉交往很深，在"交代问题"时很多事情与徐有关，他往往还习惯称"徐森老"，因此常受到造反派的呵斥。对当时一起因于"牛棚"的张申府私下仍称其"张申老"。他这样称呼是很自然的，是出于内心的表露，是一种久久养成的习惯。这在把"阶级敌人"打倒在地还要踏上一只脚的年代显得有些另类。

老北图的善本库在主楼西侧的半地下室内，大门在男厕所对过通道右侧。赵先生的办公桌位于大门里面不远处。他常年端坐于此，看书、编目还照管库里的安全。"文革"后期，一位善本部老员工告诉我：赵先生在此一坐，库里的工作人员都小心翼翼，部外的人谁也不敢随便进来，大家背后都叫他"狮子"，意思是像看门的石狮子一样。这是北图员工背后对赵先生的调侃，但与周叔弢先生说的"斐云在地下室中一桌一椅未移寸步，几十年如一日，忠于书库，真不可及"倒有异曲同工之妙。

赵先生为国图收集善本图书可谓呕心沥血。以前看到过一篇文章，其中有一段说到赵先生在上海为一部书要归北图与同行吵得拍了桌子。这些同行都是著名的专家，不少还是他的老朋友。如果指责赵先生"霸道"，但他是为了本单位多藏些善本而竭力相争，何罪之有？反观后来有的领导，不但尸位素餐，还发明一套理论，什么"本来就不全，花那么多钱买来还不全"，拒绝购买海外流入的一册《文苑英华》，使这本闻名遐迩的宋版书失之交臂，成为永远的遗憾。20世纪70年代以降，类似的失误还有不少，此仅一例而已。

　　还有一件事情想顺便说明一下。曾经看到一篇文章说赵先生后来卧病不起是因为有红卫兵将一条蛇放到他床上，因此受了惊吓而致，这一说法并不准确。据我所知，情况是这样的，1968年麦收时节，馆里大部分员工下乡收麦，对被囚在"牛棚"里的"黑帮"们来说更是一个改造的好机会。像赵万里这样年纪大的长者也拖着病弱之躯一同前往。一天下工回来路上发现了一条蛇，看押"黑帮"的红卫兵都是馆里的年轻员工，其中一个把蛇挑起来玩弄，还强迫赵万里拿。不料赵是非常怕蛇的，因此受了惊吓，回到馆里精神恍惚，小便失禁，后来身体一直没有康复。在那个疯狂的年代，只要一列入"黑帮"行列，不但没有人身自由，连起码的人格尊严都没有。

　　如今，一位著名的学者恢复了应有的光荣与尊严。他的雕像静静地耸立在国家图书馆善本阅览室的一端，注视着周边埋头苦读的后来者。读者面前的某一本书说不定就是那次赵先生在上海拍了桌子争来的呢。

2016 年 12 月 24 日

望远行·悼赵万里同志

于乃义

博访周谘大宇行，善本白眉英。昔因范老识兰馨，书简寄嘤鸣。莠圃笔，艺风晴，缥湘万轴充盈。方期聚首，为神州四化，文献倚干城。惊悉远游讯，怅望启明星。

[注] 抗战期间，前北平图书馆迁来云南，予以范九峰之介，得与赵万里同志通讯往还。九峰持赠云南省馆以明刻《寻甸县志》等书晒蓝本，实得自万里嘉惠。解放后，所主持编刊之《北京图书馆善本书目》，较之清代黄丕烈、近人缪荃孙考镜绎录之功，规模宏远，有过之无不及。今日者，全国善本书总目正集中审订，期实现周总理遗愿，万里未及见全书告成，乃为疾病夺去宝贵生命。东方明矣，启明星悠然而去，何以释予悲怀耶！

（原载《文献》1980 年第 3 期）

石州慢·悼赵斐云即书于其手札之末

曹大铁

沧海之隅，观潮胜处，偏多宏硕。几家载籍高标，一帜殷虚间出。雕龙后起，言泉腹笥充盈，一编词苑咸凭式。博览旷蟫林，树丹铅新格。

身历九州离乱，狼藉巾箱，起罗亡佚。抉别精微，继武刘班鸿烈。访遍郡国，更求海外遗珠，心事明公迹。逝者辱垂青，展瑶函凄恻。

（原载曹大铁《梓人韵语》，南京出版社，1993 年 7 月）

回忆赵万里先生二三事

张守常

从报上获知赵万里先生 1980 半 6 月 25 日在京逝世，这位毕生致力于版本目录的老学者和图书馆工作者永远地离开我们了。我作为赵先生的一个学生，尤感哀悼。

1947 年下半年到 1948 年上半年，我在北京大学史学系读四年级。在这毕业前的最后一学年，我有机会选修赵先生的"史料目录学"。赵先生的本职在北京图书馆，到北大来是兼课。上课来，下课走，课外见不到他，但每周两小时的课则准时来上，满堂足灌，听起来是很过瘾的。1948 年暑假中，我在史学系毕业之后，又考入刚开办的图书馆系，这有一部分原因是为了能继续听赵先生的课。北京大学的图书馆系是由本职也在北京图书馆的王重民先生主持创办的，当时只在北大文学院各系毕业生中招收十人，我有幸成为这十人中的一个，于是1948 年下半年到 1949 年上半年，又听赵先生讲授"版本学"。

赵先生讲课是不带讲稿的。他偶尔带着一个小布包，里着包着几本书或几叠稿子吧，但我不记得他曾打开过，所以小布包中的东西是不是备讲课用的也不一定。他通常是只带粉笔进课堂，开口即讲，不论是史料目录或版本源流，滔滔不绝，如数家珍，——再说一遍：满堂足灌，听起来是很过瘾的。

王重民先生给图书馆系讲"目录学"，从《七略》到"四部"，是很正规的目录学。赵先生在史学系讲"史料目录学"，和王先生的"目录学"不同，是介绍书，讲《史记》《通鉴》等等，全是"大路货"，治史的必读书，介绍有关各该书的种种常识。听来只不过是些常识，然而由自己摸索去获得这些常识，却远不是轻易能够做到的。唯其是常识，我在后来的工作中是常常用得着的。

在听赵先生讲"史料目录学"的那学年，年近古稀的陈援庵先生来讲授"史学名著评论"。陈老的本职是辅仁大学校长，他来北大也是兼课。上学期讲的也是《史记》《通鉴》一类的"大路货"，我因时间倒不开未能听，下学期我才听上陈老的课，讲的是《高僧传》《五灯会元》等佛教史籍。听陈老的讲法，可以设想上学期之讲《史记》《通鉴》，是和赵先生之讲《史记》《通鉴》不相同的，也不记得同时听过这两门课的同学说起过有什么雷同。赵先生着重于介绍，陈老着重于评论，是各具特色，各有千秋的。

记得当时有别的老师曾说，赵先生的"版本学"和陈老的"宗教史"一样，都是绝学。这样提法有些"顶峰"味道，不够辩证，但由此可见学术界对赵先生之精于版本学是很推崇的。因为是讲版本，所涉及的书就不以内容分了，不仅是要讲到"上乘"的经史子集，也常要说到"下乘"的戏曲小说。虽然是讲版本，但对所涉及的书的内容也须熟悉。因此，我听课时发现，赵先生对于戏曲小说，特别是杂剧之熟悉，也是足够专门家的。他讲某书之某版本，诸如版式、刻工、纸张、墨色之特点和优劣，以及收藏、著录、流传、遗失、损毁，乃至盗卖，原原本本，清清楚楚，熟悉极了。在此基础上，他就各本之比较和评价，使人听来觉得有根有据，准确可靠。我后来没有从事这方面的工作，只还记得"监本""建本"之类的名词，至于所听的丰富内容，已差不多全忘了。但是对于用书要注意版本，意识到这是治学时应有的一种科学态度或科学习惯，却是从听赵先生讲"版本学"得来的。

赵先生那时才四十来岁，正在盛年，然而已经具有粹然学者的风范了。他日常总是穿一件蓝布大褂，留着小平头，戴一副黑框大圆光眼镜——这在当时是远落于时尚之后的老式样，然而这同赵先生整个的模样和气度是很协调的，朴素而又高雅，他本身就似是一部精洁的宋版书。

赵先生之给人以粹然学者的印象，更突出地表现在当世的风风雨雨似乎吹打不到他自己的那个版本目录之学的王国里去。那是从1947年到1949年，我听他讲授"史料目录学"和"版本学"的两年，那是从刘邓大军南下大别山、解放战争开始转入反攻的历史转折点，到推翻蒋家王朝、新中国即将正式成立的两年。在北京，从1947年夏天的"反饥饿、反内战"运动，到1948年夏天的"七五血案"和"反剿民、要活命"大游行，中经"八一九"大逮捕，到1949年的迎接解放，是学生运动如火如荼的两年，而当时设在沙滩的北京大学则是北京学生运动的中心。但赵先生在其中是独来独往的。学生罢课，他也就不来；复课了，他准时来到课堂。开口即入正题，不叙闲言，不谈政治，他似乎是也不想政治。

凡事总不免有例外，赵先生也发生过"反常"现象，那是1949年3—4月间，国民党派代表团来北京谈判，我解放大军则准备着若谈判不成即强渡长江直捣南京的紧张时刻。一天，赵先生按时来上"版本学"，开口突然骂了一句："国民党是猪！"我至今还记得他那一阵怒不可遏的神态。我们听讲的同学们被赵先生的勃然一怒给愣住了。他接着说："你们知道吗？"我们沉默，不知所答。他接着又问："你们看报了吗？"我们看过报，但一时不知是何消息应该如此发怒，所以仍然是沉默，静听赵先生往下说。他接着往下说了："南京政府准备撤退，报上登载他们把多少箱善本书运到台湾去了——这怎么行！"在课堂上常听赵先生讲到某书现在南京，某书是"北平古物南迁"时运走的，所以经赵先生这么一提，使我们也立即感到关切，国民党政府要垮台了，还要把这一大批国宝抢走，真是"这怎么行！"然而赵先生紧接着还有一句："那个地方太潮湿了！"说时还用手击了一下教桌，仿佛这桌面就是台湾那个该死的潮湿地方。赵先生这几句话是紧连着说的，盛怒之下，说话的节奏很快，我们的思路跟不上，稍迟了一下才回味出使赵先生如此着急的真正原因来，原来他着急的不是这些善本书还要被控制在国民党手中而不还给人民，他着急的是台湾太潮湿，怕把善本书霉坏了。当我们悟出赵先生所以发怒的原意之后，不觉为之莞尔，或者说哑然，但这都是藏在肚子里的反应，没有人笑出声来。赵先生当时的情绪是很严肃的，这使我们笑不出来。赵先生是我们尊重的老师，我们当时若失声而笑是很不礼貌的：我们那时也都没有后来"四人帮"提倡的"造反"精神，所以都以严肃的表情听完赵先生的这一段愤怒的控诉，然后赵先生言归正传，我们便继续听讲。

事隔 30 多年了，这一幕景象仍如在眼前。不知运往台湾的善本书如今怎么样了，当不至如赵先生所担心的那样因该地潮湿而霉坏了吧。照管那些善本书的人中或者还有赵先生的老朋友在，倘保存完好，亦有以慰赵先生的亡灵。

还是 1949 年上半年的事，记得天气已有些热了，忽然赵先生在课堂上兴奋地讲起了《赵城藏》运抵北京的事。山西赵城县（现与洪洞县合并为洪赵县）境的广胜寺里藏有一部金朝刻的《佛藏》，卷轴很多，不仅保存了道教的大量典籍，而且补充了版本史上的一大空白。宋版书包括北宋和南宋，传世者尚皆有一些；但和南宋同时的北方，在金朝统治下的黄河流域广大地区，却少有刻版印书传下来。广胜寺的这一部金刻《佛藏》是在抗日战争前发现的，大约是1933或1934年，由一位旅行家在这里发现了这一宝藏，消息传开，用赵先生的话来说："这是震动全世界的大事情！"他说时还特地竖起大拇指来打着手势，那态度是十分认真的。在1933—1934年间，震动全世界的大事是希特勒在德国掌权之后凶芒初露，和日本帝国主义的侵略铁蹄已从东北踏入华北；而在赵先生的版本目录之学的王国里，或者这才应该是震动世界的大事吧——我是这样来理解赵先生之那么郑重地来谈论这件事的。从此《赵城藏》成为治中国版本学或中国宗教史的学者们所普遍关心的事。然而不久抗日战争爆发，再也听不到《赵城藏》的下落，它在哪里？它是不是安全？它会不会被战火毁掉？赵先生一直为之悬心了12年，现在忽然得知它安全无阙，并且运来北京，交给由他主管的北京图书馆善本书室收藏，这使他由悬心一变而为狂喜。他把这种不能自己的意外的喜悦一直带到课堂上来，带给北京大学图书馆系头一班的我们这十名学生。赵先生向我们介绍抢救《赵城藏》的经过，说的有声有色。原来日本侵略军攻陷赵城县城之后，因为知道广胜寺藏有一部宝贵的金刻《佛藏》，便派兵进山占领该寺，下一步自然就是将《佛藏》劫掠而去了。此事被我八路军侦知，发动一次夜袭，歼灭了盘踞该寺的日寇，将《佛藏》全部转移到太行山根据地去。此役我们牺牲了八个战士。赵先生在讲到这"八个战士"时，作一个把大拇指和食指伸开的手势，并且举到至少齐眉毛那么高，提高嗓门，声调激越，显然是很带感情的。"牺牲了我们的八个战士啊！"我至今仿佛还能听得见他说这一句话的声音。这是一位专家对八位烈士发出的充满崇高敬意和深切感谢的悼词。

以后是敌人的残酷扫荡，我太行山根据地军民也常须随时转移，这批《佛藏》只好"坚壁"在山洞里，到 1949 年经中央领导同志指示运来北京时，已有不少卷轴因受潮湿而粘连在一起。赵先生曾因害怕运往台湾的那批善本书受潮霉坏而着急发怒，但对这批《佛藏》之受潮粘连则毫无抱怨保管不善的意思，能抢救下来已属不易了，封在山洞里受潮湿，乃战争环境中难以避免的事。情况不同，在赵先生心情上的反应也是完全不同的。

书画粘连，经过揭裱是可以整旧如新的。赵先生说，已从琉璃厂的裱工师傅中请来四位高手，他相信他们一定能够把这一批难得的国宝整理好。因为数量大，他估计这四位师傅完成这一任务须 10 年。我们当时一听是 10 年，感到这是遥远的未来；然而弹指一挥，30 年过去了，这批金刻《佛藏》该是早已整理完好收藏在北京图书馆"保险"的善本书库里了吧。

1949 年的上半年，是北京解放后的第一个半年。新中国成立前国民党的反革命宣传所加于我党我军的种种诬蔑不实之词的不良影响还有待于肃清。我即曾听一位中学老教师说过共产党不要文化，共产党来了北京图书馆要烧掉。这类的话大约赵先生也曾听见过吧。而《赵城藏》的运来北京，即有力地说明正是中国共产党如何地重视和保护民族文化遗产的。

然而此时无论如何想不到会有 17 年后的"文化大革命"。因此便不能不联想到此事若落在林彪、康生、"四人帮"一伙手里又将如何呢？"文化大革命"所要"革"的远远不限于文化，但文化总归是也在应"革"之列的。按照他们"破四旧"的标准，这批《佛藏》，或者还要连同广胜寺，是都应予"破"掉的。虽然已经移藏于北京图书馆"保险"的善本书库里，然而在那"史无前例"的日子里也并不一定保险，遇罗克在当时 8 月 23 日的日记里就写着："有人扬言要烧北

京图书馆不符合毛泽东思想的书。"（《光明日报》1980 年 7 月 21 日）

这批刻印于 1234 年以前的《赵城藏》是怎么也达不到"符合毛泽东思想"这一标准的，也就是说它注定是符合应"烧"的标准的。如此联想下来，不免为之感到岌岌乎殆哉。或者北京毕竟是首善之区，北京图书馆又和国务院隔街为邻，该馆关门避祸，才幸免于浩劫。

赵先生在那"史无前例"的日子里估计也不会好过，至少一顶"反动学术权威"的帽子总是可以扣上的。但在那时自顾不暇，连打听一下的可能也没有。后来在有机会见面的少数师友间悄悄传告王重民先生于颐和园逝世的消息，那时想写点寄托哀思的悼念之词是也无写处的，只能寄托于这种悄悄的传告。谈及王先生，自然就要想到赵先生，而在辗转传告中一直不见有赵先生的噩耗，使我暗自庆幸这位老师尚在人间。

我从听完赵先生讲"版本学"之后，因为未干他这一行，所以并不常见。有一次见面印象较深，他亲自领着到北京图书馆地下室善本书库看文津阁本《四库全书》，他就眼前的"实物教材"讲了一些该书形体方面的常识。他由抄写的精工又说到"外三阁"抄写的偷工减料，镇江文宗阁和扬州文汇阁藏书已全毁，杭州文澜阁烬余残书犹可为证：有的每叶只抄靠边的几行，靠里几行不抄，检查者敷衍了事，而抄写费足数发放，照例的议叙也是开列无误。

又一次记得的见面是在 1964 年前后，我在北京图书馆善本阅览室看书时遇见了他。这时他早已不穿蓝布大褂，改穿蓝色中山装了。这次见面只低声寒暄了几句，怕影响其他读者不便多谈，很平平常常地点头分开了。一点儿也没想到这就是最后一面，这就是终生永诀；然而这竟是最后一面，终生永诀。

报上说"赵先生拥护中国共产党"。从 1949 年《赵城藏》运来北京时他表现得那么欣喜兴奋看来，当不只是因为《赵城藏》之幸获安全，还因为他由此看到了中国共产党对待民族文化遗产的政策，使他放了心。他拥护中国共产党是和他为之毕生倾注心血的版本目录得到党的重视相联系的。十年动乱中不知又曾使他怎样悬心，但他毕竟看到了粉碎"四人帮"，伟大的中国共产党拨乱反正，版本目录的事业在祖国实现四个现代化的过程中也将大有发展。他比王重民先生幸福，他可以放心地离开人间了。

（原载《读书》1980 年第 12 期）

忆赵斐云

黄　裳

　　7月2日早晨，我到北海旁边的北京图书馆去，想看看善本书。这里还是多年前的老样子，不过房子显得更旧了。因为建筑质量好，依旧保留着过去的气派，看起来还是很亲切、温暖的。庭院里堆放着一些木料和建筑材料，显得有些凌乱。大楼前面停着两部大客车，有许多上了年纪的老先生在那里一面等车，一面三三两两地谈话。我走进后面的办公楼，找到了接待的人，才知道想找的人都不在。今天早晨大家都要到八宝山去参加一个追悼会。再细问，才知道就是赵万里先生的追悼会。这真使我感到意外。接待的人好意地接受了我的请求，搭馆里的车一起去参加追悼的仪式。在路上很自然的会想起一些往事，同时又想，人世有些事也真是巧，譬如我在隔了20多年以后来到北京，碰巧今天才想起到北京图书馆来，却正好赶上为斐云送葬……这些，也真好像有些不可思议。

　　20多年以前，有一次到北京图书馆来访问斐云的印象，忽地从记忆里浮现了。这一切，清晰得恰似昨天刚刚发生的一样。

　　记得那一天斐云的兴致很好，他一见面就对我说："你来得真巧，周叔老的书刚刚运到，还没有开箱，今天就请你先看。"他一边说一边领我走进地下书库，在那里果然看到六七只大箱子放在进口处。这其实并不是什么"书箱"，只是用木板钉起的、有如装机器的那种大板箱。斐云找来了工具，打开了其中一只的盖板，随手取出了面上的几册，我坐在临窗的小桌上细细地看了。书大约只有三册，名目早已忘记，也并不是宋元旧刻，这是一些经过著名的校勘学家、藏书家收藏的抄本，都有他们亲笔的校迹、题跋和印记。这样的书是必须细看的，看这样的书也真是一种享受。它们不只是古文献，同时也是一种非凡的艺术品，它可以给你许多知识。出校的异文，与通常刻本的差异，题跋中记下的流传经过、版本源流，以至校书人的笔迹，精妙的图记，纸墨行格的风格，还有装帧，都提供了极好的标准实物，可以据以审定旧本、新刊的真伪优劣……我大约花了半小时左右才草草翻阅了三本小书，只能站起来向斐云致谢，同时表示，对这些宝贵的珍藏，今天实在无法一一浏览，只能知难而退了。

记得那一天我还告诉斐云，说在南方看到一册元刻的《岳忠武王庙名贤诗》，前面的一半则是《宋史》里的《岳飞传》，元版元印，刊工、行格几乎每页不同，有小山堂、鲍以文、明善堂的藏印，觉得很别致。斐云告诉我这书书库里就有，而且有同样的三册，说着就走过去随手抽出来给我看。原来这是内阁大库的旧藏，极可能是明初接收下来的元朝政府图籍，又于永乐中转运来京，以后就一直睡在"大库"里的东西。三本都是蝶装，纸墨与小山堂本一般无二。这就为我解开了一个疑团。这印象，至今也还清楚地记得。

追悼会有不少人参加。除去北京图书馆的同人以外，还有在京参加全国文物工作和其他会议的人。在会堂里也挂着周叔弢先生送的花圈。丁志刚所致的悼词详细论述了斐云的平生业绩，对他作了恰切的论定。会后还进行了告别的仪式。从他的遗体旁边默默地走过时，我不禁想，我国老一辈版本目录学的代表性人物，已经没有了。

这许多年，我一直在担心着斐云的境况。他一直有高血压的宿疾，好像随时都有中风的可能。不能想象，他是怎样度过了那十年的岁月的。可是言人人殊，有的说他早已不在了，有的说他一直病卧在家。就在前两天遇到谢国桢先生时，我还问起斐云的消息。谢老只是证实了他还活着，不过不想谈更多的情况，只是叹息。他只告诉我一件事。"文革"初期，斐云被关在潮湿的地下室里，"造反派"知道他最怕蛇，就在他的被子里藏了一条。于是，他病了，被送回家去，从此一直睡到今年的 6 月 25 日。

在会场里又听一位朋友说起，斐云在病中接到一张什么特约顾问的聘书，兴奋得一夜都没有安睡。这大约就是 6 月 24 日夜里发生的事。

这说明，即使他在病床上睡了十多年，却依旧没有忘情于毕生从事的工作，没有忘掉他所热爱的祖国文化典籍。一直到结束，他的心依旧是炽热的。

斐云是王国维的同乡后辈与学生，迄今最完整的王静安遗书还是他编定的那一部。他走的也是先师治学的路。他作辑佚的工作，辑过《周美成集》《宋金元人词》《元一统志》和一些其他的古文献，不过出版的不多。他最为人所知的一部著作是《汉魏南北朝墓志集释》，在这书里每一件墓志后面都有详密的考订。他作学问的严谨是人们公认的，这是我国学术研究传统中科学性很高的部分的继承。不过他的平生"绝业"还是版本目录之学，在这方面他没有出版过什么专著，所见的只是一些零星的论文，如置于《中国版刻图录》前面的序言，就是他的手笔。我想，他一定还有不少未刊的遗稿，甚至还未研究写定的素材。这都是很珍贵的资料，希望北京图书馆的同仁加以整理、发表。譬如，斐云几十年来南北访书所积累的笔记，就是极珍贵的。像毁于"一·二八"战火的东方图书馆，他就曾经访问过。我们曾经看到他记录那里所藏天一阁旧藏的明代史料的论文，这些已不复存于人间的史料，只在他的笔记中还保留着一鳞片爪，它们应该得到重视是无疑的。

斐云有一次南来，到海宁访书，从蒋家（别下斋主人蒋光煦的弟弟光焴的后裔）得到一部宋本《晋书》，非常高兴，路过上海时特别通知我到他的旅寓里去观赏。《晋书》是宋刻宋印的，完整、明丽，确是漂亮极了。随后他又珍重取出了两册查继佐的诗稿《钓业》来给我看。这是《罪惟录》作者的手稿，一色行草，茂美飞动，真是可以称为“铭心绝品”的东西。斐云重视此书，看来并不下于宋版。查继佐是明遗民，诗是未刊稿，当时不可能发表，也不敢雕板，居然完整地保存下来了。此外，他还从蒋家得到黄荛圃、吴兔床所写的屏条，也兴致勃勃地拿给我看。他的得意是不下于攻下一座名城的将军的。这些，今天就都藏在北京图书馆里。

两天以后，他到我的寓所来看书。我是没有什么宋版书的，有什么值得看呢？可是当他看见一小册原刻的《拙政园诗余》（徐灿）和两本《竹笑轩吟草》（李因）时，非常激动了，立即从袋里取出小本子，将这两书的行款、序跋……一一作了记录。这两种书的作者都是与海宁有关的，她们都是女作家，都生活在明清易代之际，又都各有很不平常的遭遇。《竹笑轩吟草》有“三集”，李因是黄宗羲曾为之撰传的女诗人、画家。《拙政园诗余》里的一些作品，斐云是能背诵得出的，此际，他就真的高声吟诵起来。他说，每次出来走走，总能看到一些新东西，过去没有见过的新东两，他说他出来的目的就是开眼界、长见识。他一面激动地说着，一面把小本子仔细地藏进衣袋里去。斐云在版本目录学方面的成就与声望，使他完全无愧成为这方面的大师，但他还是那么用功、那么勤奋，得到一些新知识以后又显得那么激动、高兴，这是使像我这样的后辈极为佩服的。

50 年代之初，潘氏宝礼堂的藏书归了北京图书馆。起运之前，在上海开了一次小型的展览，我也得到参观的机会，当然在那里又遇到了斐云。他拉了我看这看那，显得异常的兴奋、激动。他颇为神秘地拿起一部宋本《钜鹿东观集》给我看，这是一部残宋本，开首的几卷是明人补抄的。斐云指着那补抄的部分小声对我说："你看这写手多精多好，我看这要比一部完整的宋本还要有意思得多。"说完，眨着眼睛神秘地笑了。这自然是一种"悠谬之说"，没有人会同意的。不过当时我却是完全赞同了他的意见，而且至今也还觉得他说得不错。因为我认为，古书不只有着文献方面的价值，同时也具有美的欣赏价值。宋刻书是一种优秀的工艺美术品，这是无疑的了；前人的法书，不也是一种优美的艺术品么？过去人们对藏书家很不满，给他们加上了许多帽子，其中有一顶就是"赏鉴家"或"古董家"。意思是说，这些藏书家不能读只会看，就和阔佬玩古董一样。这话不能说没有一些道理，但无疑是过于片面了。

拉杂记下一些琐事，用以说明斐云对书籍的笃好，用作纪念，并志哀思。

1980 年 8 月 15 日

（原载《黄裳文集（一）》，上海书店出版社，1998 年 4 月）

深切怀念赵万里先生

沈燮元

我和赵万里先生相识在 1951 年，当时我在无锡市图书馆工作。在这之前，赵先生是否来过无锡，已无从知道，但到图书馆，很可能是第一次。他对各个部门的工作，问得都很详细，最后还兴致勃勃地登上了钟楼的顶层，仔细看了大钟机械的摆动，同时还叮嘱我，像这样的大钟楼，在江南地区很少见，要好好保护它。

我在图书馆待的时间也不长，不过二年光景，工作有了变动，调到了苏南区文物管理委员会，开始在无锡，随后搬到了苏州，暂借拙政园办公。这时又见到了赵先生，这次他大约是南下访书。谈了好久，他还半带开玩笑地和我说，苏州和常熟二地大大小小的藏书家很多，一部古籍，只要经过他们写上一段话，这部书就有可能"升格"变成善本。临走，交给我 500 元钱，说以后如碰到我认为合适的书，就替北京图书馆买下。事后证实，赵先生当时的判断是正确的。以后陆续买到了好多部比较好的书。

我得到的第一部书是过云楼藏卢文弨五色批校的《韩诗外传》。事情的经过是这样的：有一天，顾家大媳妇有个远房亲戚汪先生突然来找我（汪先生是我姨夫钱海岳先生的老同学），拿来这部万历本《韩诗外传》，想出让给文管会，但文管会属于行政机构编制，没有收购任务，不能买书，所以正好趁这个机会，把这部书替北图买了下来。汪先生当时没有工作，生活上有些困难，这部书，我估计是顾家送给汪先生的，以解决他的燃眉之急。此后，又陆续买到了好几部书，现在都保存在中国国家图书馆，今将书名开列于后：

韩诗外传十卷　汉韩婴撰　明万历刻广汉魏丛书本　清卢文弨校并跋　索书号 11512

南唐近事三卷　宋郑文宝撰　清嘉庆二十年吴翌凤抄本　索书号 11504

资世通训一卷　明太祖朱元璋撰　明刻本　索书号 1056

梅妃传一卷　清吴氏古欢堂抄本　索书号 11503

杨太真外传二卷　题宋乐史撰　清吴氏古欢堂抄本　清吴翌凤校并跋　索书号 11502

长恩阁丛书十四种十九卷　清傅以礼编　清末傅氏长恩阁抄本　清傅以礼校　索书号 6554

虽然买了上面一些好书，500 元钱还是没有花光，这笔钱不能老挂在账上，会计会有意见，因此又买了一大批 30 年代上海出版的文艺刊物和画报，因藏家保存得好，都是崭新的全份。至此，受赵先生委托，代北图买书的事，总算告一段落。1955 年，我从苏南文管会调到了南京图书馆，我记得赵先生前后来过南京好多次。南京图书馆馆长汪长炳先生，和赵先生是北图的老同事，赵先生第一次来南京，汪先生特地在碑亭巷曲园酒家宴请了他，还约了柳定生大姐（柳诒徵先生的女儿）和我作陪。他每次来，都会点名看一些他没有见过的书，同时还问有没有新买进的善本。他随身带着一本小小的笔记簿和一支削得尖尖的铅笔，把看过的内容、行款，很快地记下来。有一次来南京，住在南京饭店，白天在南图看书，临走和我说，晚上在宾馆一个人很无聊，希望我去聊聊天。当时我就去了，他除问了我的工作情况外，还问我业余时间如何打发，做些什么研究工作，我说研究实在谈不上，就说说书吧。南图的宋元本本来就不多，到其他单位如北图、上图等要看原本，也不是那么轻易办得成，所以这条路走不下去。如果有条件，我想把明刻本弄弄清楚，赵先生连忙接着说，是啊，要把明刻本真正弄清楚，也不是那么容易啊！这是我和赵先生仅有的一次面对面的互动，值得回忆和纪念。以后又和赵先生通过几次信。

南图藏有一部宋刻本《蟠室老人文集》，仅存十四、十五两卷，曾经《中国版刻图录》著录。此书世无二帙，《直斋书录解题》《宋史·艺文志》以及宋以后公私书目俱未著录，可称是海内外孤本。听顾廷龙先生说过，这部书是解放后华东文化部组织人力从废纸堆里抢救出来的。赵先生很重视这部书，特地来南京，看了原书，做了详细的记录，并征得南图同意，亲自把书带回北京，请北图手艺最高的张士达师父将书修补一新，同时还用故宫拨交给北图的老楠木，做了一个十分精美的匣子送给南图，由此可见赵先生爱书之忱，堪称无与伦比。

南图是个老馆，藏书很多，来源也很庞杂，有全的，也有大量残本。有一次，我们编到一部戏曲书，只有子目，找不到书名，碰巧赵先生又来南京，我们把书拿出来向他当面请教。他一见就说，想不到这部书原来在这里，接着他不假思索地就说，这部书的书名叫《改定元贤传奇》，是明代大戏曲家李开先编的。随后，我们又找到了中华书局出版的《李开先集》，上面果然有《改定元贤传奇序》一文。赵先生最后又说，这部书有一页在我们那里。还有一部《新编诏诰章表提要》，南图仅有三卷，卷一、卷三至四，我们原定元刻本，赵先生看了原书，说这是金刻本，原来卷二在北图。以上两件事，我不方便当面问赵先生，所以这是一个永远无法解开的谜。

60年代，我在上海征集到一卷辽代重熙四年（1035）《大方广佛花严经》写本。叶德辉的《书林清话》只讲到宋刻本,辽刻本只字未提。宋代沈括《梦溪笔谈》上说:"契丹书禁甚严,传入中国者,法皆死,是以辽刻本长期隐秘不传。"因此辽刻本在中国印刷史上一直处于空白状态。直到1974年山西应县佛宫寺释迦木塔内释迦塑像腹中发现了大量辽代印刷品,才打破了这局面。辽刻本既没有见到,辽写本更属稀有,所以按当时情况来说,这辽写本的出现,可以说是一个孤例。为了进一步弄清楚这卷辽写本的真实情况,必须要做一次严肃而认真的鉴定。于是不期而然地想到了赵先生。经过馆领导慎重考虑,由汪长炳馆长以个人名义,给赵先生写了一封信,同时用挂号将辽写本卷子寄到北京,请赵先生鉴定。隔了不久,赵先生的复信来了,辽写本也寄了回来。兹将赵先生的原信附录于后。

文焕尊兄馆长:正驰念间,忽奉惠书,并写本《花严经》卷七十,欣悉一一。《花严经》尾题大契丹国,此事《辽史》失载。与《东都事略》自圣宗初立至道宗咸雍,大辽改称大契丹国,后又复称大辽,时代正合。燕京宝塔寺系辽时建,见《永乐大典》天字引《元一统志》。而沙门琼煦,与辽太康三年京西戒坛寺陀罗尼经幢见《金石萃编》僧人题名有琼滋、琼积、琼般、琼白、琼勖、琼行,均以琼字排行,亦合。此经纸墨俱古,定为辽时物,想无多大问题。以上意见,仅供参考,不敢自以为是。敬请贵馆各位同志共同鉴定。今年书讯如何?想多收获,盼能告知一二。原件另邮挂号寄还,请检收赐覆为荷!匆上,即请近安!弟赵万里再顿首。陈馆长、亚新、定生、天祯、燮元、菊生同志,同此问候。

赵先生的信中,把辽写本产生的时代背景、年代、寺庙位置、僧侣法号,原原本本,说得一清二楚,像这样缜密而精微的考证,没有具备扎实的文史功底是写不出来的。盖以先生阅见之广，鉴别之精，洵非常人所能望其项背。还有一个细节，可能没有注意到，赵先生在信上最后总结说："此经纸墨俱古，定为辽时物，想无多大问题。以上意见，仅供参考，不敢自以为是。"这最后一句，说明赵先生虽已名闻天下，但仍虚怀若谷，谦逊自持。

赵先生离开我们已经有35年，知道赵先生事迹的人不多了，但赵先生的言行经常在我脑海里盘旋，久久不能离去，因此，我有责任把这段尘封的往事写出来。我想这应该是对先生最好的崇仰和深切的怀念。

（原载《版本目录学研究》第七辑，北京大学出版社，2016 年）

版本学家赵万里先生

沈　津

　　中国的古典目录学、版本学界的圈子本来就不大，然而，要真正成为"家"且要有重大贡献者，却又是微乎其微。在《中国古籍善本书目》编委会的名单上，有三位顾问的名字，一位是赵万里先生，前北京图书馆善本部主任；第二位是周叔弢先生，前天津市副市长、著名藏书家；第三位是潘景郑先生，上海图书馆特藏部研究馆员，也是我的导师。赵在"文革"中被戴上"资产阶级反动学术权威"的帽子，多次遭到批斗、辱骂，关进牛棚，强制劳动，终因高血压、心脑血管疾病没有得到及时医治而瘫痪卧床。

　　编委会开展工作后不多久，赵先生就因病骑箕天上，那是1980年6月25日，他76岁，追悼会是7月2日上午在北京八宝山公墓礼堂举行的。那天，我和编委会的同事（除个别人之外），还有赵先生生前友好都去参加了，都去送这位具有出众才华，但最终未能得到充分施展的专才。我们都在他的遗像前鞠了三个躬，那是对这位为中国图书馆事业，为目录学、版本学、文献学、金石学作出重大贡献的专家的致敬。

　　我以为大凡研究版本目录的学者，无不奉《中国版刻图录》和《北京图书馆善本书目》为必要的参考工具书，这两部书的主编就是赵万里先生。赵先生是著名的版本目录学家，曾任北京图书馆研究员兼善本特藏部主任。他 1905 年生，字斐云，别署芸盦，浙江海宁人。入学前，母亲已教他认识了千余字，并能背诵几十首唐诗。1921 年，他考入东南大学中文系，从吴梅学习词曲，颇有心得。他对词的创作爱好尤深，后来转向研究戏曲。

赵先生也是国学大师王国维的弟子。王在 1925 年 49 岁时应清华学校国学研究院之聘，为专任教授。是年 7 月赵到北京，受业于王门。先是王命他馆于其家，巧的是研究院原聘助教陆君以事辞，于是研究院主任吴宓即命赵承其乏，赵先生那一年是 20 岁。赵先生每天为王国维检阅书籍及校录文稿，由于王的指导，他在历史、版本、目录、金石等学科打下了坚实的基础。人谓赵先生能传王氏之学，同时也传了王氏治学严谨的学风。

王国维自沉昆明湖后，赵先生是非常悲痛的。研究院为了纪念王，特别在《国学论丛》里专门编辑出版"王静安先生纪念号"。梁启超、陈寅恪均以赵先生与王有亲戚情谊，"且侍先生讲席久，知先生学行或较他人为多"，嘱他编写《王静安先生年谱》。由于他从学王氏，了解王氏，故征引资料，亦甚繁富，结果仅用了一月之功就完成了，此外又辑有《海宁王静安先生遗书》《王静安先生手校手批书目》等，这三种书至今仍为研究王国维的重要参考书。

赵先生早年校辑的《宋金元词》，是大规模采用辑佚方法而辑出的宋元以来散佚词的词集，收词人 70 家，得词 1500 余首，材料之多，固为前人所不及，且方法和体例之谨严周密，尤为人所称道。其详加考校，用力至勤，都是受王国维影响所及。后来他到北京图书馆的前身北海图书馆工作，在北图工作长达 50 多年，这期间还在北京几所大学讲授中国史料目录学、版本学等课程。

他在北平图书馆工作时，善本部主任是徐森玉，徐是当代有名的版本学家、文物鉴定家，学识渊博。工作中他受徐的指导，徐对其影响很大，加上北图丰富的善本收藏，遂逐日沉浸于宋元旧刻、名校精刻之间，取得了宝贵的实践经验。过人的理解力和记忆力，加之原来的治学基础，使得他在目录学、版本学和校勘学方面造诣更深。同时他又与著名收藏家傅增湘、周叔弢等处于师友之间，与他们互相切磋，把版本鉴定推向新的水平。

傅增湘在《北京图书馆善本书目》序中说："袁君守和以专门名家，久领馆政，任事伊始，即延赵君斐云专司征访纂校之职。赵君夙通流略，尤擅鉴裁，陈农之使，斯为妙选。频年奔走，苦索冥搜，南泛苕船，北游厂肆，奋其勇锐，撷取菁英。且能别启恒蹊，自抒独见，于方志、禁书、词曲三者搜采尤勤。"这实在是对赵先生的绝佳写照。确实，为了采访古籍，他的足迹遍及大江南北，在江苏、福建、浙江、广东等地，为国家收集了不少宋元旧本和明清罕见善本。

1930 年 7 月及 1931 年 7 月，赵先生均利用休假返籍探亲，期间也过沪纵览善本书。他在上海观赏涵芬楼藏书事，是傅增湘多次致信张元济而达成的。傅 1930 年 6 月 12 日致张函云："赵君万里将回南一行，欲求观涵芬藏书。此后生之最英特者，届时当令持函奉谒，以慰其望。其人方任中海采访科、清宫专门员，于版本校勘均在行，可喜也。"6 月 23 日，傅致张信又云："兹因赵君万里南归之便，寄呈高丽纸九百张，敬希查收。赵君前函曾为介绍，此次来沪，欲求观涵芬及邺架藏书，务祈我公推爱延接，俾慰其渴忱。宋刻各书如存不在楼中者，可能设法择要提取一观。此君为王静庵之戚，精研版本目录校勘之学，皆有心得，洵为后来之英秀。刻在北平、故宫两馆任事，兼有南来采访之任，公若能助其搜访，尤为心感。"7 月 25 日，张复傅函云："赵君于版本目录之学，确有心得。承公绍介，弟已切托同人，在馆之书，恣其翻阅，至寄存银行之书，俟其赴南京归来，再往启箧，自必竭我之能，以餍其意。"

1930年、1931年夏7月，赵先生均以休假返海宁过沪，因张菊生先生之介，得纵观东方图书馆涵芬楼藏书。前后历十余日，检史部图书至400余种，摘录书名序跋卷第载于他的日记中，这些书大半皆四明范氏天一阁故物，孤本秘籍，往往而有。其中有59种明代登科录、10种明代方志，都是罕见之书。可惜的是，在1932年1月28日，商务印书馆之东方图书馆中西文藏书数十万册，全部烬于日寇敌机肆虐上海闸北的狂轰滥炸之中。赵先生看过的这些书，也全部毁去。所以，赵先生在得知此消息后，有"祖龙之祸，复见于今日，余南望心伤，至于痛哭失声。因念余所见各书，不幸皆罹于劫火，如不录目示人，将何以慰先民写作之勤，启同胞敌忾之心乎"之叹。1950年12月，赵先生将他当年所做的记录略加整理，选出范氏藏书史部100种，以"云烟过眼新录"为题发表，载入《周叔弢先生六十生日纪念论文集》。

在看过涵芬楼藏书后，也就是1931年的8月，赵先生又与郑振铎同往杭州、绍兴，并乘大汽车去宁波。当时北大教授马廉刚返四明，杜门译书，所以郑、赵就借宿马寓，昼夜畅谈。他们三人原本想登天一阁览书，但因范氏族规森严而未果。然而他们在访问其他藏书家时，竟然在孙祥熊处见到了明抄本《录鬼簿》。这是一部载有元代杂剧和散曲作家100余人姓名、小传和作品的目录，后附无名氏《续录鬼簿》一卷，过去从未被研究古代戏曲者所知晓。所以三人见到此书，瞠目无言，再四翻读，不忍释手。在向孙氏商借成功后，三人于一灯之下，竟夕抄毕，成为一段书林佳话。他们三人的传抄本，后于1938年被北京大学出版组据以影印，从此孤本不孤，学者都可据以研究、利用了。

为了让赵万里能多请教于前辈，能多看些书，傅增湘又具函介绍赵万里谒见徐乃昌。信云："兹恳者，友人赵君万里，现任北平图书馆事，兼充北平大学教授，夙研求版本目录之学，闻见赅博，与弟至契，刻以事来申，素仰我公宿学高明，欲奉谒台阶，叩聆教益，敢以尺素为介，敬祈延接，指示一切，无任感荷。再者，赵君久闻刘君惠之收藏三代彝器极富，馆中欲得其拓本全部，此事业有人接洽，赵君窃欲奉访惠翁一谈，并拟拜观一二，拟奉烦我公介于惠公，俾得进谒。深知执事奖成后进，必不吝齿牙余论也。"（见《历史文献》第15辑，第264页）

赵万里先生在国立北平图书馆、北京图书馆工作50余年，担任善本部主任长达数十年，其间北图善本书的选购、受赠、庋藏、整理，多由赵先生主持，贡献良多。赵先生编纂或主编的善本书目录、图录，比如1933年的《北平图书馆善本书目》、1959年的《北京图书馆善本书目》、1960年他主编的《中国版刻图录》（1960年初版，1961年增订），是20世纪中叶我国版本目录学方面最重要的收获，在版刻资料的搜集和考订上都超过了前人，代表了当时版本目录学发展的最高水平。

《中国版刻图录》直到今天仍是属于里程碑式的标识，关键就在它的每种说明写得好，是那种画龙点睛式的。从上个世纪的30年代直至今日，出版的各种公藏或私家古籍善本图录，少说也有二三十种，但好的仅有三、五种。《中国版刻图录》是其中最好的。据上海图书馆《善本组周记》，早在1955年的6月，赵先生以编纂《图录》为题，去上海图书馆数次，其中6月9日至15日即在上图阅览善本55种395册。而1958年11月9日至24日，"赵万里为全国书影事来馆阅览善本一百余种，选定各种版本六十六种，并代至中国照相馆摄影，由其直接寄去"。可以说，今后再出大型类似"版刻"式的图录，那在收录范围上必定超过《中国版刻图录》，但文字上可以预料的是：云泥立判，究其原因是功底不够也。

20世纪30年代以来，赵先生即于北京大学讲授版本学等课程。1945年北大复校后，图书馆馆长毛准教授约请赵万里先生领导主持编纂《北京大学图书馆藏李盛铎（木斋）旧藏善本目录》（该目录1948年刊入《北京大学图书馆善本书录》，始正式出版）。赵先生还致力于古典文献资料的收集、整理、编目、保存、研究，早年曾将北图的部分善本书写成书志，以"馆藏善本书提要""北平图书馆善本书志"为题，分别发表在《北京图书馆月刊》第1卷第2号至第6号以及《国立北平图书馆馆刊》第4卷第1号上。此外他还写有105篇"明人文集题记"，都刊发在中华书局出版的《文史》上。数年前，翻阅20世纪30年代的《天津益世报》影印本，居然又翻到他的两篇墓志跋文和《〈丛书集成〉初编样本观后感》，想来，老先生的文章要找全也不容易。

在版本目录学与古文献整理方面，赵先生是公认的大家。一般学者对赵先生的了解，也主要是版本鉴定、目录编纂、文献辑佚、校勘及碑刻整理等方面。其实赵先生的治学范围，远不止这些领域。他早年受学于吴梅先生，在词、曲等方面都有很深的造诣，他本人也是一位出色的词人。赵先生还曾在北大、清华等校讲授词学、戏曲史、金石学，分别编有讲义，可惜未曾梓行，因而少为人知。

丁瑜先生在2005年2月5日给我的信中说："赵先生自谓其研究成就目录版本学并不是首要的，第一是词曲，次为辑佚，第三方是目录版本流略之学。写此并不是针对尊文题目想起的，冀大姐和所有知道赵先生的人，提到赵先生，首先想到的就是'目录版本学的权威'。

40 年代在北大选赵先生的课也是选他的版本学和史部目录学，解放后在北图业务学习还是听他讲目录学。不过他确实讲过以上他自我评定的话，大概在 63 年前后。"冀淑英先生生前，曾经初步整理过赵先生的文稿，不过没能成书。前几年国家图书馆出版了赵先生的文集，把这些未刊稿和讲义也都整理出来，弥补了这个遗憾。

像赵先生这样懂行敬业的版本学家，在中国也是稀见的。胡道静在他的《片断回忆业师陈乃乾》里说，"老师精通版本三昧，基于见多识广，要什么样的条件才能见得多呢？似乎无非是两条，一是当上了国家图书馆善本部的典藏人员，还有要么是做了贩卖古书的书贾"。胡先生举例讲的就是赵万里和陈乃乾。事实也确实如此，版本鉴定，无非是看得多，实践多。我曾读过 1958 年 8 月北京中国书店特邀赵先生帮助提高从业人员的鉴定水平的演讲记录稿，他将古籍雕版印刷源流、版刻各时代特征、重要版本历年流传存佚情况，结合他数十年的经验，如数家珍地加以叙述，这类经验多是书本上没有的，这也丰富了版本学研究。我相信，赵先生是近百年来，经眼善本书最多的一位专家。今后，能超出其右者也很难再有了，之所以这么说，是因为没有那种条件、气候、土壤了。

我记得，1980 年秋，《中国古籍善本书目》编委会组织参与审校的同仁去承德避暑山庄游览。丁瑜（北京图书馆研究馆员）告诉我：1961 年，赵先生南下访书，在上海图书馆善本组办公室里看见了你，回北京后就说，上图的顾廷龙馆长带了一位青年人，是在实践中培养的，使这门事业不至于后继无人，这是对的，看来，北图也要这样做。丁瑜还说：自那以后，北京图书馆就开始了物色人选、培养专业人才的事，并曾经考虑过中国书店的雷梦水，但因年龄问题而放弃，后来又找到林小安，才算定了下来。林小安后来成了我的朋友，他和我同年，他在"文革"后去四川大学念了徐中舒先生的研究生，毕业后并未回到北图，而成了古文字学专家。我不由想到，在图书馆里培养一位专业人员，是何等的不容易，难怪邓云乡在《文化古城旧事》中慨叹：赵先生作古后，"每一念及此，深感这是学术界的一大损失，耆旧凋零，后继学人接不上。斐云先生此一大去，版本、目录之学，几乎要成为绝学了"。

人大约都有他的两面性，不得不说的是赵先生的另一面是为了书而不顾及旧日友朋的情谊。解放初期的土地改革运动，对于在农村中的藏书家来说，或许就是一场劫难。就以常熟地区的瞿氏铁琴铜剑楼来说，50年代初瞿氏为乡间地主，其经济来源以收租为主，所以在"土改"时，乡政府让瞿家退租，但瞿家拿不出钱，只好将存于上海的藏书中选取部分善本分三批半卖半送给北京图书馆，三批书共500多种，另外捐了246种。这700多部书中名噪一时、难得一见的善本孤帙就有宋乾道六年（1170）姑孰郡斋刻本《洪氏集验方》、宋淳熙十一年（1184）南康郡斋刻本《卫生家宝产科备要》、宋万卷堂刻本《新编近时十便良方》、宋临安府陈宅书籍铺刻本《李丞相诗集》《朱庆馀诗集》、宋淳熙九年（1182）江西漕台刻本《吕氏家塾读书记》、宋刻本《图画见闻志》、宋刻本《酒经》等。

瞿氏售给北图善本书的书价，似乎是赵先生定的，在《顾颉刚书话》中有"此次革命，社会彻底改变，凡藏书家皆为地主，夏征秋征，其额孔巨，不得不散。前年赵斐云君自北京来，买瞿氏铁琴铜剑楼书，初时还价，每册仅二三千元耳，后以振铎之调停，每册售六千元，遂大量取去。按：抗战前宋版书，每页八元，迨来币值跌落，六千元盖不及从前一元，而得一册，可谓奇廉"①。又据顾廷龙先生日记1951年

---

① 《顾颉刚书话》，浙江人民出版社，1998年，第90页。

12月9日载："赵万里、瞿凤起来，长谈。"虽不知"长谈"的内容，但应与捐献与售书有关。是月21日顾日记又载：瞿凤起女来，"述赵万里昨夜议书价不谐，竟拍案咆哮"。上海人有一句话说：办起事来"急吼吼"，看来，赵先生为了北图能得到这批书，真是急了。

这一点，郑振铎致徐森玉信也可作旁证，有云："斐云在南方购书不少，且甚佳，其努力值得钦佩。惟心太狠，手太辣，老癖气不改，最容易得罪人。把光明正大的事，弄得鬼鬼祟祟的，实在不能再叫他出来买书了。浙江方面，对他很有意见。先生是能够原谅他的，否则上海方面也会提出意见的。"（《历史文献》第16辑，上海图书馆历史文献研究所编，上海古籍出版社2012年出版）

在中国版本目录学界，素有"南顾北赵"之说。"南"者，顾师廷龙先生；"北"者，即赵先生。顾师廷龙先生和赵先生是在1932年11月29日由王庸介绍认识的，那一天，王庸邀午餐，顾和赵都去了（见顾师之《平郊旅记》）。其时，赵在国立北平图书馆为善本组组长，编辑《国立北平图书馆善本书目》。谢国桢、向达、贺昌群、刘节、孙楷第、王重民诸先生，和顾、赵都相谈甚得，一时俊彦，道牖闻见。

一百多年来，在中国的图书馆学界，产生了不少人杰大匠、学林翘楚，如缪荃孙、柳诒徵、沈祖荣、袁同礼、蒋复璁、刘国钧、皮高品、李小缘、姚名达、王献唐、顾廷龙、王重民、屈万里先生等。他们对图书馆的管理、分类法、目录学、版本学等都作出了重要成绩和贡献。而在版本目录学领域里，我最服膺敬佩的前辈就是赵万里、冀淑英、顾廷龙、潘景郑和昌彼得先生，他们都是龙驹骥子式的人物，分别是北京、上海、台北地区经眼古籍善本最多的学者，他们的实践是许多专家望尘莫及的。

我以为赵先生对于北图所藏善本书是有一种特殊感情的，或许可以这么说，"文革"前北图的中文善本古籍、敦煌写经、重要碑帖拓本几乎全部经他手而入藏，至于陈澄中部分藏书自香港回归，他就是直接的操作手中的一员，他是北图的骄傲和光宠。

我曾读过赵先生的《文集》，但我想他对北图最大的功德应该在北平解放前夕，拼力保护了北图的重要典藏。那是在 1948 至 1949 年，国民党军队节节败退，国民政府匆忙撤退台湾。在此期间，北平图书馆中的善本古籍也面临奉命搬迁。在此"生死关头"，1948 年 12 月 7日，赵先生致信郑振铎，对于"搬平馆一部分书离平"之事表达了他鲜明的态度。"弟闻讯□惧，寝馈难安"，一面向馆长袁同礼力阻，希望大事化小，小事化无，一面与向达（觉明）熟商对策，并请向达代函徐森玉及郑振铎求教。"如真的运台或美，后果严重，不堪设想，其祸视嬴政焚书，殆有过之。"当赵得读郑函，"令人感极涕零"，最后在徐森玉、郑振铎、向达及赵先生的努力劝阻下，终使北平馆之善本古籍得以保全，没有像南京中央图书馆及故宫之文物运往台湾。此事，赵先生认为"固我辈应尽之责也"。

陈福康的《郑振铎年谱》1948 年 12 月 7 日条，乃至 12 月底，都没有赵先生致郑信的记载，但 7 日云："蒋介石集团宣布迁逃台湾。此后，国民党当局将中央图的一些善本十多万册分三次用军舰等运往台湾。期间，存放在上海尚未运到南京的一部分书，在郑振铎等人的拖延下，留了下来。当时，徐森玉对故宫博物院的一部分文物、赵万里对北平图书馆的善本书，也都根据郑振铎的指示，采取隐瞒、分散、拖延等办法，尽量保留下来。"由此可见，赵先生于北图功莫大焉。

20 多年前，我和潘美月教授合作编了一本《中国大陆古籍存藏概况》，其中的公共馆部分，我写了两篇，分别是《北京图书馆古籍善本概述》《上海图书馆的古籍与文献收藏》。前文的末段涉及赵先生，有云："说到北京图书馆所收集到的善本书，不能不提到赵万里先生。赵万里，字斐云，浙江海宁人，肄业于南京东吴大学（南京大学前身）中文系。早年从王国维问学，曾在清华国学研究所任王国维的助教。1928 年进入北京图书馆后，又佐著名版本目录学家徐森玉先生。除精于版本目录之学外，对于辨伪、辑佚等，也卓然有成。傅增湘先生在《北京图书馆善本书目》序中说：'袁君守和以专门名家久领馆政，任事伊始，即延赵君斐云专司征访纂校之职。赵君夙通流略，允擅鉴裁，陈农之使，斯为妙选。频年奔走，苦索冥搜，南泛苕船，北游厂肆，奋其勇说，撷取菁英。且能别启恒蹊，自抒独见，于方志、禁书、词曲三者搜采尤勤。'赵万里治学严谨，著有《王国维先生年谱》，编定《王静安先生遗书》，辑有《校辑宋金元人词》，又编《汉魏南北朝墓志集释》等。赵万里在北京图书馆 50 余年，历任北平图书馆善本考订组组长、中文采访委员会委员、采访组组长、北平图书馆编纂、购书委员会委员、北平图书馆馆刊编辑、善本部主任、故宫博物院专门委员，并兼任清华大学、北京大学、中国大学、中法大学、辅仁大学等校讲师、副教授、教授等职。1949 年后，在北京图书馆任研究员、善本特藏部主任，及《图书馆》杂志编委等职。为了采访古籍，他的足迹遍及大江南北，在江苏、浙江、福建、广东等地为国家收集了不少宋元旧本和明清罕见善本，他致力于古典文献资料的搜集、整理、编目、保存、研究，把自己毕生的精力献给了北京图书馆，他是对北图贡献最大者之一。"

对于赵先生的工作，周叔弢的评价最为公允。他在 91 岁时，即 1981 年 12 月 26 日有致黄裳信。云："斐云版本目录之学，既博且精，当代一人，当之无愧。吾独重视斐云关于北京图书馆善本书库之建立和发展，厥功甚伟。库中之书，绝大部分是斐云亲自采访和收集。可以说无斐云即无北京图书馆善本书库，不为过誉。斐云在地下室中，一桌一椅，未移寸步，数十年如一日，忠于书库，真不可及。其爱书之笃，不亚其访书之勤。尝谓余曰：我一日不死，必护持库中书，不使受委屈；我死则不遑计及矣。其志甚壮，其言甚哀。今之守库者不知尚能继其遗志否？十年浩劫中，我曾两次探视斐云。第一次，尚有知觉，能进饮食，不能发言。第二次，则昏睡不醒矣。迫害之酷，如同目睹，悲愤不能自已，亦只徒唤奈何耳。"

赵先生在北京图书馆工作长达50余年。1949年后又积极访求、征集到大量名家的藏书和稿本，鉴定、购入一批港澳收藏家的珍本，使北京图书馆的善本收藏更为丰富。他主持《赵城金藏》的修复工作和《永乐大典》的辑佚工作，举办"中国印本书籍"等善本专题展览，主编有善本目录《北平图书馆善本书目》（1931）、《北京图书馆善本书目》（1959）等。辑释有《校辑宋金元人词》（1931）、《汉魏南北朝墓志集释》（1956）。他还从《永乐大典》辑出了《元一统志》（1966）、《析津志辑佚》（1983）。1964年被选为第三届全国人民代表大会代表。1979年当选为中国图书馆学会名誉理事。1980年6月25日卒于北京。

说来奇妙，我虽然仅见过赵先生一面，但是这些年来，赵先生的那张短发照片的形象，却有时会冒出来，好像挺熟悉似的，我也说不出是什么原因。前几年，我又在天津市图书馆古籍修复基地的墙上又见到了赵先生的这张"标准像"。北图今天能拥有那傲人的古籍善本资源，包括从香港藏家陈澄中处取回之国宝等，都是和赵先生分不开的。赵先生虽为全国政协委员，但在"文革"中受到无数的磨难以及不公正的待遇自是不免。赵先生御鹤西归，悠悠已有37年，今《赵万里文集》已出版，人们可以从中了解赵先生的学问和贡献，我真的不希望他被人遗忘。

3个月前，刘波先生即电话告知，国家图书馆鉴于赵先生对北图有重要贡献，安排有纪念赵万里先生各种纪念活动，并有编辑赵先生纪念文集之举，刘先生又嘱届时属文呈交，津不敏，手头杂务繁多，只得在10多年前写就的小文基础上拉杂说些小事，并参以在朋友家见到的有关赵先生手札数通，作为附录，供研究者参考。

2017.8.20

于美国波士顿慕维居家中

赵万里致郑振铎函

一

西谛我兄：日前寄一航快函，想已收到，昨接手示书，知朱鲔等拓片已到达。《乐浪》一册，已交来薰阁航邮寄上，想日内可到，到乞示知。此书即存兄处，俟弟返平时带回可也。慰堂兄昨来一函，谈及陈氏考证稿，而未及全拓，尚缺首二册，并附来《无题诗》数章，衷感顽艳，此公兴会殊不浅也。弟数年前，曾以大价照得某氏秘藏《燕居笔记画品》（公私书目具不著录），明崇祯刻版画二十七页，共五十四开，包含《钟情丽集》《三奇志》《双双转》《娇红传》《五金点》《转运汉》《觅莲记》等故事，镌刻工致，乃罕见之秘笈，原书已归某巨室，当时索价奇昂，故弟毅然留得一影。此次玻片，弟拟售出，以作川资。如尊处有人收购，或托伯郊、慰堂诸兄设法，再合森公旧藏《闺情图》，弟亦摄有玻片（《闺情图》玻片，如需用，弟亦可带沪），及某君所藏明刻《西厢记诗牌》（拟再加一书，合为四种成集）极精，可借到，编为《版画史外集》在沪出版，亦一书林佳话。弟之玻片，拟售二百数十万元或三百万，乞与同好考虑后示知为幸。《蕴辉画集》，洋洋大观，大序及目录，即寄登《大公报·图书周刊》第廿五期（沪版八月二十日出版），请暂时不必向《大公报》送登广告，以免重复，如何？亦希示及。至津报亦同时刊布，或有几分效力也。蒙惠赠《画集》一帙，实不敢当，且前无此理，心领，谢谢。刚主想已晤见。守和先生仍在寓休养。顾子刚已辞去秘书。馆事无可为，亦无可说，小官僚与洋买办争权交恶，可笑之至，此不足为外人道，乞勿告人。晤以中，乞代弟拉稿。今日头晕，未能多谈，匆请俪安不一，弟里再拜。八月七日。

森公大人，均此问安。马叔平先生说：沈兼士请杭立武，闻系代一国立工高校长陈某作主人，陈官小，怕说大官不到，故由沈公代作主人，亦奇闻也。又及。（原信0649—0652）

（注：此信为1947年8月7日所写，时赵住北平廼兹府北官场胡同8号，郑住上海愚园路67弄44号。）

二

西谛我兄：顷接十四日快函，欣悉种切。弟已定妥本月廿六日招商局轮票，定廿四日赴津候轮，到申当在廿九日前后，良晤在即，快何如之。《两城山》遍访不得，刚主所言不确。济川已晤面，长谈三小时，得悉尊况甚详。森公血压高，闻之至为不安，请即代为电告，加意珍摄，少出门，少管闲事，每隔一星期必须检查一次，最为且要（沈兼翁自以血压已低，满不在乎，哪知已高至二百四十）。簠斋全拓二册，不付款，恐不便取书（慰堂兄如欲寄款，请用电汇方式，汇至舍间，以免相左），现弟行期已迫，而汇款未到，如迟至，弟返平后，物价上涨倍蓰，恐五百万又成旧名词矣。《笔记画品》玻片，弟或携来，以供鉴定。《唐宋名画集》序录，昨日《大公报》津版周刊已登出，沪版在下星期三（八月二十日），乞注意一阅为幸。昨日故宫开审查会，由唐兰、于省吾二人斡旋，以一亿元收购《唐韵》卷子。书为旋风叶装，实即《王仁昫刊缪补缺切韵》，与故宫另一本同名，惟此是全帙，彼则缺失过半为异耳。陆法言序文，渊、世俱缺笔，而卷中唐讳俱不缺，因之诸公推为唐初写本，卷末宋景濂跋颇工整，诸公亦加赞美。弟殊不以为然。唐写或不成问题（惜字体过软，与日本及敦煌抄均不类，有宋人嫌疑），宋跋颇纤巧，绝非明初人手迹，惜森公与蕙玉不在座，弟无由向二公请益耳。话虽如此，不害其为国宝。森公与马四先生通函时，此二点请不要提及，以省麻烦。弟近日忙乱异常，编稿最头疼，而路费尚无着，守公允借我三万万，后日或可领到。到津后，由叔弢先生介绍住启新公司招待所（叔弢系启新总经理）。天津旅馆既贵又不易找到，只得请朋友帮忙，可叹也。昨在故宫，向人兜售《名画集》，有张伯驹愿购一部，已告来薰阁矣。新华汇款四十五万，未到。如未汇出，可不必亟亟矣。匆颂俪安。弟里再拜。十六日。（原信0654—57）

（按：此信为赵 1947 年 8 月 16 日所写）

三

谛兄左右：许久未通音问，想念为劳，近维兴居佳胜诸事迪吉为颂。近日作何消遣，闻拟编《玄览堂乙集》，其目可见示否？《周报》想仍继续出版，念念。弟意目前或以韬光习静为宜，口诛笔伐，无补时艰，想兄明达，必早已鉴及之矣。海源阁书之在盐业银行者，弟去冬费尽九牛二虎之力，得归平馆，惟此批书均系古董性质，无关学问，近亦已淡然置之矣，其中蜀刻大字《本草》全部版画材料最多，兄如在此，定必爱不忍释。今春，无意中于某公处（此君守秘，不愿人知）

发现蜀本《二百家名贤文粹》全部（二百余卷），其中引用各文可补《四库》《大典》辑本各书者约数百篇，同时又得见《大典》十余册，真奇遇也。又杨氏所藏延祐本《东坡乐府》及大德本《稼轩词》，亦于某氏处见到，其书精湛明丽，得未曾有，与翻本面目回不相侔（此外有池州本《山海经》及他书）。弟自得见此批书后，自谓眼福，足傲前贤，惟此等事难与俗人道，想兄与森翁知之，亦必抚掌称快也。兹有恳者，舍亲冯宝麐，清华哲学系毕业后转入研究院，近年任云南大学专任讲师，其师冯芝生休暇时曾在清华代课一年，逻辑及中国、西洋哲学史等课，均能胜任，日内即由昆明来沪，拟恳大力推毂，向震旦、复旦或柏丞校长处介绍，俾得一技之栖，则感同身受矣。冯君到沪后，当嘱伊造府晋竭，乞惠予教诲为幸。木犀轩书九千种，弟此半年共审查二千余种，善本占四之一，有嘉靖刻初印《朱仙镇志》，李濂修，附《大战朱仙镇图》二页，精极，惜照相太昂，无法摄取寄上为憾耳。数年前借抄《也是园书目》（原本在沅老处）如已用毕，乞检交钱存训先生转寄，因近拟写付刊，需此孔急也，乞谅之。昨上森公一函，托刚主兄转交，暇乞一询为感，拉杂草此，不尽万一，暇祈不吝珠玉惠示数行，不胜感感。匆匆即请俪安，弟里再拜。廿三日。（原信0659—62）

四

西谛我兄：许久不通音问，一日三折，固无时不念也。旬前教部黄督学来平，卖空买空，忽向守公提议，要他搬平馆一部分书离平。弟闻讯□懼，寝馈难安，一面向守公力阻（希望大事化小，小事化无），一面与觉明熟商对策，决请觉明代函森公及兄求教。乃越数日，上海王育伊忽函守公，称接森公电话，嘱即装运存沪书（包括唐人写经）赴台湾（先造预算表）。并云：这是傅、杭等人所决定者。骤聆此讯，几如晴天霹雳。森公明达，不知何以竟代政府传此"乱命"，而不加劝阻，或已劝阻而无效耶？因即以电话告知觉明，觉明遂有第二函之发。昨晚觉明来舍，出示尊函，读之令人感极涕零，但不知森公致守公一函，已否发出。顷询守公，云未到。请即速转告森公，即日以快函向守公劝告。因此数日守公态度已趋缓和，如有森公一函，便可化小事为无事，岂不美哉。森公爱书如命，际此一发千钧，想不吝此一函也。森公以七十高龄，往返京沪间，与傅大亨、杭立武辈打交道，殊不值得。请兄于有意无意间，予加劝阻，此固我辈应尽之责也。兄谓何如？中央图书馆及故宫存寄之文物，如真的运台或美，后果严重，不堪设想，其祸视嬴政焚书，殆有过之。吾兄战时代央馆收书，一片热诚，在今日视之，或为多事矣，奈何奈何。临楮神驰，不尽万一，暇请立即惠示数行，藉资遵循。弟体力远胜去秋，但家人多病，料量医药，苦极苦极，漫漫长夜，不知何日达旦也。今日因报载涿州告警，物价较昨狂跳一番，现洋减价，每枚七十元，其他可知矣！马四爷患心脏病，在家静养，可谓聪明之至。匆颂俪安。弟里再拜。森公前请安不另。十二月七日。（原信0663—64）

（按：此信应写于1948年12月7日）

五

西谛我兄：前上数函，想早收到。昌群兄莅平，朝夕晤谭，得悉兴居安善，论著日弘为慰。舍亲冯君蒙推爱延见，并尽力推毂，感荷为忧，匪言可喻，叨在知交，定邀谅鉴。慰堂兄赴东北，道出故都，晤谭多次，并同游厂甸，前嫌冰释（即十余年前闹四库珍本一事），至为欢快。弟自去冬尽全力为平馆设法购致海源阁书后，即不愿再管闲事，以便腾出时间从事写作，偶见唐抄宋椠，毫不动心，付之一笑而已，惟最近得见宋本《经典释文》，竟又故态复萌，不克自持，夤夜奔走，得免流归私家，详情弟已函告森老，想兄必已备悉矣。此项奇秘之物，或将源源而来，但弟之棉才已尽，于心已安，此后又当伏枥，以遂私衷。回观汽车阶级的大人先生们，功（？）成名（？）遂后，不知学问为何物，文物为可贵，实可骇怪，弟一介寒酸，自亦不愿与此辈理论也。吾兄高风亮节，并世所罕，想不以弟言为河汉也。拉杂书此，不尽万一。兹因昌公返沪之便，附书致意。匆匆即请俪安。弟里再拜。五月十四日。

阅后付丙。又及。顷阅平中某君（有钱又有势）将以二千余万元收购宋本《扬子法言》（海源阁）及蜀本唐集三种，衡以上海时价，亦不贵也。又及。

（按：此信信封为北平图书馆信封，上写"请袖交西谛兄启，万里拜手"。）

赵万里致方行信

方局长：腊月底在沪，蒙大力协助并指导，临行复叨盛馔，感荷万分。到京后，因血压波动，未能早日写信给您道谢，至为不安。关于收购陈清华沪寓书籍事，除面向冶秋同志详细汇报情况外，并向文化部党组作了书面汇报。最后遵照您的指示，向党组建议：一、请费彝民同志向陈清华索借书目录副或照相寄京。二、继续委托上海市文化局转请上海财经学院，天原化工厂党组织，向刘絜敖、沈振民加强政治思想教育，使他们充分了解党和政府方针政策，协助政府做好工作。您的意见如何？便请告知。您需要的李大钊信札，上月我就托人多方调查，通过张静庐老先生和北大教授阴法鲁先生，了解到文件原藏北大校长办公室所属的校史编辑委员会，但该委员会早已撤销，再度向该校党组织联系，最后在该校档案科中得悉该件已送北京市档案馆。上星期派人到市档案馆调查，说该件因您来信委托照相，已送中央档案馆代照，如果您处现在还未收到照片，请即来信告我，以便前往洽借代照。冶秋同志因冠状动脉硬化，在家休养，所以最近很少见到他。匆致敬礼。赵万里。三月四日。（原信670—671）

（此信写于1964年，见邮戳）

郑振铎致赵万里信

一

斐云我兄：前上一信，谅已收到，日望兄函，迄未见到，不知何故？弟近来经济情形极坏，故心境甚劣，百事灰心，然不能不挣扎着站着，皱紧了双眉，挑着重担，向着茫茫无际之途程走去。《韫辉斋画集》好不容易印了出来，无人帮助，独立负之，虽有预约，装订费已去其半，现尚有四十多部未装好，预计尚须借债三千多万以完成之也。蒧玉百事不管，可称"福人"。其实，他是百足之虫，刘老老所谓"拔了一根毫毛，比穷人大腿还粗的"，乃让弟一人为之，实颇有怨意！弟野心甚大，要做的事太多，处处力不从心，遂无时不捉襟见肘。《陶俑图录》之举，亦太大胆，仅购"俑"已足倾中人之产数家，弟则毅然不顾，一切举债为之。近则，债将到期，何力以偿之乎？为此，昼夜不安，苦思焦虑，头上白发，不知添了几多，烦恼自拾，复何言乎？（原信0676）

（仅此一页，似未完。此信应在1947年岁末所写，据郑《年谱》

418 页本年 1947 年为研究、保藏和编书，借了不少钱来买书画陶俑，使家庭经济颇为紧张。12 月 30 日郑在 1948 年日记本第一页上用红墨水写道："用钱要有计画，要经济！少买书，不买俑！还帐要紧！！！千万，千万！！一有了钱，便要胡花，万万要不得！非参考十分必要的书万不可滑手便买！！！要记得还有许多帐未还，多少预约书未出版呢！"）

二

斐云吾兄：以中给我看你给他的信，我觉得十分的抱歉！差不多有两三个月了，我不曾给朋友们写过一封信。一则因为忙，二则也因为心境不佳，胜利以后，我的经济情形并不曾好，也许还更坏，卖书的钱，早已用光了，而薪水所得，又戋戋无几，几乎天天还是过的"愁柴苦米"的日子。因此，意兴甚为阑珊。所幸天天在图书馆，和以中几位，谈谈笑笑，还觉得稍有生气。此间教部工作，早已结束，我在图书馆也只是办理"结束""交代"的事，把从前经手买的东西，编一份全目，把书运到南京去，我的责任便算完了。书倒不少，因此，编目的时间也不能一时结束。现在已经编了近半年了，从胜利时就开始的，还只编了一半左右。以中在此，帮忙甚多，大为卖力，彼此相助，精神略见振作，否则，如果由我一个人动手，一定会中途而废的。张凤举和李济之两位，最近将□去。二爷也常常在京沪道上往来，时时见面。香港失去的书，已在日本发现，这是一个最令人兴奋的消息，我为此喜而不寐者数夕。中央图书馆得回这一批书后，善本部分，当可勉强"像一个样子"了，至于普通书，我所得的有一万部以上，此外，同文书院及他处接收的，也有近一百万册，也勉强可以充数。大约到了他们正式开馆的时候，总盼望他能够有二百万册左右可以陈列出来。但这不过是一个希望而已。事实上，最多不过有一百五十万册左右而已，我们一向"为他人作嫁衣裳"，但眼见一个国家图书馆能够创立成功，能为国家保存了那末多文物，且在劫后还能很完整的存在着，不仅保存无恙，还在扩充发展，这不能不说是"人生一乐"！北平图书馆得海源阁书后，善本部分又可增光不少，惜一时未能赴平，不能一饱眼福耳。尤急于要看看李木斋的书，盼望暑假中，铁路畅通，则此愿必能一偿也。市上无书可见，闷甚！蕙玉得也是园藏《怀宁流寇始末记》，绝佳，将来拟向之借印。兄在平市有所见否？戏曲及插图有出现否？乞便中见示，并乞代为留意是感。专此顺颂著祺。弟铎拜上。35/3/25。

（按：此信写于 1946 年 3 月 25 日）

三

斐云吾兄：济川来，藉悉近况，甚以为慰！前函托购之汉画像拓片，不知已购成否？计价若干？尚乞示知，以便汇奉。顾恺之《女史箴图》，已在沪购得一卷，日本珂罗版印者，尚可用，惟日本代英国博物馆印刷之彩色版本，则绝为难得，北方如有之，仍拟购得一份也，《西域画》中辑及《明遗民画》，均已出版，印得尚不坏，下辑及《汉晋六朝画》均已付印，盼能于本月内印成。弟好事性成，种种吃苦，均不足为外人道。年底一关，几至山穷水尽之境，幸得度过，总算过了一个清静的"年"，但阴关不久又将至矣。尚负债一亿半以上，不知如何还法？！但想起来必可有办法也。印书是苦事，借钱印书，尤为苦中之苦。弟向来不欠债，近一年来，则非东借西觅不可，调度周转，煞费心机，此亦一难得之经验也。时时叹气，自悔多事，但往往绝处逢生，援助之来，每出意外，则又感到同情者不是没有，人世间毕竟还是温暖可爱的。各书销路，也还不坏，有几十个人差不多是每书必购的。赖此，尚堪自慰、自解，惟有选材、编次，以至印刷看样、装订设计，甚至一签一套之微，也非自己操心不可，则有时不免于疲劳过甚之时，自叹不已！时时躺在藤椅上喘着气，觉得实在有点累了。（原信0680—81）

忆赵万里先生

郑炳纯

  赵斐云先生逝世十余年矣，当时北图曾为之举行追悼会，总算稍慰其生前所受委屈了。近读黄裳先生文，谓赵氏未多著文为可惜，又希望有人搜集其遗文使能传世。两先生皆可谓古籍善本之守护神，情感相通，心系祖国优秀文化遗产之诚，在私在公，殊无二致。

  予生也晚，50 年代初期，因售书始识赵先生于北图。先生中等身材，平头不蓄长发，双目炯炯有神，说话斩钉截铁，简洁果断。对后学要求严而期望有所成就，每论欲研究版本目录之学，须要记古书名和作者几千个，要在青年时代打下基础，由入门到多懂，须多看多问多记。当年北图的张申府先生和副馆长张铁弦先生皆喜阅肆，以便发现谁家收进了可供馆藏之书，偶有稀见善本，则嘱与赵先生接洽。当书送到赵先生处，往往不必查卡片，即可决定去留，可见其熟悉家底之程度矣。

  当社会主义三大改造高潮前后，各地小造纸厂纷纷以古书为原料，古书流失，岌岌可危，赵先生曾致函国家文物局局长郑振铎（西谛），建议国家应采取挽救措施，此后遂由国务院发出《关于对私营古旧书业改造必须慎重进行》的指示，以鼓励发挥从业人员的特点和积极性。

  北京中国书店于 1957 年 1 月 11 日请赵先生为店员作"发扬古旧书业优良传统"的讲话，着重讲了残书要收回，修补古书要加强，有些书要整旧如旧。3月奉文化部之命,赵万里偕叶枫和中国书店(辖公私合营书店)副经理王程伟往皖浙地区访书,3月22日我在杭州碰到他们,指示应多往内地中小城镇去收购,抢救易遭损失的古籍。

1958年新华书店总店与中国书店联合举办古旧书业务学习班,各省市书店多派有人参加,郑振铎、赵万里、吴晓铃等专家均有讲话,为尔后各地开展古旧书业务,起到积极作用。8月7日赵先生讲书史,主要讲宋至清代的刻本和写本书,对各时各地的刻书风气、刻工、行款、用纸等特征,大致都涉及到了。讲话既有体系,又富有灵活性,往往前后左右对比。讲到兴奋时,神采飞扬,对许多名刻名钞赞叹不已,有些至今下落不明的珍本,急切地希望能重新发现,其珍重祖国优秀文化遗产的拳拳之情,溢于言表,听者为之动容。在此前后期间,他写了《古刻名钞待访录》《南行访书记》,发表于当年的《文物》杂志上。

斐云早年受业于清华大学研究院,亲炙王国维诸大师,1927年静安先生自沉于昆明湖,立即编撰了《王静安先生年谱》,发表于《国学月刊》。鲜为人知的事,是赵氏曾为王校的《水经注》对临过一个副本。王校《水经注》原本,经罗振玉假去,后归吉林大学,现已有1984年上海人民出版标点本。但那个校本实为未竟之业,这从赵临王校本的二跋中,得知梗概。赵临本后来又被孙人和教授借去过录一次于王先谦的《合校水经注》上,孙氏逝世后,1985年将藏书售出,得见王赵两跋文,今录如下:

余壬戌春见南林蒋君孟蘋所藏《永乐大典》水字韵四册,乃《水经注》卷一至二十,即校于武英殿本上,时尚未蓄朱王孙本也。嗣东轩老人(沈曾植)以黄省曾本属余录《大典》本异同,亦并校其上。未几老人下世。及癸亥,余来京师,始得朱王孙本,又见江安傅氏所藏宋刊本及孙潜夫校本，海盐朱氏所藏明钞本，并校于朱本上；又录前所校《大典》本、黄本，以资参考。惟前校黄本殊草草，《大典》本亦颇有存疑待决之处，思再见之，而东轩老人墓草已宿，孟蘋亦亡其书，殊有张月霄晚年之感。欲再借校，以毕前业，殊非易易。以再校之不易，益知此初校之愈不易也。门人赵斐云酷嗜校书，见余有此校，乃觅购朱王孙本临校一过，并嘱识其颠末。余近岁方治他业，未能用力此书。忆初校此书时，距今才六阅寒暑，而人事之盛衰，交游存亡之聚散，书籍之流转，已不胜今昔之感。然则斐云以数月之力，为余校本留此副墨，亦未始非尘劫中一段因缘也。丁卯二月十八日雪霁后观堂书。

赵万里跋中略云："惟先生旧校《永乐大典》本及黄本颇多遗漏。余于去冬曾假先生此本临校一过，先生并为文跋其后。余颇思再假蒋氏旧藏《大典》本及黄本勘之，以毕全业，先生亦深然之。今先生逝矣，而蒋氏所藏早已移归涵芬楼，此愿不知何日得偿。念之慨然。"两先生未竟之业，有志者当思继美前贤也。

他校辑的宋金元人词，达七十二卷之多，有 1931 年排印本。还曾将自藏的明刻《南唐二主词》，提供给来薰阁影印发行。代表斐云学术成就的标志，应以《汉魏六朝冢墓遗文图录》和《汉魏南北朝墓志集释》为最。《图录》初由历史语言研究所出版于战前，沦陷时期以南北史遭岁，得正前文之缺讹，是后于 1956 年由科学出版社出版了《汉魏南北朝墓志集释》。《集释》广征金石学者对各志之评述，于"录"文中详著各石年月、尺寸、行款、志主行实，与正史相参证，而明正史与墓志各有得失之处，大抵以墓志较正史为多得其实。录中还兼述志石字体嬗变轨迹，故此二书对于治史、治书体流变史，皆有重要参考价值。《图录》凡收志石图版 797 面，60 年代初曾重印，加入补遗，惜印数不多，流传未广。

（原载《文汇读书周报》1993 年 12 月 25 日）

怀念赵万里先生与我的古籍书缘

江澄波

赵万里先生是我国现当代著名的词曲家和古籍版本目录学家。他一生为国家采访收集了众多的古籍善本，为祖国的文化事业做出了巨大贡献。今年是赵先生诞辰 110 周年，故勾勒往事，回忆一段我和赵先生之间的书缘。

上个世纪的 1961 年，赵万里先生担任北京图书馆善本特藏部主任期间，曾到苏州文学山房来访书，由此与我相识。那时他年 50 岁左右，我还不到 30 岁。当时他在店里选购了一部分古籍，因事隔近 60 年，书名大多已记不起来了。印象较深的是其中有一部太仓程穆衡著的《水浒传注略》二卷，是道光时刻的巾箱本，他最喜欢。他告诉我说："这是研究《水浒传》的第一部专著，也是很少见到的注释通俗小说的书。或许这部书版刻成以后，遇到太平天国战乱而被毁，所以传世甚少，在北京从未见到过。"他还要我再多提供些善本古籍，最好能找到一百部明版地方志。我对他说："好书现在已很少了。"他就说："你们江南地区是全国藏书最多和质量最好的地方。我们馆里的善本藏书，有一半以上都来自苏州地区。"赵先生的话，给了我很大的鼓励。

第二天一早，我就乘车前往常熟访书。首先收到的是一部邓黻纂修的《常熟县志》，明代嘉靖刊本，内有一册钞配。接着由戴雀秋先生陪同前往拜访藏书旧家。最后在一位张姓老先生处，见到了一册爱日精庐主人张金吾的《张月霄遗像册》，首有清中期著名人物画家胡骏声手绘的像，其后有孙原湘、郭麐、屈轶、周彬等人作的像赞和黄廷鉴、钱泳、黄丕烈、唐仲冕、王鼎、褚逢椿、吴宪征、郭忠谐、丁祖荫等人的亲笔题赠之诗。还有一些张金吾著作的稿本，有黑格写本的《释龟》二卷，内容是采集《三礼》《尔雅》《左传》《史记》《太平御览》等书所引纬候之说，以存三代卜筮遗法，前有吴江郭麐序文。还有一册是绿色印格的手写本，书名《丝繡积闻》也是张金吾著的稿本。与物主议价收购后，当天下午我即赶回苏州。

吃过晚饭以后，就到赵万里先生所住旅馆——皇后饭店三楼去拜访他。他看书后表示，嘉靖本《常熟县志》馆里已有入藏，不要；《张月霄遗像册》决定买下。承他不弃，又与我作了一个多小时的长谈。他说他去过安徽歙县和屯溪，在那里见到的明版家谱和鱼鳞册特别多，曾经运回北京一车呢！还向我打听苏州高师巷里藏书家许博明先生的情况，想要见见他。他告诉我："许博明先生在年轻时家里很富裕，别人讥其文化不高，于是发奋读书，进而斥资广收宋、元、明本古籍。当时上海古书流通处主人正收得四明卢氏抱经楼藏书，同时宁波范氏天一阁藏书被窃，也有部分流散至上海，所以许博明在此时购得善本甚多。抗战以前，他还请我到他家里看书吃饭呢！其藏书中有明代弘治刊本《严州续志》、正德刊本《博平县志》、嘉靖刊本《恩县志》、正德刊本《襄阳府志》等，都是从天一阁偷出后售予上海各书店的。"

听完赵先生的讲述，我才恍然大悟，原来他说要我找明版地方志的目的地就是许博明家了。因此我告诉他，"许老先生晚景不好，所有藏书都已流散。数量最大的有三次：第一次是在抗战初期，日机轰炸苏州，他准备避难到云南去投奔国民党元老李根源，准备带去藏书一批，交给驻苏炮兵团长马某，负责运往云南，由李介绍赠与省主席龙云，由此委任他为大理县长。许博明携家眷前往云南赴任，行至武汉，其夫人因身体较弱，实在经不住旅途的流离颠沛，因此，许先生遂中途而返，又回至苏州，其本人也未往云南就职。这些情况是当时曾任吴县商会领导的张寿鹏先生告诉我的。第二次流散是在抗战胜利以后，由瀚海书店主人吴瀚介绍给四川金融巨子戴亮吉（是晚清词人郑文焯的女婿）购去一批。听说打包后由水路运去，当时正值长江大水，是否损失，情况不明。第三次是临近解放时，上海来青阁主人杨寿祺将宋版《南宋群贤小集》售予中央图书馆后，以所得书价半数，将许家藏书全部买去。内有部分明刊善本，如明内府刊本《大明一统志》、嘉靖刊本《大明集礼》、正统刊本《山堂考索》等，由国民党元老张继做主，售与国史馆。剩余之书存放在其学徒孙耀昌开设的求智书店里，尚有一书架的清代早期地方志和一套完整的《东方杂志》呢！解放以后，许老先生家里多事，且已陷入困境，最后只得身背木盘在大街小巷叫卖面包，自食其力为生。如果你要见他，明天下午3时左右到我们店里，我来招呼他好了。"他随即表示："那就不去惊动他了。"当我向他告辞时，他还叮嘱我："今后收到好书，不要忘记我们。"

这次会面，虽然时间不长，但赵万里先生访书孜孜以求的敬业精神，给我留下了深刻的印象，并深感钦佩。赵先生对我的嘱托和希望，我时刻记在心头。所以，即使在"十年动乱"期间，仍然提供给北京图书馆一批古籍精品，以回报赵先生对我的期望。其时，赵先生已退休，是由时任善本部主任丁瑜和路工两位来苏看书后购去的，可称物得其所。现将此批书的书名、版本介绍如下，以资书林谈助：

1. 宋末元初刊本《周易象义》存下经第二至三卷，孙承泽旧藏，一册。

此书在抗战前编的《国立北平图书馆善本书目》中著录为宋刊本。建国后编印的《北京图书馆善本书目》上改为元刊本。也有孙承泽藏印。这二卷是后来补钞本。由此可见已经分散很长时间了。现在得以延津剑合。

2. 元刊本《明经题断诗义钤式》十卷，元进士林泉生著，福建麻沙书坊刊本。每半叶十一行，行二十一字，黑口，四周双边。前后无序跋，张乃熊旧藏。一册。

3. 明弘治刊本《博物志》十卷，汝南周日用注，弘治十八年贺泰刊本，每半叶十一行，行二十二字，白口，左右双边。张乃熊旧藏，一册。

4. 明钞本《野客丛书》，存一至十五卷，黑格，白棉纸钞本，黄丕烈校跋，黄琳、顾湄、韩德钧递藏。四册。

5. 毛钞本《梅花衲》一卷《剪绡集》一卷，汲古阁影钞南宋书棚本，毛晋、毛扆、汪士钟递藏。毛扆手校。二册。

6. 明归昌世手书《假庵杂著》一卷《记季父遗言遗事》一卷，未刻稿本，肖盅友、归曾祁旧藏，一册。

7. 旧钞《弁阳老人词》一卷，鲍廷博手校，何煌、韩应陛、蒋祖诒旧藏，一册。

8. 费云溪手钞《青邱诗集撷华》八卷，乾隆时手钞。首有沈德潜、钱陈群手书序文，并有印记。

9. 明初刊本《汉书·天文志》，每半叶十四行，行二十六字。严蔚、张乃熊旧藏。

斗转星移，至上世纪 80 年代末，宁波陈叔言先生后两钞堂藏书为我收得。其时虽然古籍拍卖之风已经兴起，但在我脑海中仍然想到当年斐云先生"收到好书，不要忘记我们（北图）"的嘱托，乃与北图善本部联系，由黄润华主任偕同王玉良、程有庆来苏州看书，后购去一批，其中有明天启刊本沈朝焕著《泊如斋全集》四十卷足本，为海内孤本。还有明代月湖陆氏蓝格钞本《盛明五家诗》十二卷（有铁保藏印），以及明天启刊本陈仁锡编著的《八编类纂》二百八十五卷，清初康熙刊本黄宗羲著的《明文授读》等等。

饮水思源，北京图书馆能够收到这些善本古籍，应该归功于赵万里先生当年广结书缘的敬业精神，这种精神也得到了很好的传承。如果他地下有知，亦当含笑九泉了。

（原载《文津学志》第八辑，国家图书馆出版社，2015 年 8 月）

赵万里与《永乐大典》

张志清

　　《永乐大典》存世约 400 册，中国国家图书馆收其半数，虽多为国家调拨、藏家捐赠所得，而本馆专家学者殚精竭虑，努力购求，贡献亦巨。本馆收藏、研究《永乐大典》者，不能忘却袁同礼、赵万里两位先生。前者于民国时期关注《永乐大典》存佚聚散，护国宝于战乱之间，终使劫余在世；后者再聚散篇、爬梳整理，辑佚百书，亦足垂范后世。

　　赵万里（1905—1980），字斐云，别署芸盦、舜盦等，浙江海宁人，1905 年 4 月 4 日生于海宁啸园。1921 年入东南大学中文系，从吴瞿安（梅）先生研究词曲，颇有心得。现存《斐云词》多此时所作；以后转向戏曲研究，造诣亦深。1925 年，赵万里到北京，在清华大学国学研究院任助教，师从王国维先生习史学、文学、金石、戏曲、目录版本，养成严谨求实的学术素养。王先生自沉昆明湖后，赵万里为之编《王国维先生年谱》和《海宁王静安先生遗书》。1928 年，赵万里来到国立北平图书馆即后来的北京图书馆，现在的国家图书馆，任采访组组长和善本考订组组长，开始了长达 50 多年的图书馆生涯。赵受当时善本部主任徐森玉和著名藏书家傅增湘、周叔弢、张允亮诸前辈影响，沉浸于馆藏宋元旧刻、名校精抄之间，在版本学、目录学、校勘学等方面积累了丰富的经验。他在本馆历任编纂委员、购书委员会委员、善本部主任等职；1949 年后更长期担任研究员兼善本特藏部主任，为国家图书馆收藏了大批珍贵善本古籍，形成目前的宏富馆藏。赵万里还长期在大学讲授目录学、校勘学、史料学、版本学、雕版印刷史、词史等课程，辑佚、整理、编辑了许多典籍和目录，著名者如《校辑宋金元人词》（1931）、《北平图书馆善本书目》（1938）、《汉魏南北朝墓志集释》（1956）、《北京图书馆善本书目》（1959）、《中国版刻图录》（1960）、《元一统志》（1966）等。

一、赵万里对国家图书馆收藏《永乐大典》的贡献

国家图书馆收藏《永乐大典》，自清末筹建京师图书馆起议，经周树人（鲁迅）等奔走，遂于 1912 年得以将翰林院所存《大典》残本 64 册送归教育部，其中 60 册交由国家图书馆储藏。1924 年，袁同礼著《〈永乐大典〉考》，载目者 149 册，国内除京师图书馆和教育部图书室外，仅知梁启超有 5 册。

赵万里于 1928 年来馆后，任采访组组长，即支持袁同礼收集《永乐大典》。他想方设法搜集国内现存《永乐大典》原本，使藏品有明显增加。1933 年袁同礼再撰《〈永乐大典〉现存卷目表》时，中外公私所藏 367 册中，国家图书馆《永乐大典》数量已达 93 册。他也重视收集《永乐大典》资料，对无法得到原本的，或传抄，或循馆际交换征求摄影本、缩微胶片。仅 20 年，尚存于世《永乐大典》的绝大多数都以各种不同形式，入藏于国家图书馆。1960 年中华书局影印《永乐大典》时，该摄影本和胶片全部都利用上了。

1933 年 5 月，华北动荡。为防不虞，国家图书馆将珍贵古籍运往上海，又于 1941 年运往美国，其中有《永乐大典》60 册，另有 25 册

寄存于上海。1950 年 1 月，赵万里参加政务院指导接收委员会华东工作团，用 41 天，将寄存在上海的 208 箱图书，包括 25 册《永乐大典》全部运回了北京。1950 年 4 月，文化部通知国家图书馆进行图书清点工作，时国家图书馆收藏《永乐大典》已达 110 册（包括在美的 60 册）。

1951 年 7 月 6 日，苏联列宁格勒大学东方学系图书馆将所藏 11 册《永乐大典》赠还中国，经文化部文物局交由国家图书馆收藏，在中国学界和收藏界引起强烈反响。7 月 23 日，上海商务印书馆董事会在会长张元济先生倡议下，将该馆涵芬楼历年辛勤收集到的《永乐大典》21 册，全数捐献政府。赵万里闻后非常感动，亲自在国家图书馆筹备举办了"《永乐大典》展览"，展出张元济和苏联列宁格勒大学东方学系图书馆移赠的全部《永乐大典》，以及当时本馆收藏的 50 册《永乐大典》。展览还展出收藏在美国国会图书馆、康乃尔大学，越南河内远东学院，英国伦敦博物院、伦敦图书馆、牛津大学、剑桥大学、伦敦大学，德国汉堡大学，日本静嘉堂文库、东洋文库收藏的《永乐大典》的影印本和摄影本 98 册。展览取得空前成功，激发了各界群众的爱国热情。8 月 23 日，天津收藏家周叔弢先生将家藏 1 册《永乐大典》无偿捐献给国家，他在致北图的信中说："贵馆展览《永乐大典》内列十一册为苏联列宁格勒大学东方学系图书馆所移赠，此种真挚友好及伟大国际主义精神具体表现，实从古未有之盛事，传播书林，永留佳话。仆旧藏《永乐大典》一册，杭字韵，卷七六〇二至七六〇三，谨愿捐献贵馆，不敢妄希附伟大友邦之骥尾以传。珠还合浦，化私为公，此亦中国人民应尽之天责也。"赵万里先生将赠书也在展览中一并展出，他撰写了《永乐大典展览的意义》一文，对中央人民政府爱护和重视宝贵文化遗产，以及苏联对中国文化事业的支持表达了由衷的敬意。

展览之后，赵元方先生捐赠了家藏的 1 册《永乐大典》。1954 年，苏联国立列宁图书馆赠还原藏日本满铁图书馆的《永乐大典》52 册；1955 年，德意志民主共和国赠还我国 3 册；苏联科学院也通过中国科学院图书馆移赠 1 册。1958 年，北京大学将 4 册《永乐大典》移送北图；广东文管会移送 3 册；向北图捐赠《永乐大典》的还有张季芗、金梁、徐伯郊、陈李蔼如先生，各 1 册。赵万里先生参与了全部的接受和移交工作，并撰写了《德意志民主共和国交还〈永乐大典〉的重大意义》和《苏联列宁图书馆送还给中国人民的〈永乐大典〉》两文，对友好国家的义举表示敬意。

1959 年 3 月 7 日，赵万里在《光明日报》上发表了《谈谈〈永乐大典〉》一文，统计本馆《永乐大典》藏量达 215 册，加上国外藏本的复制本、缩微胶片和照片，总数为 714 卷，约占全书总卷数的 3%。赵万里并表示，这些财富将全部用于支持中华书局拟议中的出版计划。

60 年代初，周恩来总理在经济困难情况下，特批专款从香港著名藏书家陈清华手中购回了一批珍贵古籍，其中有 4 册《永乐大典》。赵万里亲赴广州，鉴定和接收了这批藏品。1965 年，赵万里将自己所藏 2 册《永乐大典》（实为 1 册）捐献给国家。至此，国家图书馆藏《永乐大典》书达到 220 册，基本形成了目前的规模。

二、赵万里对《永乐大典》的研究和辑佚

《永乐大典》为辑佚之渊薮。《永乐大典》辑佚，康熙间有杭世骏撰《续礼记集说》，所采宋元人说，半出于《永乐大典》。乾隆间纂《四库全书》，采纳朱筠建议，从《永乐大典》中辑书 517 种，以后代

有所录。缪荃孙 1908 年撰《〈永乐大典〉考》，述其曾从该书中辑出《宋十三处战功录》《曾公遗录》《顺天府志》《泸州志》《宋中兴百官题名》《国清百录》等多种。次年缪荃孙筹办京师图书馆，收藏《永乐大典》之议起，与其深知《永乐大典》价值有直接关系。

20 世纪 20 年代末，国家图书馆收藏《永乐大典》有数十册之多。赵万里深知此书的重要价值，在编《北平图书馆善本书目》（1933 年刻）、检看入藏《永乐大典》的同时，即开展了《永乐大典》的研究和辑佚工作。

1928 年，赵万里主持《北平图书馆月刊》的编辑工作，其第二卷二期为《永乐大典》专号。前后刊登的与《永乐大典》有关的文章和资料有孙壮《〈永乐大典〉考》，袁同礼《〈永乐大典〉现存卷目表》《〈永乐大典〉现存卷目表续记》《〈永乐大典〉现存卷目表再补》《〈永乐大典〉现存卷目表三补》《关于〈永乐大典〉之文献》，赵万里《记〈永乐大典〉内之戏曲》《馆藏〈永乐大典〉提要》《〈永乐大典〉内辑出之佚书目》《〈永乐大典〉内辑出之佚书目补正》，以及《〈永乐大典〉之周美成佚诗》《〈永乐大典〉内之元人佚词》《志〈永乐大典〉本营造法式图》及《〈永乐大典〉书影》等。

1.《〈永乐大典〉内辑出之佚书目》

《〈永乐大典〉内辑出之佚书目》（后有《〈永乐大典〉内辑出之佚书目补正》）一文刊于 1929 年《北平图书馆月刊》，赵万里有感缪荃孙《〈永乐大典〉考》后附佚书目采辑未备，以旬日之力别纂此目，合四库馆臣及以后诸家所辑，得书 490 余种，已辑而实未佚者附录在后。目录注明书名、校辑者、版刻、杂记，功力颇深。其首"弁语"对清儒辑佚作了评价，阐述《永乐大典》辑佚原则与方法，是赵万里关于《永乐大典》辑佚的一篇重要文章，为以后开展系统辑佚和整理工作做了理论准备。要点如下：

（1）辑佚《永乐大典》是学者义不容辞的责任

赵以《文渊阁书目》与《永乐大典》相较，其目诸书多在《永乐大典》，今十不存三四；《永乐大典》所载诸书也多出于《阁目》外。"今正本已亡，副本所存无几。坐使宋、元两代文献与之俱亡，实近世学术上不可恢复之损失，以视咸阳、江陵之炬，亦多无让焉"。这种强烈的责任感是赵万里数十年坚持从事《永乐大典》辑佚的原因。

（2）辑佚《永乐大典》要重视五类文献

赵对全祖望（谢山）首倡辑佚《永乐大典》给予高度评价，说全祖望的《抄〈永乐大典〉记》"别其例之大者为五：曰经；曰史；曰志乘；曰氏族；曰艺文。其言最确切不可易"。四库馆臣对《永乐大典》的辑佚，于宋、元艺文用力最勤，周永年出力最多。邵晋涵辑《旧五代史》《九国志》，戴震辑《算经》，各有所成，但地志一门几乎全部放弃。徐松对《宋会要》、文廷式对《经世大典》的辑佚也多有缺失遗漏。至于《元一统志》，馆臣虽已签出，但为编纂《清一统志》之用，并未辑佚。方志、方技、词曲诸书，连"存目"都不载，以至文献得而复失，终成憾事。

（3）"菁华已载，糟粕可捐"为清儒辑佚大病

《永乐大典》封面后间有四库馆臣签出的佚书单，所载各书多出于《四库》著录之外。赵万里对清儒"菁华已载，糟粕可捐"的原则非常痛恨，列出《兼金合璧》《晋史挥麈》等多种，均馆臣抄出后复又摈弃者。

（4）辑录《永乐大典》应甄别真伪

赵以为从《永乐大典》中搜集逸书，为事固易；但甄别真伪，则非通学不为。他举出在"寄"字韵中看到高似孙词数十首，其实是元

遗山所作等事，说明《永乐大典》标题不确者，在在有之。

（5）重视清人著作中的《永乐大典》资料

赵万里认为清人著作，如纪晓岚《阅微草堂笔记》、胡书农《南薰殿图像考》、徐松《登科记考》等书都有引用《永乐大典》者，其中尤以徐氏书为最多。汇集抄录下来，可资多闻。

2. 《记〈永乐大典〉内之戏曲》

戏曲之在《永乐大典》，"戏"字韵下为戏文（南词），"剧"字韵下为杂剧，两者不相混淆，其中久无传本者十之六七。四库馆臣以戏曲鄙俗，未加辑录，遂使今日无法再睹全貌。《永乐大典》仅存戏文第27册，当时本馆从叶恭绰处得以录副。赵万里《记〈永乐大典〉内之戏曲》一文详检《永乐大典》收录"戏文"33种和"杂剧"90种，略加考证，并举诸家著录，发现其中较古的宋元南戏除《荆钗记》《白兔记》《拜月记》《杀狗记》《琵琶记》诸本外，明初尚存《破窑》《跃鲤》《金印》《牧羊》等记，而《小孙屠》一本以北曲诸牌与南曲"风入松"合套，实开南北合套风气之先，较沈和为更早。其他如《张协状元》《宦门子弟错立身》等保持了许多失传的古剧的资料，都十分生动。《永乐大典》所存南戏残本，是南戏研究的重要资料。赵万里之外，谭正璧也较早关注过《永乐大典》中的戏文，著有《〈永乐大典〉所收宋元戏文三十三种考》（话本与古剧）。1979 年，中华书局出版了钱南扬《〈永乐大典〉戏文三种校注》一书，引起了学术界的研究热潮，胡竹安、郝朴宁、赵日和等在对南戏体制的研究、三种戏文校补、钩沉等方面也做出了成绩。

宋朝《双渐赶苏卿》故事也为赵万里所关注。这个曾经流传很广的故事元时被王实甫作为素材创作了《苏小卿月夜贩茶船》杂剧，以后故事逐渐失传。《永乐大典》"苏"字韵引宋人小说《醉翁谈录》佚文，详载其事，并收双渐和苏卿赠答的两首情诗。这段故事的发现，对戏曲史和民间文学史的研究有积极的意义。

3. 赵万里对《永乐大典》的辑佚

（1）《了翁年谱》等

赵万里尝撰《永乐大典》"陈""寄""札""台"四字韵跋语，前三种作为《馆藏〈永乐大典〉提要》于1929年在《北平图书馆月刊》中发表；后一种发表于《中山大学语言历史研究所周刊》第二卷第二十三期。

《永乐大典》"陈"字韵全载诸书所载宋人陈瓘（字了翁）事迹和《年谱》。赵万里将上述文字辑出后，又从《永乐大典》他卷，以及《宋文鉴》《圣宋文选》《播芳大全》《花庵词选》和地志中辑出了翁诗文词60余篇，厘为四卷，十分完备。

《永乐大典》"寄"字韵存"诗"十三1册：上卷全载宋金元人诗；下卷则载元人诗及宋元人乐府。其中所涉印书多为今日所未见；后卷诗余也可校订今本脱误。赵万里在《跋》中详列四库馆臣辑校脱漏之诗26首，可备采辑。

（2）《校辑宋金元人词》七十三卷

此书出版于1931年，是赵万里以多年功力，从各种载籍中搜求散佚，以补诸家丛刻之遗而编纂的。该书校订精审，水平超迈前人，其中采用《永乐大典》佚文颇多。以后唐圭璋编纂《全宋词》，赵又将从《永乐大典》中发现的词提供给他，多他处所未见。

（3）国家图书馆20世纪30年代开始对《永乐大典》的系统辑佚

20世纪30年代中期，国家图书馆因清点核对文津阁《四库全书》，发现《四库全书》中的若干种《永乐大典》辑本与现存《永乐大典》原本文字有出入，当时根据陈恩惠建议，把《永乐大典》辑佚任务列入工作计划中。该项工作由当时的考订组组长赵万里主持领导，由馆方拨款进行。陈恩惠具体负责核对《四库全书》。核查后，由赵万里将佚文确定后，雇请两位抄写人员进行抄写，善本组其他人也担任了整理、编制《永乐大典》引用书卡片索引和部分抄写任务。辑佚工作进行了 6 年，赵万里以其在文献学、词学上的深厚功力，前后主持辑佚了史部、子部、集部，特别是方志、文集等总数达 213 种。这些辑佚成果，1949 年后得以出版问世的，目前可以看到以下几种：

《薛仁贵征辽事略》：此书原本约成于元初（见谭正璧《古今稀见小说汇考》），《永乐大典》卷五二四四"辽"字韵收录了这个话本。赵万里据此进行了辑佚，上海古典文学出版社出版了排印本。

《元一统志》：元代地理总志《元一统志》原书近 800 卷，记载元代地理疆域沿革、山川、湖泽、物产、土贡等，是研究元史的重要资料。赵万里从 1944 年开始，从《永乐大典》中辑出《元一统志》佚文，又从元至正刻本残帙辑出传录的《元一统志》两册，从常熟瞿氏藏抄本辑出传录的《元一统志》两册，从吴县袁廷梼家抄本《元一统志》辑出残帙一册。由于客观原因，《元一统志》的辑佚工作停滞了 20 年。1965 年，赵万里再辑出明《寰宇通志》《明一统志》等书所引用《元一统志》资料，经反复校勘，合为一体，该辑本终于在 1966 年由中华书局出版。

《析津志辑佚》：《析津志》是元末熊梦祥所撰、记述元大都的书，为现存最早记述北京地方史地的专著，其中可以得见元大都和金中都的官署、水道、坊巷、庙宇、风俗等。国家图书馆所辑《析津志》是在赵万里等先生辑佚的基础上，由善本部集体汇集整理，最后完成的。《析津志辑佚》的版本有四个来源：一是《永乐大典》原本；二是《日下旧闻考》所载；三是徐维则铸学斋所藏抄本，即所谓《宪台通记》中所载；四是北大图书馆所藏缪荃孙从《永乐大典》辑《顺天府志》残卷和来自孙殿起的国家图书馆所藏明初辑抄《永乐大典》的《顺天府志》残卷。可以说是百年来许多人共同努力的结果。《析津志辑佚》一书后经首都博物馆赵其昌校订，1983 年 9 月由北京古籍出版社出版。

赵万里主持的辑佚工作当时在日伪统治和经费不足的情况下进行，仍取得了辑佚多种典籍的好成绩。辑佚大多为方志和文集，也包含许多史部、子部的重要典籍。一些后来出版的重要典籍都在此时完成初稿，为后人进一步稽考打下了坚实的基础。遗憾的是，这批遗稿的大部分目前还在善本库中存放着，因历史的原因没有最后完成，不能为学界所用，殊为憾事。

赵万里"文革"间受迫害，于 1980 年辞世。我们如今缅怀先人，是为了完成他未竟事业，特别是用数字化手段实现《永乐大典》的全文检索。对《永乐大典》本身，也要重新修复，妥善保藏，以不负先生之志。

（原载《〈永乐大典〉编纂 600 周年国际研讨会论文集》，北京图书馆出版社，2003 年 7 月）

赵万里与天一阁

虞浩旭

　　20 世纪二三十年代，是我国私家藏书难以继守，或变卖流失，或损毁遭劫，或辗转归入公藏的时期，图书市场活跃，图书流通频繁，由此引发了访书购书的热潮。一些著名的专家学者也参与到这一行动中来，他们或徜徉书肆，或叩访书楼，翼希有所收获。赵万里便是其中的一位佼佼者，并"得造天一阁观其所藏，宜目中无余子矣"①。

一、版本学家赵万里

　　赵万里（1905—1980），字斐云，浙江海宁人，清华大学毕业生，为同乡王国维先生的两大高足之一。王国维（1877—1929），字静安，又字伯隅，号观堂，又号永观，为近代中国学术大师，精研哲学、文学、戏曲史、史学、古器物、古文字、音韵等，尤致力于甲骨、金文、简牍、碑刻之考释，还是近代著名目录学家。赵万里"亲炙静安久"，得其衣钵②。20 年代初期，赵与王国维、梁启超、李济、赵元任、陈寅恪诸宗师同任职于清华学校国学研究院。后任职于北平图书馆，与

---

① 伦明：《辛亥以来藏书纪事诗》。
② 伦明：《辛亥以来藏书纪事诗》。

刘国钧、王重民、向达、孙楷第、贺昌群诸中青年学者共事，后皆成为学有独造之名家，艳称为"北图学派"。

赵万里积毕生精力于我国的善本书籍、宋椠名抄，精于鉴别宋元版本，成为我国著名的版本目录学家。他所编《中国版刻图录》《北京图书馆善本书目》，成为研究版本目录学的必备之书。他对于北京图书馆的贡献甚大，曾"屡次南下，为图书馆访书"①。北京图书馆经过他"和郑振铎、徐森玉诸位先生，惨淡经营，采访搜集海内外藏书家所得的善本和孤本，以及寰宇的碑刻拓片，汇藏于北京图书馆，使之成为全国首屈一指的书林和学海，供人民群众阅览，为祖国四化，开辟了途径。其功绩是不可以泯灭的"②。中年以后的赵万里，由研治版本而涉及校雠、辨伪、辑佚等项学问，并有著述之才。他的主要著作有《王国维先生年谱》（著）、《王静安先生遗书》（编）、《校辑宋金元人词》（辑）、《汉魏南北朝墓志集释》（编）、《元一统志》（辑）、《析津志》（辑），均是嘉惠学林之作。毛泽东曾勉励赵万里、周叔弢、郑振铎说："行行出状元。"赵万里实是跨越新旧两个社会的版本学的状元。

二、登阁经过

作为近现代著名的版本学家、收藏家的赵万里先生，天一阁是他"十几年来梦想神游的目标之一"，他实现这个愿望仅仅是个机遇而已，并不十分困难。民国二十年（1931）夏，机会首次降临。那时他从北京到上海，准备与容希白、徐仲舒二先生一起去访问庐江刘晦之先生，

① 伦明：《辛亥以来藏书纪事诗》。
② 谢国桢：《怀念版本学家赵万里先生》。

参观刘先生收藏的青铜器。由于朋友尚未赶到，而他却在商务印书馆偶遇文献家兼藏书家的郑振铎先生，出于相同的爱好，出于对祖国文献典籍的关心，他们谈到了天一阁，并决定立时赴宁波。当时任北京大学教授的马廉先生正在天一阁边的马宅内养病，老友到甬，自然欣喜不已，邀至宅内同住。三人志趣相投，论文谈书，品茗饮诗，好不快乐。郑振铎先生在《录鬼簿》跋文中曰："此数日放诞高论，旁若无人，自以为乐甚。"① 二人并由马廉介绍认识了近代甬上大藏书家冯孟颛和朱鄯卿。二人在甬逗留了一星期，天一阁去了两次。天一阁在赵万里的眼里又是怎样的呢？他后来是这样写的：

> 阁前一泓清水，有小桥可通前后假山。青藤和不知名的羊齿类植物，荫盖着全部的山石。石上小亭，摇摇欲坠。阁后一片荒凉，青榆树高出屋沿。回视阁的全部，仅有二楼五底的容积。西边一间，有梯可达阁上层；东边一间，租给闲人住着。炊烟正从窗缝里吹向阁的上空，那时住家的媳妇正在预备晚餐。……消防设备，简直等于零。

从这段话中我们可以感觉到天一阁的衰败相比清末民初缪荃孙登阁时有过之而无不及了，阁书的保护面临更严峻的问题。虽然书楼的境况不容乐观，但范氏族人还坚守着祖上的遗训，赵万里登阁未成。登阁未成的原因，赵万里和郑振铎的说法略有不同。赵万里说一次是"因为范氏族长不在，无人负责招待而罢"；另一次他们居然"请鄞县县长陈冠灵先生和小学校长范鹿其先生交涉"，但又因范氏族中主事者到乡下收租去了，一时不得回来而作罢。而郑振铎先生则说马廉"日奔走谋一登天一阁，而终格于范氏族规，不得遂所愿，盖范氏尝相约，

---

① 郑振铎：《西谛书话》。

非曝书日，即子孙也不得登阁也"①。笔者以为，其实这些都是托词。从当时的情况看，作为范钦第十二世孙的范鹿其先生在范氏家族中具有相当的威望和地位，完全有权决定是否让人登阁。只是家已式微，书已残破，要求天一阁开放的呼声日高，多一事还不如少一事，关门拒客才是大吉。

赵万里虽然登阁未成，但总算还有收获，他在新认识的另一朋友孙氏蜗寄庐藏书中发现了一部天一阁流失的明蓝格抄本钟嗣成原本《录鬼簿》和贾仲名《续录鬼簿》，借归马宅，与马廉、郑振铎合作，以二日一夜之力，抄了部副本。"三人夜抄《录鬼簿》"，日后成了藏书界的佳话。后抄本影印出版，流传于世。

夙愿未实现，这成了赵万里先生的心病。民国二十二年（1933）7月，他又从北京赴上海，在上海四马路振华旅馆，又"邂逅着马隅卿（廉）先生，那时他正从宁波到上海来医宿疾。我们见面以后，无非谈些关于小说戏曲书和其他书本的问题。忽而又提到天一阁，很想去替天一阁作一次彻底的整理工作。我们鼓着勇气，同船去宁波"。大千世界，芸芸众生。他们两人的相遇，如有神助，似乎老天也要帮助赵万里完成他的心愿，实现他的梦想。此次到甬，总算顺利，"几经接洽，由鄞县县长陈冠灵先生、鄞县文献委员会会长冯孟颛先生和范氏族人成立了一种谅解。相约7月25日起以一星期为限，开阁观书"。但这次开阁观书有一个前提条件，即"在此期间，所有监视我们的范氏族人的伙食费，都由我负责筹款担任"。当时的报纸也是这样报道的："此次赵氏来甬编订图书目录，所费实达二百元。盖该阁为范氏六房所公有，每房长管钥匙一把，而六房中子姓大半式微，故每日之伙食不

① 郑振铎《西谛书话》。

得不由赵氏供给。"① 在此以前，天一阁也接待过为数不少的学者登阁，从未出现过这样的情况，可见当时范氏家族生活处境的艰难。这也为两个月以后，即民国二十二年（1933）9月大台风以后，天一阁受损，社会力量的顺利介入提供了最好的注脚。

短短一个星期的时间，要重编天一阁书目，难度自然十分大。好在赵万里先生作了周密的打算和部署。他整理的方法是"用预定的一种较精密的统计法。无论行款、边口、版心大小，属于机械方面的，固非一一记载不可，就是序跋和内容的特点，也得在极短时期内缩写下来，以便日后作书志时参考"②。同时他又邀请冯孟颙、马廉、朱鼎卿和宁波竹洲女子中学校长杨菊庭来帮忙，其北大历史系同学张福庆随后赶来加入。还请作为大律师的朱鼎卿到法院请来五位书记担任誊写工作。赵万里自已"负全部提调之责，旁人整理过的书籍，总得经我审查一次，才算完事"。经过7日的拼搏，登录书籍2000余种，其中200多种为阮目、薛目所无。

赵万里打算把此次重整的天一阁现存书目叫作内篇。可惜的是，原稿在抗日战争时期散佚殆尽，目录内篇终未完成。

三、对天一阁的评价

作为版本学界、文献学界和藏书界的重量级人物，赵万里先生对于事物的看法是有其独特之处，于天一阁而言，也毫不例外。

1. 关于保存阁书的传统方法

清末民初缪荃孙登阁时，阁书已"书帙乱叠，水湿破烂，零篇散

---

① 《宁波日报》1933年8月15日沪版。
② 赵万里：《重整范氏天一阁藏书记略》。本文中未注明出处的引文均来自此文。

帙，鼠啮虫穿"，与其同登阁的宁波太守夏闰枝甚至发出了"再阅百年遗书尽入虫腹，天一阁其泯灭乎"的感叹。但他们并未对天一阁传统的芸草避蠹、英石吸潮提出怀疑。赵万里先生登阁时，阁书遭虫蛀的现象已十分严重。他"发现好几个柜子里都有蠹虫……现在阁里的书，遭虫蛀的，数在不少。东边一个柜子里，装着六部不全的成化本《宋史》，没有一部不遭蛀"，"因此，对于传统的保存阁书的秘诀，发生疑问"。天一阁传统的保存图书的方法，是在书里夹芸草以防蠹，在柜下置英石以吸潮。他认为"这完全是神话。其实天一阁所谓芸草，乃是百花除虫菊的别名，是一种菊科植物，早已失了它的除虫的作用。浮石不知从郭外那个山里搬来的一种水成岩的碎块，并无什么吸收空中水分的能力"。对于赵万里先生这种大胆的看法，笔者佩服他的勇气。至于对芸草、英石的作用，笔者在《随园老人与天一阁》文中阐述过，读者自可参考。倒是赵万里先生说的"科学防蠹的工作，实是今后保存阁书最重要的一著"，到今天仍对我们有很大的启发。

2. 关于地方志和登科录

对于天一阁所藏的地方志和登科录的价值，学术界和收藏界的认识有一个历史的过程。20 世纪以前，它们的价值是被忽视的，许多书目甚至略而不记。但进入 20 世纪后，随着学术的进步和天一阁宋元刻本的散佚，地方志和登科录开始进入人们的视野。赵万里先生是最早肯定它们价值的学者之一。

作为地理类的地方志，天一阁所藏在全国首屈一指。赵万里登阁时，天一阁藏方志 240 种，其中十之八九为孤本。除少数为万历刻本外，大部分是嘉靖或是正德、弘治间修的。赵万里先生认为它们"纸墨精湛，触手如新，多作包背装，令人爱不忍释"。这是版本学的价值。同时他又认为"这些老书里各项史料的丰富，可供多方面的学者作参考书",对于研究地方史、边疆史、民族史等等,其学术价值都是不言而喻的。作为传记类的明代登科录、乡试录等,尤其是登科录,天一阁收藏得较全较多。赵万里认为登科录等等,可算是最直接的传记体史料。除了天一阁,别处很难觅得同样的一册二册。所以他最后结论性地说:"天一阁之所以伟大,就在能保存朱明一代的直接史料。除了乾隆修《四库全书》时,天一阁与贵族的学术界一度接触以外,至今二百余年,学术界没有受到他一点影响。这一个奇异的洞府,几时可以容我们作前度刘郎再去访问一次,这是我天天所想望的"。预示着地方志和登科录潜在的巨大价值很值得发掘。迄今为止,地方志由于影印出版,在新中国的方志修纂中,在地方史的研究中发挥了极大的作用;登科录尚待字阁中,略显遗憾。

最后值得一提的是赵万里先生对天一阁藏书外散及流向的关注。赵万里先生原计划在完成内篇后,再将历次散落在阁外的书,作一次总账,作为外篇。要编外篇,首先得分析阁书散佚的原因,他认为主要有三:一是由于修《四库全书》时,阁书奉命进呈而散落的。二是由于乾隆后当地散落出去的。三是由于民国初年为巨盗薛继渭窃去。根据这三个原因,与此相对应,天一阁的藏书流向也可分为三条线索,一是进呈之书,辗转流入厂肆,为公私藏家收得;二是为四明藏书家和曾任宁波地方官的人收得,如卢址抱经楼、徐时栋烟屿楼、姚燮大梅山房、朱氏别宥斋、冯氏伏跗室和吴引孙有福读书斋、沈德寿抱经楼等;三是北京图书馆、商务印书馆(后毁于战火)及上海、苏州几位藏书家收得。赵万里先生的外篇最终也未编成,但他也同样为我们积累了资料,提供了线索。

(原载虞浩旭《历代名人与天一阁》,宁波出版社,2012年12月)

从清华国学院到北京图书馆

——赵万里与书为伴的学术生涯

付　佳

赵万里（1905—1980），字斐云，号芸盦、舜盦，浙江海宁人。天生聪明颖悟，少时即有志于文史之学，先后入国学大师吴梅、王国维门下，得二氏之亲传，受教匪浅。他一生主要供职于北平图书馆，任善本部主任、研究员，又为北京大学、清华大学等校兼职教授。赵万里是著名的文献学家，长于目录、版本、辑佚、校勘之学，在金石学、词曲学方面亦造诣颇深。

一、赵万里之生平

1905 年 5 月 7 日，赵万里出生于浙江省海宁县城的啸园。海宁自古为人杰地灵之所，明清以来更是人才辈出，文化气氛十分浓郁。赵家也是书香门第，祖父赵承鼎，是个廪生，以开馆授徒为业。父亲赵宗孟，善作诗，工书法，在上海商界任职，为沪上书法界名人。赵万里童年受教于母亲和祖父。母亲张顺媛是他的启蒙老师，学前已教他识得千余字，背诵唐诗数十首。祖父则教他学习"四书"，培养他研究国学的兴趣。六岁入海宁达材小学，学习勤奋，成绩优异。十二岁考入嘉兴市省立第二中学。他致力于学，尤其喜好文史，得到了陆颂襄、刘毓盘两位宿儒的指教，学业上有所精进。刘毓盘是著名词人和词学家，赵万里对词曲研究产生兴趣应是受到了他的影响。

1921 年，年仅十六岁的赵万里考入南京国立东南大学国文系，师从吴梅，研习词曲。吴梅是词曲研究大家，在人才培养上更是桃李满园。执教东南大学期间，唐圭璋、王季思、任中敏、卢冀野等齐集门下，后皆成为词曲研究名家。赵万里后来虽不专攻词曲，但在词曲校辑、词曲史研究上也有所成就，这跟吴梅的教导是分不开的。吴梅曾在王季思的习作批语中写道："自万里（赵万里）、雨亭（孙雨亭）、维钊（陆维钊）之后，复得斯才，我心喜极。"① 可知吴梅亦将赵万里视为得意弟子、可造之材。以吴梅为中心的国文系师生，坚持古典诗词的创作，常结社集会，互相唱和联吟。赵万里常参与其中，习作填词。浦江清、王季思等人的著述中都存有他们即席联句的词作，可见一时之风雅。当时东南大学提倡以传统方法研究国学、整理国故，重视小学，注重古籍的校勘、疏证。在顾实、陈中凡等老师的教授下，赵万里系统学习了古文字、训诂、校勘、音韵等小学方面的知识，为之后校释、研究古籍打下了良好的基础。1923 年，他在东南大学《国学丛刊》上发表了处女作《述"彔""方"二字义》一文，内容为古文字的考释。大学期间，他更醉心学业，勤于读书，常常废寝忘食。曾费尽千辛万苦得到机会，获允到南京图书馆阅读丁氏八千卷楼的藏书。为了多看书，中午不返校吃饭，只以一两个炊饼充饥，这样坚持了一年有余。读书的同时，还开始刻意搜求、收藏书籍。他生活简朴，将节余之钱都用来买书，几年间所得颇丰，盈橱满屋，还手抄了《水

---

① 王季思：《玉轮轩后集·回忆吴梅先生的教诲》，中山大学出版社，1994 年，第29 页。

云楼词》《烟霞万古楼诗》《齱齸图回文诗》等古籍，其爱书、藏书之嗜好日渐养成。

大学毕业后，经吴梅推荐，赵万里于 1925 年 7 月赴北京拜王国维为师。他与王国维既是同乡，又为姻娅，按辈分王国维是他的表姨父，但此前他仅在海宁谒见过王国维一次，彼此并不相熟。拜师当天，他还请了蒋复璁作陪，奉上束脩，按传统入室之仪行了叩拜大礼，执礼甚恭。这一年，王国维被聘为清华学校研究院国学门导师。起初王国维命他馆于家，恰逢研究院聘请的助教陆维钊因事未能赴职，于是赵万里承其乏任职清华研究院。助教的工作主要是为王国维检阅书籍、抄校文稿。有了入室弟子和助教的双重身份，他得以随侍王国维左右，时常受教。获此得天独厚的问学请教之机，他在学问上自是受益良多。在侍读过程中，赵万里开始了解、熟悉王国维的治学领域，拓宽了自己的研究视野，涉猎范围延伸至目录版本学、考据学、金石学、地理学等方面，并逐渐掌握了以史料为支撑的研究方法，考索、辨析史料的功力见长。王国维重视目录、校勘等文献基础工作，每治一门学问，都要先对相关书籍进行校勘、释读。每遇善本佳椠，必会与自藏本比勘，将异文和研究心得著录书中，因此批校之书极多。赵万里将其中重要的校本进行过录，如王校《水经注笺》《穆天子传》《蒙古史料四种校注》等十几种都有赵万里临校本。通过抄校，他吸取了王国维的校书经验，提升了校勘、考释古籍的能力。其间，他还在《国学论丛》上发表了《唐写本〈文心雕龙〉残本校记》，以敦煌写本残卷校嘉靖本《文心雕龙》，考订细密、严谨，校正异文数百条，足见其考校古籍能力的提升。

1927 年 6 月 2 日，王国维自沉于颐和园昆明湖。当天赵万里曾四处寻找打听，遍寻不获之际得闻噩耗，他悲恸不已。王国维遗书将身后书籍之事托付吴宓与陈寅恪二人，他们考虑到赵万里与王国维师生关系密切，且随侍日久，遂将整理遗稿的工作交给了赵万里。随后一年，他在研究院的工作转为全力整理王国维遗作。先后编写了《王静安先生著述目录》，收录王国维著述 62 种，书名之下写有提要，说明写作、编定经过及修订、发表情况等。《王静安先生手校手批书目》，著录王国维批校本 192 种，亦有提要说明校勘采用的版本、参考材料，并略有论析和补正。《王静安先生年谱》，总结王国维生平和学术，所述生平事迹翔实可靠，论其学术发展演变、著述本末完备清晰。此三者都载于 1928 年《国学论丛》所设"王国维纪念专号"。此外，他撰写了《王静安先生之考证学》一文，对王国维在考证学各方面所取得的成就及特色皆作了深入论述。又将王国维遗著《唐五代二十一家词》整理出版，还将遗作中有关词论的内容加以辑录，发表了《〈人间词话〉未刊稿及其他》一文。离开清华之后，他并未中止编纂，而是将整理恩师著述、传扬其学术，作为毕生的一项重要工作。30 年代初，他参与编写《续修四库全书总目提要》，负责王国维著作提要的撰写，共计完成 43 篇。诸篇提要不仅对王著详加介绍，并叙其创作缘起、宗旨，论其研究方法、学术价值，内容丰赡。且毫不讳言王著之失，在《两浙古刊本考》《曲录》《录曲丛谈》等书的提要中均根据新材料和新研究成果指出了书中的缺失与谬误。1934 年，他将王国维《古史新证》手稿影印出版。该书原是王国维在清华研究院上课时的讲义，其中有论"二重证据法"等代表其学术观念的重要内容，手稿一直为赵万里珍藏，尚未完整刊行过。之后，他又与王国华合作全面编辑王国维著述，于 1940 年出版了《海宁王静安先生遗书》。此前罗振玉所编《海宁王忠悫公遗书》，带有一些主观之见，摒弃了王国维早年的著述，而赵万里所收范围要广泛得多，力求完备，故出版之后一直是王国维全集最通行的本子，影响很大，一再被重印①。50年代，王仲闻将其父藏书捐赠给北平图书馆，也是由赵万里经手操办，并编写目录。他所编撰的这些书籍、文章至今仍是研究王国维生平和学术的重要参考资料，对于"王学"之贡献，可谓厥功甚伟。在这一系列编撰过程中，赵万里全面研读了王国维著述，对其治学之精要有了更加深入的体会和掌握，潜移默化，将之运用到自己的研究中。赵万里的学术研究，很大部分是承"王学"之绪余而进一步发展。如他承袭"二重证据法"，重视纸上史料与考古文献相印证，整理出土墓志，编撰《汉魏南北朝墓志集释》；借鉴王国维所编《密韵楼藏书志》，编成《北平图书馆善本书目》；补充、修正王国维《两宋监本考》，写成《南宋诸史监本存佚考》。在治学路径与方法上，他主要继承了王国维注重文献基础、史料支撑的一面，将研究重心置于古籍编目、校辑与考订，在目录版本学上成就斐然。同时，他更是继承了王国维一心向学的执着精神和严谨求实的治学风格，终生致力于学术事业，从无荒疏、懈怠。

赵万里感念师恩，在王国维去世之后给予其家人生活上的照顾。受王夫人潘氏之请，他教幼女王东明学习古文，为她准备了《古文观止》，悉心讲授一年时间。潘夫人举家南迁时，将无法携带的家具包括王先生的书桌留给了赵万里。赵家一直妥善保管，直至80年代将书桌捐赠北大考古博物馆。"文革"时期，赵万里的藏书被悉数抄没，平反后归还之时，北京图书馆希望他将藏书中的十余部古籍捐献出来。时已病重的赵万里看过清单后，同意捐书，但表示其中一件务必要归还，那便是他当年过录王国维所校《水经注笺》的临校本，上面有王国维的两方钤印和一篇题赠之跋。跋文曰：

---

① 参考彭玉平：《王国维全集的编纂：历史回顾、当下需求与后续寻访》，《学术研究》2012年第10期，第107—108页。

门人赵斐云酷嗜校书，见余有此校，乃觅购朱王孙本，临校一过，并嘱余识其颠末。余近岁方治他业，未能用力此书，时距今才六载寒暑，而人事之盛衰，交游之存亡聚散，书籍之流转，已不胜今昔之感。然则斐云以数月之力，为余校本留此副墨，亦未始尘劫中一段因缘也。丁卯二月十八日雪霁后观堂书。

此部校本，他视之为恩师留下的最珍贵的纪念，永不能相舍。王国维曾言："余毕生唯与书册相伴，故最爱而最难舍去者，亦唯此耳。"[1] 赵万里之志向追求，与此最为契合。他一生事业学问，不负王国维之教。

1928 年 7 月，经陈寅恪介绍，赵万里离开清华去北平北海图书馆工作，任中文采访组和善本考订组组长。次年北海图书馆并入北平图书馆（以下简称北图），他仍为善本部考订组组长。时任北图善本部主任的是著名文献学、文物学专家徐森玉。他在工作上受徐森玉的指导，在古籍采购、编目、鉴定等业务方面受教良多。30 年代的北图汇聚了一批优秀青年学者，同为清华国学研究院毕业的谢国桢、刘节、王庸先后在此供职，还有王重民、孙楷第、向达、贺昌群、谭其骧等人，后来皆成为学有独造之名家，可谓俊彦汇集，极一时之选，共同营造了浓厚的学术研究氛围。北图善本资源极丰，赵万里长期浸淫于宋元旧椠、名钞精校之中，积累了宝贵的经验。在这对做学问极为有利的条件和环境中，赵万里的学术造诣进一步提升，取得了丰硕的成果。

从 23 岁进入北图，直至去世，50 余年的图书馆生涯中，赵万里一直将北图善本部的建设视作本职工作，将采购、整理和守护古籍作为毕生事业，即使是在战事频仍的纷乱岁月中，仍孜孜矻矻，从未中断。二三十年代，私家藏书业难以继守，大多流散变卖，古籍交易市场十

---

[1]　赵万里：《王静安先生手校手批书目》，《国学论丛》第一卷第三号，第 197 页。

分活跃，引发了购书的热潮。在图书馆经费的支持下，赵万里南北奔走，为北图购回许多珍稀善本，大大充实了库藏。据不完全统计，自他入职到1933年编写《北平图书馆善本书目》时，采入的古籍善本至少有一千多部。对于他这一时期的采书之功，傅增湘曾在《书目》的序文中大加褒扬曰：

> 袁君守和以专门名家，久领馆政，任是伊始，即延赵君斐云专任征访纂校之职。赵君夙通流略，允擅鉴裁，陈农之使，斯为妙选。频年奔走，苦索冥搜，南泛茗船，北游厂肆，奋其勇锐，撷取精英。且能别启恒蹊，自抒独见，于方志、禁书、词曲三者，搜采尤勤。①

除方志、禁书、词曲三种外，数十册《永乐大典》及300余种明刊明人别集也是这一时期采入的大宗精品。抗战爆发后，馆长袁同礼率部分人员南迁昆明，赵万里留守北平主持工作。战时许多沦陷区的藏书家为逃避战祸、维持生计，将大量藏书纷纷散出，日寇趁机大肆劫掠搜刮，将大批善本运往日本。为保护古籍文物免遭掠夺损毁，郑振铎、张元济等在上海成立了"文献保存同志会"，秘密搜购、收藏古籍善本。赵万里在北平积极支持响应，为"同志会"抢购北方市场的善本，如1940年5月购得元刊《乐府诗集》等3种，7月又购得元刊《中庸集解》等6种善本，寄往上海。郑振铎书信中曾反复提及"赵万里先生昨来一函，可见其为我们得书之苦辛"，"赵先生为我们尽力极多"② 等语。同时，他每年皆赴上海，参与沪上的文献抢救，在此

---

① 傅增湘：《〈北平图书馆善本书目〉序》，引自《旧京书影·北平图书馆善本书目》，人民文学出版社，2011年，第781—782页。

② 刘哲民、陈政文编：《抢救祖国文献的珍贵记录——郑振铎先生书信集》，学林出版社，1992年，第89、116页。

期间也为北图收购了不少善本。其中最值一提的是在郑振铎的帮助下，购得了赵琦美抄校的《古今杂剧》200余种。1946年，经赵万里奔走商洽，为北图购得天津"存海学社"[①] 收集的海源阁旧藏善本92种，内中包括著名的宋版前四史。对此朱自清曾致信表彰曰："兄多年来搜访珍籍，全力以赴。保存文化，厥功至伟！海源阁宋元本一事，尤其著者。佩甚佩甚！"[②] 1949年北平解放前夕，南京国民政府派专员赴北平，策划将北平文物古籍南迁。馆长袁同礼决定将北图数百箱善本佳椠运送台湾。赵万里为保护北图善本不被流失，积极奔走呼吁，争取各界人士支持，并根据郑振铎先生的建议，采取拖延的办法，与当局周旋抵抗。同时知会上海办事处，让他们注意保存北图存于沪上的善本。由于多方面的协作支持，使得北图的古籍完整地保存了下来。新中国成立后，在国家鼓励收购和捐献古籍文物的政策号召下，他先后受文化部派遣，先后购得瞿氏铁琴铜剑楼、陈清华郇斋之珍藏等，鼓励劝说海宁蒋氏向北图捐献了衍芬草堂、西涧草堂所藏宋元善本，又接手经办了周叔弢、傅增湘、翁之熹、潘世兹等人的捐赠，使得大量善本荟萃于一地。至60年代，北图的善本藏量在全国独占鳌头，达到了现存善本总量的百分之八十，质量更是精选上乘、无与伦比，成为首屈一指的书林与学海。对于赵万里多年的搜访之功，周叔弢曾有精当的总结：

> 斐云版本目录之学，既博且精，当代一人，当之无愧。吾独重视斐云关于北京图书馆善本书库之建立和发展，厥功甚伟。库

---

① 1927年，杨敬夫为筹措资金，将海源阁藏书中92种善本抵押给天津盐业银行。1931年到期后无力赎回，藏书面临被拍卖的风险。天津文化界人士潘朗、张廷谔、王绍贤等为此成立了"存海学社"，筹集8万元购入这批藏书并妥善保管。

② 朱自清：《致赵万里》，《朱自清全集》第11卷，江苏教育出版社，1990年，第169页。

中之书，绝大部分是斐云亲自采访和采集，可以说无斐云即无北京（图书馆）善本书库，不为过誉。斐云在地下室中，一桌一椅未移寸步，数十年如一日，忠于书库，真不可及。[1]

然而，赵万里费尽心力为北图采书，尤其是解放后的大力收购和规劝捐献之举，在当时乃至今天仍有所非议，主要是认为其行事过硬，对藏书家有所不公[2]。诚然，在解放初的捐献热潮中，藏书家的捐赠未必全是出于自愿，不乏有迫于形势、疏财避祸的心态，这是特殊环境下的无奈之举。若从文物市场经济的角度考虑，当时有的收购价格确会令藏书家蒙受损失。但是，就古籍流传和保护来看，清末以来，私家藏书走向没落，藏书世家大多无力支撑规模巨大的藏书事业，再加上天灾兵祸，使得藏书纷纷流散，海源阁被盗匪所蹢，皕宋楼尽归日人之手。劫余之书，基本都辗转流入了公立图书馆，变私藏为公藏，这是历史大势所趋。即使有一二勉力守护者，在书籍管理、保护上也经营乏术。30 年代，赵万里登天一阁时就发现阁中书帙零乱、潮湿霉烂、鼠啮虫穿等现象非常严重。且书籍与其他文物古董不同，其价值重在所承载的内容，历史性、资料性远超艺术性，作为私藏品束之高阁，秘不示人，不能得到有效的利用，反而湮没其价值。傅增湘一生以藏书为业，晚年终悟"信知私家之守，不敌公库之藏"，为使"今日矜为帐秘者，他日不委之覆瓿"[3]，毅然决定将藏书和手校本皆捐献公家。因此，赵万里的搜书购书或有不近人情之处，但是一心为公，一心为书，唯愿古籍能够得到妥善的收藏和保护，无疑是更值得肯定

① 周叔弢：《弢翁遗札·致黄裳》，引自《中国历史文献研究（一）》，华中师范大学出版社，1986 年，第 22 页。

② 参见陈麦青：《赵万里：一生为书》，《东方早报》2013 年 6 月 2 日。

③ 傅增湘：《藏书群书题记·双鉴楼藏书续记序》，上海古籍出版社，1989 年，第 1085 页。

的。他的见识已深谙私藏非古籍管理之道，他的襟抱也超越了学者个人对书籍的钟爱，而表现为一种守护传统文化事业的人文主义关怀。此后不久"文革"爆发，古籍遭到了前所未有的践踏和损毁，若非藏于大型公立图书馆，这些珍稀善本定是难逃灭顶之灾，那将造成书籍史上无法估量的厄难。念及于此，不能不感佩赵万里的良苦用心。

古籍编目是图书馆的一项基础性工作，同时也极具专业性、学术性。北图历史上共有三次大型的古籍编目，前两次都主要是由赵万里完成的。自 1909 年学部图书馆（北平图书馆的前身）成立以来，最初 20 年中虽然组织过几次善本编目，但所编书目大多非常粗略，只有张宗祥《京师图书馆善本书目》稿本记载较详，但此本并未公开刊行，只有稿本供内部人员使用。直至 30 年代，北平图书馆尚无一部较为完整、便于学者参考利用的书目。且 1929 年并入北海图书馆之后，新增许多善本，期间又陆续购入不少，馆藏善本的情况发生了很大变化，于是亟须重新编撰一部适用的善本书目。时任善本考订组组长的赵万里独立承担了这一任务，他一面进行善本的清点、补配、甄别、归类等整理工作，一面着手将整理好的善本著录编目，历时半年完工，于 1933 年编成付样。此本《北平图书馆善本书目》著录的是该馆善本甲库所藏的善本情况，共收宋元明刊本及精校、名钞、稿本 3796 种[1]。该目收录完备，著录详明，是"首次给学部图书馆以来收藏的善本书作了精细准确的明细清单，在图书馆收藏的历史上具有划时代的意义"[2]。建国初十年间，北图接收了大量私家藏书，善本存量激增，赵

---

[1] 1931 年北平图书馆北海新馆建成后，将善本分藏于甲乙两库，甲库藏宋元明刻本抄本及名贤手校手抄本，乙库收藏清人著述。

[2] 人民文学出版社编辑部：《〈旧京书影·北平图书馆善本书目〉出版说明》，《旧京书影·北平图书馆善本书目》，第 10 页。

万里于 1959 年主持编写了新的《北京图书馆善本书目》，著录建国后新增入的善本书 11000 多种。此本书目亦对书名、作者、册数、书号、版本情况等信息著录具体详细，核实准确，便于查阅检索，清晰地反映了北图善本收藏的阶段性发展情况。同时，为了提高馆内外古籍工作者的业务水平，赵万里自 1955 年起在馆内开展目录学系列讲座，持续了十余年，系统讲完了史部目录学和集部目录学，至"文革"起才被迫中止。

由于古籍的材质由有机物构成，容易腐坏，也常遭虫蚁噬蠹、水火侵蚀，不少传世的古籍都有不同程度的损坏，需要专业的修复。赵万里十分重视对古籍的修复，对所领导的修复工作尽心竭力。1949年，在关于修复《赵城金藏》的座谈会上，他明确提出了古籍修复需"整旧如旧"，即修复过程中应尽量保持古籍原貌，使其资料价值与文物价值不受损失，同时尽可能长久地保存下去。"整旧如旧"后来成为古籍修复中的一项基本原则。以此项原则为指导，不仅《赵城金藏》的修复获得了极大的成功，近年北图在大规模修复敦煌遗书、《永乐大典》上也取得了重要成绩，"整旧如旧"的技术理论探索也在不断进步。赵万里还经常亲理其事，每次去琉璃厂买书都留意购买适合补配的旧纸，去南方出差总是要带回适宜装书的粗细不一的上等丝线，正如他所说："只要对书有好处，我什么都愿意做。"[1] 他还曾说："我一日不死，必使库中之书不受委屈，我死则不遑计及也。"[2] 其爱书之笃，丝毫不亚于访书之勤。古籍修复是一项对专业、技术要求较高的复杂作业，需要经过专门训练的工作人员。新中国成立后，由于古旧书业的衰落，传统装裱、修复技艺日益凋零，面临后继无人的局面。

---

① 参考冀淑英：《忆念赵万里先生》，《文献》1982 年 2 期，第 155 页。

② 周叔弢：《弢翁遗札·致黄裳》，《中国历史文献研究（一）》，第 22 页。

为培养修复人才，赵万里不仅从民间请来装裱高手为北图工作，还和徐森玉在第三届人民代表大会上提议，建议举办古籍装修培训班。这项提议后被落实，北图举办了两届培训班，至"文革"爆发后停办。

赵万里为北图贡献一生，与书相伴，也以书为媒，与各界人士展开交流与合作。在与赵万里往来的书信中，绝大部分是关于借书、抄书、读书、购书、评书的内容，交往者有学者、文化名人、藏书家、书商等等。其中郑振铎是与他过从甚密、交情最深的朋友之一。二人皆年轻有为，二三十岁即在学界、书界崭露头角，甚得时人推许，有"郑龙赵虎"之并称。交往30年间，他们在购书、编书、印书、抢救国家文献上通力合作，在学术研究上互相琢磨砥砺，成为学界的一段佳话。郑振铎去世后，藏书捐赠国家，由文化部转交北图收藏，北图成立了"西谛专藏"。《西谛书目》出版之际，赵万里被推举为撰写序言的不二人选。因图书馆工作之便，赵万里常应人之请，代为查阅、抄写文献资料，或为他人阅读古籍提供协助。如吴晗为研究建州史和中朝关系，曾在1932年和1959年两次通过赵万里向北图借抄珍稀善本《李朝实录》，不论其身份是一名普通学生还是北京市长，他都鼎力相助，给予方便。

赵万里在工作上勤勉奋进，精力过人，除任职于北图外，还在多所重要的学术机构兼职。自1928年起，他先后在北京大学、清华大学、辅仁大学、中法大学、中国大学等校任教，历任讲师、副教授、教授，开设了中国史料目录学、目录学、校勘学、版本学、金石学、宋史史料目录学、图书馆学、中国版本史、中国戏曲史、中国俗文学史、词史等课程。赵万里最初在北大史学系授课，年仅24岁，却是年轻教师中出类拔萃者。他开设的中国史料目录学课程，非常受学生欢迎。他学识丰富，博闻强记，讲课生动，富有感染力和启发性，给学生留下了深刻的印象，多年后回想起来还有记忆如新的描述：

> 赵万里先生的"中国史料目录学"，虽然只是史学入门的课程，但他将几千年来中国历史史料的来源、内容、演变、分散情形、重现经过、可靠性等等……原原本本、一五一十的介绍给这班青年史学家。也不知道他怎么对于史料这样熟，真所谓"如数家珍"。就凭这一课，就使人不能不羡慕北大史学生的幸福。[①]

> 其读书之广、识断之精、记忆之强，令人惊叹。上课不带片纸，各种珍本、善本的特点，刊刻年代、内容均烂熟于胸。娓娓而谈，均有来历。课堂上有问必答，略无迟滞。据说他幼年时走过几遍街道，就能把两旁商店招牌暗记背诵出来。[②]

许多著名学者如柳存仁、吴相湘、吴晗、邓广铭、张守常等都曾在赵万里的课上深受启发，有的还得到了赵万里的直接指导。如邓广铭在 1938 年进行辛弃疾的课题研究时，赵万里就是他的指导老师[③]，对他在史料整理和研究上有许多指导和帮助。邓广铭在《辛稼轩诗文钞存》的"弁言"中写道："凡此校辑工作，所得赵斐云万里先生之指教及协助极多。"[④] 他在辅仁大学的学生冀淑英，后就职北图古籍部，在工作中又得到了赵万里的言传身教，成为目录版本学专家。

自 1929 年起，赵万里还兼任中央研究院历史语言研究所特约研究

---

① 朱海涛：《北大与北大人：课程与图书》，引自陈平原、夏晓虹编：《北大旧事》，北京大学出版社，2009 年，第 376 页。

② 戴逸：《初进北大》，引自北京大学校友会编：《北大岁月：1946—1949 的回忆》，北京大学出版社，2013 年，第 35 页。

③ 该项课题"研究指导人"一栏原来填的是胡适和姚从吾，但"七七事变"后胡适赴美，姚从吾南迁昆明，故 1938 年邓广铭在申请延长一年研究期限之时，将"研究指导人"改成了赵万里。参考刘浦江：《邓广铭与二十世纪宋代史学》，《历史研究》1999 年 5 期，第 118 页。

④ 邓广铭：《辛稼轩诗文钞存》，古典文学出版社，1957 年，第 2 页。

员、编辑员，负责校释《广韵》，此项工作后来由周祖谟完成，他改为通讯研究员、编辑员。他的两部金石学著作《汉魏六朝冢墓遗文图录》《汉魏南北朝墓志集释》皆是由中央研究院史语所出版。同年又兼任故宫博物院图书馆和文献馆专门委员，至1949年结束。1927年，赵万里应吴宓之邀，与浦江清、张荫麟、王庸一起担任天津《大公报·文学副刊》编辑，1933年又任《大公报·图书副刊》编辑，至1949年结束。自1928年起，他还一直担任《国立北平图书馆馆刊》主编。编辑工作除负责组稿外，还承担撰稿任务，他经常在这两种刊物上发表文章，多为古书题识和书评。他任职的这些机构，都是负有盛名的学术文化重地，可见他一直活跃在学界的中心，研究和工作能力为学界所公认。

赵万里不仅是一位学者，也是一位传统的文人雅士。他风度翩翩、神采奕奕，且舌灿莲花、谈吐不凡。朱自清曾作诗赞曰："听子一神王，滔滔舌有澜。访书夸秘帙，经眼数精刊。历落盘珠走，沉吟坐客看。盛年飞动意，不觉夜将阑。"[1] 他自幼勤练书法，字迹颇受称道。雅好观剧听戏，常与家人、朋友一起去剧场观看演出，到南方出差也常观赏、考察地方戏。他喜爱草木，中学时制作的植物标本曾在校中展览。在京所居四合院中的园艺经他打理，佳木繁荫，四时鲜花绽放。他在大学时随吴梅学习填词，在旧体词创作上也有所得，偶尔作词遣怀或与人唱和，留下了不少词作，他自己誊抄、编定为《斐云词录》一卷。谢国桢曾称："他不但长于考据之学，而填一两首小词，也洒洒有致，翩翩然有江左徐庾风流的才华，而谨严过之。"[2] 今观其词作，讲究用词炼句，以求合音韵、中法度，词中多感伤抒怀之语，风格婉

---

① 朱自清：《赠斐云》，《朱自清全集》第5卷，江苏教育出版社，1990年，第183页。

② 谢国桢：《怀念版本学家赵万里先生》，《文献》1982年2期，第148页。

约，小令长调既有秦淮海之缠绵凄冷，又有周清真之清丽雅致，堪为词家当行。兹录《鹧鸪天·癸亥春感》二首如下：

暂藉花阴作翠屏，未须金弹打流莺。那知雪夜琼宫里，已有霜天晓角声。风悄悄，雨泠泠，洞箫零乱可曾听。绝怜衾冷阑干热，春占纱窗第几棂。

未负灯华划地寒，梦回翠羽说春残。尊前还有飘裙路，袖底终无息影阑。明镜里，两眉弯，红桑不许度屏山。餐霞休问人间世，到处斜阳作意难。

然而，这样一位工作勤谨、在学术事业上颇具声望的学者，一位富有风雅气息的文人，遭遇"文革"，自是难逃厄运。1966年"文革"初起之时，赵万里就被冠以种种"莫须有"的罪名，遭到无情的迫害。残酷的批斗和人身攻击严重损害了他的健康，使他一病不起，瘫痪在床，行动和语言能力丧失殆尽。此时，他才刚过六旬，正是事业走向高峰可期登顶，学术成熟可臻化境之时。他眼看古籍善本大多已收归公藏，认为编著全国性古籍总目的时机来临，正在酝酿这一宏大计划；他开始总结多年文献整理、研究心得，着手系统撰写《中国版本学》《中国目录学》；他以为自己身体康健，尚不急于搜集过去的文章，编写文集……而当这场空前的浩劫席卷而来，一切计划皆化作尘埃，灰飞烟灭，学术生涯戛然而止。困守病榻十年后，他等来了平反的日子，"文革"时强加的各项罪名全部撤销，恢复了在政治和学术上的名誉。他欲再重拾书笔，却已力不从心，那已是近黄昏的生命，再无夕阳无限好的光景。

二、赵万里之学术研究

赵万里天资聪颖，博闻强记，得从名校名师，又就职于学术重镇，在学问研究上起点既高，成名亦早。20多岁已声名在外，为学界所推重，"洵为后来之英秀"①。他一生勤于治学，笔耕不辍，学术成果十分丰硕。据笔者初步统计，他出版了《校辑宋金元人词》《汉魏南北朝墓志集释》《汉魏六朝墓志图录》《中国版刻图录》《北平图书馆善本书目》《元一统志》等古籍整理著作6部，发表论文（含书评）60余篇，撰写序跋提要800余篇，辑佚古籍200余种，编写教学讲义10余种。青年时代是他的学术高产期，许多重要著述在30年代就已完成。战争年月为图书事业奔波，学术研究上略有迟滞。新中国成立后又继续投入研究，厚积薄发，再创佳绩。赵万里治学审慎严谨，一丝不苟，撰述文章往往经过再三修订方予以发表，如《校辑宋金元人词》前后易稿三四次而成，《汉魏南北朝墓志集释》经过20年不断补充修正才出版，故其著述的细致性与精确性都达到了相当高的水准。他早年涉猎的学术范围十分广泛，后来逐渐集中于文献学，在版本、目录、辑佚、校勘、金石、词曲等方面皆有不凡的贡献。

（一）版本目录学

赵万里在版本目录学界最具声望，被誉为近代版本目录学第一人②。古籍版本鉴定、目录编写都有很强的实践性，过眼、经手的经验十分重要。北图善本资源极丰，赵万里数十年的工作、研究皆围绕善本展开，可能是近百年来经眼善本最多的人，眼力、见闻都罕有能及者。且他长期开设版本学、目录学的课程，不断将经验转化为系统的理论知识，沉淀积累之后，再运用到版本考订、编目的工作中，故能

---

① 语出傅增湘致张元济之信函，引自《张元济傅增湘论书尺牍》，商务印书馆，1983年，第237页。

② 如前引周叔弢语。

成就卓著，享有殊誉。虽然现代学科分类中已将版本学、目录学作为两个学科，前者研究图书的版本特征、源流和鉴定方法等，后者研究图书分类编目，以部次群籍、揭示文献信息为主。但古代的版本学、目录学是交叉重合的，在传统学术中几乎是合二为一，古籍版本学的成果多数体现在目录著作中，而目录提要的一项重要内容就是反映版本情况，故以往版本学是作为目录学的分支存在，有专门的"版本目录学"。赵万里对于古籍版本、目录的研究，与张元济、余嘉锡等人以专著的方式进行系统的学理论述不同，在内容、形式上都是偏向传统的，即不重理论阐述和学术史研究，而是以编目的形式，考证古籍的刊刻年代、版本特征、源流，以撰写提要的方式揭示古籍文献信息，与传统的"版本目录学"较为接近。因此学界一般笼统称他为版本目录学家，本文也将其版本学、目录学之成就合而论之。

赵万里在版本目录学方面的著述极多，其中在版本学上成就最为突出的是1960年主编的《中国版刻图录》（下文简称《图录》）。这是一部以影印善本书叶为主，配合文字解说的大型综合版本目录。古籍版本鉴定、研究需要查验善本，观其原貌，但善本往往珍藏于不同的机构，管理严密，难以得窥真面目，而据图录则可以了解古籍原貌之大概，正可弥补不能目验真本之缺憾。故自19世纪末石印技术传入之后，善本图录就时有推出。早期的善本图录多限于一时一地，如民国时瞿启甲所编《铁琴铜剑楼藏宋金元本书影》，顾廷龙、潘承弼所编《明代版刻图录初编》等。时至60年代，基于古籍善本多已收归公藏这一历史条件，赵万里等人得以突破前人局限，在全国范围遴选善本，编著这部具有集大成性质的通代善本图录。《图录》共八册，第一册为解说，有序文和目录，每本书目后有一则提要，后七册为书影图像，共选雕版刻本460种，活字刻本40种，版画50种。在版本选择上，最大的特点就是既博且精。《图录》所选版刻十分系统全面，时间上从唐代跨至清代，其中将大量清刻善本纳入古籍图录中尚属首次，这打破了过去版本鉴定中以古为善的陈见，对于增强学界对清代版刻的重视，扩大版本学的研究范围有积极意义。地域上不仅重视浙、闽、蜀等刻书业发达的中心地区，对于苏、皖、赣、鄂、湘等地的善本亦有所兼顾。就版刻机构而言，无论官刻、家刻、坊刻皆有选取。在版刻工艺方面，囊括了单色印版、双色套印以及彩色印版等。排列上按雕版、活字版和版画分为三种类型，每类各成体系，皆按时代先后排列，同一时代则按地域归类，这样编排充分展现了不同地域之间版式风格的差异，以及同一地域的版刻风格在不同时代的沿袭变化。《图录》所选皆是古代版刻善本中的精品，在时代、地域、工艺特征方面皆具代表性。所选善本多数为北图所藏，若北图藏品有不尽善之处，则从上海图书馆、南京图书馆、辽宁省图书馆、北京大学图书馆、宁波范氏天一阁等机构选借佳本。其中最突出的如南宋刻《唐女郎鱼玄机诗》，是临安府北睦亲坊南陈宅书籍铺所刊。宋代刻书业发达，多质量上乘的精良之作，各地之中以杭本为上，而杭州坊间以陈氏书铺名气最著，且此书保持了蝴蝶装，历经无数学者名家递藏，实属刻版中的极品。又如版画中所选的《十竹斋笺谱》，是彩印中饾版和拱花技术达到顶峰的典范之作。择选之精，以致后来往往将入选《图录》作为判断刻版质量高下的标准之一。这本集善本佳刻为一体的《图录》本身制作也十分精良，采用珂罗版，印刷精美，并以线装的形式装帧，具有古籍风貌。

《图录》在版本鉴定上也有突破性的成就。第一册书目提要部分，清晰地记载了每部书的作者、刊刻年代、版式、避讳、序跋等版本特征，并对版本源流进行考订，文字大多出自赵万里之手，用语精练、描述贴切。对于前人著录模糊不清，或是存有争议之处，基本都做了明晰的判断，一些错误失实之处也得到了厘正。如论所选《汉书注》为北宋后期所刻而非景祐监本，《册府元龟》为南宋眉山坊刻而非北宋官刻，相台岳氏九经三传的编刻者为岳浚而非岳珂等，皆对版本学史上由来已久的错误进行了廓清。尽管学界对《图录》中的版本鉴定仍有些许争议，但基本都切实可信，成为后人鉴定古书版本的权威依据，为许多版本研究著述所引证。《图录》一书系统地反映了中国古代版刻发展历程，所选书影极具全面性、多样性、代表性，且有精湛的版本鉴定提要，代表了当时版本目录学的最高水平，成为版本目录学所必备的参考书。

1933 年所编《北平图书馆善本书目》，不仅在北图善本目录史上具有划时代的意义，而且在古籍编目、版本鉴定上颇具价值。该目体例完善、条理清晰，采用四部分类，详细著录了书名（包括丛书子目书名）、卷数、撰注者、版本、存佚情况及批校题跋者姓名，全面反映了善本的基本信息。编目之前，赵万里已完成了对馆藏善本的合并、补配，之后没有再进行大的调整，故而该书目准确地反映了馆藏善本的情况，读者据此可将北图善本的基本信息尽数知悉，便于查阅、利用，具有极高的实用价值。由于馆藏善本数量空前丰富，为鉴定版本提供了比勘互证的条件，且赵万里在鉴别版本时采用了审慎的态度和科学的方法，提出"一二人之意见不足凭，必就正于专门名家，或检得客观之条件，始敢写定"①。使这本目录避免了以往版本鉴定中常见的主观误断，修正了不少之前著录的错误，更为准确可靠。因其著录详明，考订精准，这本目录也成为了之后各家图书馆编纂善本书目所参考的典范。此外，在此书目编成一年后，由于日本入侵，华北局势

---

① 《本馆善本书目新旧二目异同表》，《旧京书影·北平图书馆善本书目》，第 913 页。

紧张，馆方决定将甲库所藏善本书运往上海。之后抗战全面爆发，为了分散风险，在馆长袁同礼主持下，将其中部分珍品运送至美国国会图书馆寄存，运送过程中几经艰险，历时大半年方毕其役。战后存于上海的藏书陆续回归北图，而寄存美国国会图书馆的藏书则在 60 年代交给了台北"中央图书馆"。随着国事动荡，这批藏书经历了 30 余年的流离辗转，可谓是书籍文化史上一起富有传奇色彩的事件。有关这批藏书的下落和流转过程，一直受到大陆、台湾两地学者关注，引发了不少质疑和讨论。在相关的研究中，作为甲库藏本清单的编目自然成为不可或缺的材料依据，故而这本目录还具有特殊的史料价值。

除了编目外，赵万里还撰写了大量的古籍提要，集中在史部和集部。这些提要有的较为简略，仅记作者、序跋、版本特征等基本信息，如诸种"经眼录"多是如此。但大部分内容翔实、考证精辟，不仅对古籍形式特征详加著录、考订，对内容之优劣得失、学术价值之高下也有精到的评价，如《中国史料目录学讲义》《清代史学书录》中诸篇提要皆是典型之例。总的来看，所写提要最为突出的特色还是在于对版本源流、异文校补极为重视，考订尤为细密。如《馆藏善本书提要》之"《刘随州文集》提要"，不仅将文集版本之来龙去脉一一梳理清楚，还将现存两个版本进行比勘，列出异文百余条；又如"《封氏见闻录》提要"中比较众版本之优劣，并附录"校补"内容数百条。

赵万里所写提要中最引人注目的当属《续修四库全书总目提要》中有关明人别集的提要（以下简称《明集提要》）。30 年代，赵万里参与编修《续修四库全书总目提要》的工程，除前述王国维著作提要外，主要撰写了大量明人别集提要，共计 294 篇。数百种明刊明人别集善本，原本就是北图善本藏书的一大特色。赵万里于 1930 年发表的《馆藏善本书志》中，已对 60 种明人别集作了简短的介绍，故而他对明人别集的情况是了然于胸的。较之《馆藏善本书志》,《明集提要》有了大幅的扩充和提升,内容丰赡、翔实,除了卷数、序跋、作者生平、内容构成等基本信息,还涉及成书经过、版本考辨、诗文论赏、人物评骘等等。写法上不拘一格,各有详略侧重,大体是就作者或其作品有突出可书之处加以浓墨重彩,或就前人提要中未为详尽之处进行生发。有的详于版本,如《阳明先生别录》之提要,梳理了王阳明文章的各个集本的成书、刊刻时间以及内容沿袭变化,以揭示此本《别录》特殊的版本价值,认为《别录》虽收录不全,但属最先刊行的选集本,校勘精良,脱讹较少,文字上较《阳明先生全书》为优。有的详于文学评论,如《华阳稿》之提要。《华阳稿》作者王廷相,是明代诗文复古派的代表,"前七子"之一。复古派的诗文风格历来褒贬不一,是明代文学研究的一个焦点,故赵万里着重就《华阳稿》所收诗文论述其优劣所在和前人评论之是非。有的详于作者生平事迹,如刘玉《执圭集》之提要。刘玉不以诗文见长,而以风节品行著称于正嘉之际,故详述其抚恤百姓、弹劾奸佞、整顿世风的政绩,进而论及其诗文亦具有切实、矫健之风。

《明集提要》在版本、目录问题的考订上也有不少独到、精辟之处。如刘璟《易斋稿》,书中并无序跋题识等提供版本线索,赵万里一经过目,便知此本与明初所刊其父刘基《覆瓿集》、《写情集》、《翊运录》,其兄刘琏《自怡集》的版式相同,再据《古今书刻》所载判断为永宣间处州府刻本。又如《剿事汗语》一书,无题名无序跋,亦不见载于其他文献,难断其作者何人。赵万里通过细读书中文章,知作者名字中有"泰"字,且镇守辽阳,再查得熊廷弼《抚辽疏稿》中有"急救辽阳疏"一文,引辽阳道阎鸣泰来帖,与《剿事汗语》所述之事正合,于是考得此书即为阎鸣泰所作。他阅书之丰、审读之细、辨析之精，读来皆之令人叹服。同时，提要中的诗文评论也颇为出色。赵万里所论在一定程度上吸纳了《四库全书总目》《列朝诗集小传》《明诗综》《明文海》等前代目录或诗文总集提要中所载的评论内容，又无四库馆臣的门户之见，以及钱谦益等人因诗学立场而带有的主观好恶，所论基本中肯持平。文集序跋中往往有溢美浮夸之辞，他多能根据诗文之水平作出适当的辨正。如论辽王朱宪㸅之诗文，云："徐学谟《海隅集》序其《庚申稿》，有'逸世命才，蕴藉今古，对客挥毫，一伸纸即千数百言'语，所道未免失实。宪㸅之诗平淡庸俗，文亦蹉驳无一是处，然在明季人中固不失为傲才使气者矣。"① 对于前人褒贬不一的评论，他亦就自己的经验做出折中的判断。如论曾棨之诗，云："棨所作诗以七言古诗最胜，如《望岳歌》《铜爵瓦砚歌》……皆雄放清丽，自成标格，宜乎为于肃愍、杨贞公所倾倒也。陈卧子评之曰：'学士诗如南金在握，未入丹鼎；又如金羁玉勒，微有蹄啮之处。'未免过伤刻薄，转不如郑瑗《井观琐言》谓其佳处不减昆体之为愈矣。"② 且他能坚持独立的文学批评立场，不因人废言，对严嵩、阮大铖之诗赞誉有加，尤其推崇阮大铖诗，云：

> 大铖机敏奸猾，其人格无足称，独工于诗，开五百年未有之局。所谓孔雀有毒，文采斐然，固未可一概而论也。乃其诗不登于《明史·艺文志》，钱谦益与大铖有私谊，仅录其诗七首，均非其绝作，朱彝尊《明诗综》不载大铖名氏，附论于李忠毅诗曰："金壬反复，真同鬼蜮，虽有《咏怀堂诗》，吾不屑录之。"以故其集公私藏书目录罕著于录。然就其诗艺论之，大铖要亦人

① 《续修四库全书总目提要稿本》第四册，齐鲁书社，1996年，第794页。
② 《续修四库全书总目提要稿本》第四册，第800页。

杰矣。①

在知人论世的中国古代文论思想影响下，阮大铖之诗受其人品连累，自是难以得到赏识的，以致《列朝诗集》《明诗综》等总集中不免有遗珠之憾。相较之下，赵万里以诗论诗，无疑是秉持了客观、持平的态度。这也是继陈三立、胡先骕等人之后，率先为阮大铖诗歌翻案言论之一。除了持论公允，赵万里还对别集中的诗或文进行对比，区分轩轾，披沙拣金，选出名篇佳句并指明妙处之所在，这种对名篇佳句的赏析对于明代诗文经典的择选亦有所裨益，也是《明集提要》在诗文评论上的长处之一。此外，《明集提要》中还偶尔可见赵万里的感发抒怀之言，主要是对明末志士忠烈节义的慨叹。如《江止庵遗集》提要中，感江天一的严气正性，云："读其文如见其人，诚足以励末俗而风百世矣。"②《夏节愍全集》提要中，哀夏完淳年少捐躯，云："呜呼！当断续之交，丁无妄之世，怀申胥之志，赋汩罗之文。生为才人，死作雄鬼。百世之下，读其歌章，亦可哀其遇。"③皆可见赵万里将自身情感投射文中，使得提要亦沾染了个性化、感性化的色彩。由于《续修四库全书总目提要》是由日本人建立的学术机构"人文科学研究所"主持，当时正值日本加紧侵华之际，故笔者揣测，赵万里的感叹中或许含有复杂的隐曲。要之，《明集提要》不仅可作为了解明代别集之门径，对研究明代诗文的艺术成就、风格流派、文学地位等亦有重要的参考价值。

此外，赵万里还写有不少有关版本、目录的文章，对相关问题作了专门论述。如《中国印本书籍发展简史》《从简牍文化到雕版文化》

---

① 《续修四库全书总目提要稿本》第二十五册，第132—133页。
② 《续修四库全书总目提要稿本》第二十五册，第165页。
③ 《续修四库全书总目提要稿本》第二十五册，第321页。

《古代的版刻》等文章，都集中论述了古籍制作方式的源流演变，对写本、雕版、活字本、拓印本、插图本、石印本皆有论及，文章并非简单的铺叙，而是吸收了他多年的研究所得，作了深入浅出的分析。《两宋诸史监本存佚考》一文，对北宋国子监所刊诸史版本的流传、分化和演变作了十分精细的考证，有不少新的创见。在相关课程的讲义目录、提纲中，也有一些有关版本学、目录学理论建设上的意见。如提出版本研究应重视写本时代、清代刻本，还将近代名人手稿视作新善本，都是对以往版本学研究范围的拓展；在目录学研究上分史料目录学、实用目录学，对《四库全书总目》的史部分类提出异议等。可惜课程讲义仅有极小部分保存下来，而赵万里计划系统撰写的《中国版本学》《中国目录学》亦未能成书，使他未能对一生的版本目录研究进行理论总结，从而不能清楚地呈现出他从传统版本目录学向现代版本学、目录学转向的轨迹，实在是一大憾事。

（二）古籍校辑

所谓校辑，指校勘与辑佚，二者在古籍整理中密切关联，实不可分，辑佚内容需经过仔细校勘以辨别材料之真伪、异文之是非，校勘过程中也常需要搜集佚文。赵万里在校辑古籍方面亦有不菲的成就，不仅成果众多，且所辑之书搜罗完备、考订精审，多为辑本中的善本。

赵万里校辑古籍的重要对象是《永乐大典》。《永乐大典》规模宏大，所采之书不少亡佚于明清之际，向来被奉为辑佚之渊薮。然几经兵火盗窃，《永乐大典》也不断散佚，至民国时所剩已不及原书之十一，劫余之书大多陆续归藏北图。赵万里入馆伊始，便开始着手从《永乐大典》中辑佚新的材料。1929 年，《北平图书馆月刊》创"《永乐大典》专号"，他先后发表了多种辑佚成果，如《周美成佚诗》

《〈渑水燕谈录〉佚文辑补》及多种宋金元人佚词等。又鉴于缪荃孙《〈永乐大典〉考》附录之佚书目有所缺失，他编纂了《〈永乐大典〉内辑出之佚书目》，以表格形式统计四库馆臣及以后诸家所辑，共得校辑之书500余种，校补之书30种。表中将前人所辑之书名、校辑者、版刻情况一一著录，并设"杂记"一栏说明相关的版本、校补信息，可谓是对此前《永乐大典》辑佚情况一次全面的总结。表格前还有一篇弁语，论述了前人辑佚《永乐大典》之成绩与不足，并提出了辑佚内容上可继续开拓之处，以及注意甄别真伪的辑佚方法，为之后展开的系统辑佚作了理论准备。30年代中期，北图善本部在清点核对《文津阁四库全书》时，发现《四库全书》中部分《永乐大典》辑本与现存的《永乐大典》内容有出入，于是将重新辑佚《永乐大典》列入计划。这项工作由赵万里负责领导，陈恩惠及其他组员负责核对、抄写佚文，最后再由赵万里将佚文确定下来。前后进行了6年时间，新辑佚书200余种，这是继四库馆臣之后再次将辑佚《永乐大典》的工程作了极大的推进。可惜这批辑佚之书至今大多尚未面世。赵万里生前，曾花20余年时间将所辑《元一统志》陆续增补修订，于1966年出版。

《元一统志》是元至元二十二年（1285）至大德年间官方修纂的一部地理总志，凡一千三百卷，元至正六年（1346）付梓刻板。此书在明朝即已散佚，传世仅数十卷残本。《元一统志》中征引了大量元以前的方志、图经和文集等，对研究元代及之前的历史地理具有极高的史料价值，故而此书的散佚是方舆文献的重大损失。赵万里所辑《元一统志》，是在内阁大库所出元刊本、常熟瞿氏抄本、吴县袁氏抄本等残卷基础上，以《永乐大典》中所引为主，再结合其他相关材料，汇辑成十卷本，在辑佚数量与质量上皆远超之前的金毓黻辑本，是目前最佳的通行本。此辑本材料翔实，凡可资利用的材料基本已搜罗殆尽，至今发现可堪增补的条目寥寥无几。体例清晰，以《元史·地理志》为纲，各卷按行省、路（州）分设两级目录，再逐条列出，层次分明。每个条目末尾皆标明出处，凡有异文、疑误之处皆作校勘。赵万里所作校勘极为精细，综合运用了对校、本校、他校、理校等方法，不仅对多种佚文来源加以比勘，并将书中引文与原出处核对，校正了大量衍夺讹误之处。凡所校改，皆出校记详细说明理据。如卷一《太原路·建置沿革》"乐平县"一条"（唐武德）六年移辽州治于辽山县"句下出校曰：

> 辽山原误箕山，今正。《太平寰宇记》四四：武德三年置辽州，治乐平，六年自乐平移于辽山，仍以石艾、乐平属受州，八年改辽州为箕州，因辽山县界箕山为名。据此知唐时并无箕山县。《旧唐书·地理志》：武德六年移辽州治于箕州，亦误。[1]

《元一统志》辑本亦体现了赵万里注重辨析辑佚材料真伪的观念。《永乐大典》引《元一统志》时对原文有刻意的改动，将其中一些地名按明代建制作了修改或增加注解，如将檀州改作密云县、东安州改作东安县，在秀容县后增加"即今忻州"四字。还有因避讳而造成的脱误，如《大都路·古迹》"明远庵"一条"滨、棣二州长春万公兴建之力"句中，"棣"字原本空缺，这是由于"明成祖名棣，《永乐大典》遇'棣'字贴一小黄笺，有时黄笺脱去，便似空一字矣"[2]。对于这类篡改原文的问题，赵万里皆于校记一一指出、纠正，避免了以讹传讹，还《元一统志》之原貌。辑本中还偶有注释，如《大都路·古迹》"烟霞崇道宫"一条"玄真大师张鹏举"之下，注："张鹏举即

---

① （元）孛兰肹等撰，赵万里校辑：《元一统志》，中华书局，1966年，第105页。
② 《元一统志》，第54页。

《长春真人西游记》附录侍行门人十八人中之张志远。"①《大都路·宦绩》"朱浮"名下注曰："汉光武帝时拜大将军幽州牧，守蓟城。"② 等这些注释，有助于理解志文内容。经过赵万里的辑佚、校勘，使得本已散佚零乱、异文芜杂的《元一统志》有了一个可以通读的辑本，部分恢复其旧貌。

词曲研究是赵万里治学领域的重要方面，他在词曲辑校上亦卓有成就，其中以《校辑宋金元人词》为代表。《校辑宋金元人词》是一部辑录、校勘宋金元时期词集、词话的总集。传统的文学观认为，词是"小道末技""绮罗香泽"，故文人别集中多不收词，坊间虽时有刊行词集，但随时流散，往往因得不到藏书家的青睐而佚失。至明代，宋元刊词集流传已稀。明末毛晋开始收集宋人词集进行整理、刊行，至清末，在词学复兴潮流影响下，王鹏运、朱祖谋等大规模钩稽文献，网罗遗佚，校辑之学勃然而兴。赵万里作《校辑宋金元人词》，即是为补王鹏运《四印斋刻词》、江标《宋元名家词》、吴昌绶《双照楼影宋元本词》等书之遗，广采旧籍，勤辑精校，"宋元所著说部别集翻阅殆遍，凡三四易稿"③ 而成。所得颇丰，计辑宋金元词别集 65 种，词总集两种，词话三种，并附《宋金元名家词补遗》一卷，共 1500 余首词作。此书材料之丰富、体例之完善、校勘之精审，皆超越清人所辑，堪称词林辑佚后起之翘楚，颇为学者推崇。如龙榆生曾论道：

晚近之专精于此者，则有江山刘子庚氏之《唐五代辽金元名家词辑》，辑录失传已久之唐宋元词集仅六十家，采摭之勤，有足

① 《元一统志》，第44页。
② 《元一统志》，第56页。
③ 赵万里：《〈校辑宋金元人词〉序》，引自《校辑宋金元人词》，国家图书馆出版社，2013年，第5页。

多者。而真赝杂糅，抉择未精，识者憾焉。海宁赵斐云君，继兹有作，遂成《校辑宋金元人词》七十三卷，谨严缜密，远胜刘书，词林辑佚之功，于是粲然大备矣。①

唐圭璋亦极称之，曰：

> （赵万里）对词学贡献尤巨，继承先修，启迪后学，实事求是，多所发明，开一代之风气，为学术之典范。1931 年万里自己所撰《校辑宋金元人词》七十三卷出版……既补晚清诸家汇刻词集之遗，又一扫清以来词选真伪不分、妄增妄删之弊。关于宋代各地刻词之情况，所引书之版本来源，俱叙述详尽，指陈明确，有条不紊，有卷可查，丰富词学之知识，显示科学之谨严，其影响极其深远。②

《校辑宋金元人词》之谨严精善，首先体现在体例上，胡适在该书《序》中极称之。此书卷首除胡《序》外，有赵万里自《序》一篇，论述了词集在宋代刊刻和流传的情况，以交代研究背景和编纂缘由；次有《例言》七则，明确了辑佚原则、收录范围、内容去取、体例格式等；次有《引用书目》，将校辑所采用、参考之书逐一编目，并标明所用版本，部分重点利用之书如《唐宋明贤百家词》《唐五代宋辽金元名家词集》《绝妙好词》《类编草堂诗余》《花草粹编》《全芳备祖》《翰墨大全》等皆写有提要，介绍作者、内容，辨析优劣，以说明其辑佚、校勘价值；次有《跋》一篇，为校印之后新发现的讹误之更定说明；次有《总目》。卷首内容完备，纲举目张，近似专门的绪论。正文中每部词集（或词话）单独分卷，卷前又设子目录，包括一则词集提

---

① 龙榆生：《〈唐宋金元词钩沉〉序》，见施蛰存主编：《词籍序跋萃编》，中国社会科学院出版社，1994 年，第 747 页。

② 唐圭璋：《读词三记》，《南京师院学报（社会科学版）》1982 年第 4 期，第 47 页。

要和所辑篇目，提要除了介绍词人、词作基本情况，在版本源流上论述尤详。每部词集"以调之长短为次，每首后注所出，以书之时代为次，正文依时代最先者，而以成书在后者所引校之。有异文则夹注于行间，可以觇诸书因袭之迹"①。凡是有疑问的词，列为"附录"置于各卷之末，详加考订。作者不惮烦细，一首词下注出的来源多至十余种，各种异文、异说一一列出，且清楚标明出处，这样不仅使辑佚材料完整呈现，不被湮没，也便于复核、查验，为词学研究提供了全面、可靠的材料，是"最可敬最有用的"②。《校辑宋金元人词》一书体例严谨，眉目清晰，格式规范，堪为现代辑佚之作的范本。

《校辑宋金元人词》在考订方面也十分缜密、精到。由于宋元刊词集多已散佚，长时间未能得到有效的整理，总集、类书之中所收的词作往往作者不明，异文迭出，辑佚过程中需要详加校勘才能辨明作者归属。每部词集"附录"中所收，大部分皆是他书之中误题该作者名下之词。以李清照《漱玉词》为例，赵万里辑得前代文献中题为李清照之词共60首，其中有17首皆为误题，归于"附录"，并一一辨析。他考出《如梦令》"谁伴明月坐"、《生查子》"年年玉镜台"、《菩萨蛮》"绿云鬓上飞金雀"、《浪淘沙》"素约小腰身"、《品令》"零落残红"、《玉烛新》"溪源新腊后"等七首确为他人之作。《怨王孙》"梦断漏消"、"帝里春晚"、《浪淘沙》"帘外五更风"、《青玉案》"征鞍不见邯郸路"、《品令》"急雨惊晚秋"等篇出处来源不可据，皆是明代晚出之书题作李清照作，而出处更早之书不署李清照之名。其余如《点绛唇》"蹴罢秋千"、《减字木兰花》"卖花担上"等数首因题材、风格、水平皆不类李清照词而存疑。尽管目前对某些篇目是否为李清

---

① 《校辑宋金元人词·凡例》，第15页。

② 胡适：《〈校辑宋金元人词〉序》，引自《校辑宋金元人词》，第10页。

照作尚有争议，但赵万里的考订使大部分误题得以澄清，在李清照词集校勘、整理上有重要贡献，其后王仲闻、黄墨谷在整理李清照集时对其观点多有采用。此外，正文部分对作者有争议的异说也出按语进行考辨。如赵令畤《清平乐》"春风依旧"一首后案语云：

> 案此阙或以为刘伟明作。《苕溪渔隐丛话》后集四十引《复斋漫录》云："刘伟明既丧爱妾，而不能忘，为《清平乐》，词云'东风依旧，着意随柳堤'"……《诗话总龟》后集四十八引《复斋漫录》同，惟"厮勾"作"时候"，"青门"作"青城"为异耳。《尧山堂外纪》则云："刘弇丧爱妾，而不能忘。赵令畤为《清平乐》云云。"疑今本《渔隐丛话》"不能忘"下脱"赵令畤"三字，《外纪》所据，则较今本为长。①

《清平乐》"春分依旧"一阙，各种词总集、选集皆题赵令畤作，唯《苕溪渔隐丛话》《诗话总龟》所题不同。赵万里不仅举证力辨后者之误，还指明了致误原因，使得争议得以彻底解决，后人可不复再议。此类例子甚多，兹不赘。总之，《校辑宋金元人词》一书确实"精审突过前贤"②。

戏曲校辑方面还有《〈天宝遗事诸宫调〉校辑》《关汉卿散曲辑存》等。《天宝遗事诸宫调》是现存仅有的三部诸宫调之一，为研究金元诸宫调的主要文本。现今较为通行的是朱禧的辑本，民国时郑振铎、冯沅君、赵景深等人的辑佚成果也受到了学界的关注。赵万里《〈天宝遗事诸宫调〉校辑》，在收入文集之前并未公开发表，鲜为人知。共辑60套曲，并有详细校笺，套曲内容、排序上与赵景深、朱禧辑本有所不同，在诸宫调的整理和研究方面应有不可忽视的参考价值，

---

① 《校辑宋金元人词》，第100页。
② 唐圭璋：《我学词的经历》，《文史知识》1985年第2期，第6页。

值得重视。《关汉卿散曲辑存》共辑录套曲 14 套，小令 57 首，附录 5 首存疑之作，每首皆标明出处，并对异文作详细校笺，所收较《全元散曲》更全，是关汉卿散曲整理和研究史上的重要成果。

（三）墓志整理与研究

赵万里在金石学上的成就，体现在对汉魏六朝墓志的整理和研究上。墓志，即墓中石刻所载有关墓主生平事迹的文字，属于王国维"二重证据法"理论中地下材料的一种，是极为重要的文献资源。饶宗颐曾言："向来谈文献学（philology）者，辄举甲骨、简牍、敦煌写卷、档案四者为新出史料之渊薮。余谓宜增入碑志为五大类。碑志之文，多与史传相表里，阐幽表微，补阙正误，前贤论之详矣。"[①] 王国维对地下材料的研究主要在清末民初出土的甲骨文、金文及简牍方面，于碑志着力不多。民国以来，大量的碑志尤其是北朝碑志相继现世，赵万里沿着王国维的治学思路，适时地将对新材料的研究加以推进、拓展。

自 30 年代初，赵万里就不断搜集、整理从汉至隋的墓志，于 1936 年出版了《汉魏六朝墓冢遗文图录》，这是一部墓志拓片的影印图集。同年，所著《汉魏南北朝墓志集释》（以下简称《集释》）一书亦基本完稿，因战事未能及时付印，之后 20 年中又陆续增补、修订，至 1956 年方出版。《集释》一书搜罗宏富，共收录汉、魏、南北朝及隋朝的墓志 609 种，涵盖了当时可见这一时期墓志的绝大多数。该书体例完备，将文字和拓片分置上下卷。上卷为文字著录考释，对所收墓志逐一记录其日期、尺寸、行字数、字体、出土地等，对志文中所涉史事进行

---

① 饶宗颐：《法国远东学院藏唐宋墓志拓片图录引言》，见《选堂序跋集》，中华书局，2006 年，第 49 页。

考释，并将前人的相关研究成果择要附录于后；下卷为拓片图录，所选力求为整纸初拓足拓本或损字较少者，多数较为清晰，便于释读。故此书为了解隋代之前的墓志提供了全面的信息，在墓志文献整理上具有集成性质。同时，赵万里对每篇墓志的考释，是一次对墓志大规模的深入研究，成果空前。

赵万里对墓志的研究，大体上延续了清代金石学的考证传统，将从志文中提取的史料与正史材料进行比对，以达到证史、补史或正史的目的，即他自言："今志石踵出，读其文上足以征前代之事实，下足以匡史文之讹谬。"[①] 如他根据《陈叔明墓志》中所载历任官职，指出出守吴兴、入为秘书监、中书令、司空，皆为《陈书》本传中所不载，据志可补史阙；根据《元飏妃李瑗华墓志铭》可知李瑗华之子元子攸（即魏孝庄帝）字彦远，可补《魏书·庄帝纪》之缺失。又如根据《元简墓志》中叙元简死后谥号即为顺王，纠正《魏书·文成五王传》中云"谥灵王，世宗时改谥顺王"之误；根据《肃宗充华卢令媛墓志》述令媛之外曾祖李孝伯为泰州刺史，再经细致的考证，纠正了《魏书·李孝伯传》载其为"秦州刺史"之误。在《集释》一书中，这类补阙纠谬的例子俯拾皆是，其中不乏精彩之例，"就考订史实的角度说，赵万里的工作可以说是非常有成绩的，其学问的深厚和工作的细心，都远非前人可比"[②]。同时，赵万里对墓志解读之精准、剖析之深入也颇值称道，往往能通过综合运用史料辨析出模糊不清、令人费解的志文中所蕴含的复杂信息。如《元子邃墓志》中有"今葬后九百

---

① 赵万里：《汉魏南北朝墓志集释》，《石刻史料新编》本，台北：新文丰出版公司，1982年，第51页。

② 陆扬：《从墓志的史料分析走向墓志的史学分析——以〈新出魏晋南北朝墓志疏证〉为中心》，《中华文史论丛》2006年第4辑，第96页。

年，必为张僧达所开，开者即好迁葬，必见大吉"一行文字，颇为难解。赵万里解释云："其文荒诞不经，盖术者压胜之辞，古人墓志常有之。"① 并举出了隋开皇九年《赵洪墓砖》、建中二年《李夫人贾嫔墓志》为例，引《宣室志》《太平御览》《太平广记》中的相关记载为佐证，以见南北朝人常在墓志书写过程中施压胜之术。此解颇有理据，对古代墓葬文化研究应不无启示。又如《高虬墓志》中，仅据志文中"薨于开皇二十年十月十三日"一句，发现高虬与左卫大将军元旻死于同一天。元旻因党附太子杨勇而获罪，故推测高虬之死或与此有关。再经查阅《隋书·房陵王勇传》，其中果然记载高虬为太子东宫之臣属，负责营造，被定以修建违制之罪，随太子党人一并被处决，于是高虬之死始末可见。这样层层迭进的考索推究，将一句志文背后的历史作了充分挖掘，足见赵万里对史料的熟悉程度和敏感的问题意识。

陆扬撰文指出《集释》一书在史料考订上成就突出，但因局限于传统金石学的方法，未能将墓志内容用作史学上的开拓性研究，关注重点仍在与正史相重合的部分，基本为政治史的内容，缺少将墓志用于民族、文化、宗教等方面的分析。对照当今的墓志研究发展来看，这一评价自是中肯之论，《集释》对传统金石学确是"继承"多于"突破"，但其中的"突破"仍是可观的，不仅倡乎先导于当时，且对今天的研究仍有启发意义，这在赵万里将墓志运用于家族谱系、婚姻以及文学研究等方面皆有体现。魏晋南北朝的历史特征之一就是标榜家族门第，有关世族谱系的研究是中古史研究的重点。墓志不仅记载墓主生平，也会记录其家庭成员的基本信息，是研究世族谱系最重要的文献。赵万里将世族谱系作为墓志考释的重点，往往将同一家族成员的墓志所载信息加以归纳整合，并结合其他史料，梳理出详细的世

---

① 《汉魏南北朝墓志集释》，第260页。

族谱系。如《卢文构墓志》中考范阳卢氏自汉卢植至卢文构十三代世次，《王衮暨夫人萧氏墓志》中考琅琊王氏自晋王导至王衮十代世次，《寇臻墓志》中考上谷寇氏自魏至唐数代成员之名字。其中尤以在北魏宗室世系的研究上最为突出。《集释》卷三、卷四专收北魏宗室墓志，并于卷三之首加引言曰："昔周氏嘉猷撰《北魏世系表》，据李延寿《北史》而未校以他史，罣漏百出，未餍人意，以视志石所载，得失之殊，复乎远矣。余近于周氏书复有所补正，他日当别出印之，俾与此编同为读史者之一助云尔。"① 可知赵万里曾致力于研究北魏宗室谱系，并有意出版专著，惜后来未见刊行，但相应的成果已在《集释》中有所体现。《集释》共收北魏宗室及配偶墓志 161 篇，按《魏书·宗室传》胪列，分平文子孙系、昭成子孙系、道武七王系、太武五王系、景穆十二王系、文成五王系、献文六王系、孝武五王系，逐次排列，世次不清者归附录，形式上已近宗室谱系专题研究。对其中每篇墓志的考释，亦多从宗室成员的生平及亲族关系着手，颇多新见。与世族谱系密切相关的是婚姻问题，汉魏六朝时期世家大族的联姻及其对社会、政治的影响一直是备受关注的课题，《集释》之中也屡有论及。如《元飐妃李瑗华墓志》《肃宗充华卢令媛墓志》《卢文构墓志》等篇中皆通过梳理墓主之家庭成员及亲戚关系，揭示出陇西李氏、清河崔氏、荥阳郑氏、范阳卢氏等高门大族之间累世通婚的情况，以彰北朝门阀制度之盛、门第观念之强。又如据《邢峦妻元纯陀墓志》记载任城康王之女元纯陀有改嫁经历，联系史书中多有关于北朝宗室女改嫁的记述，认为宗室女再嫁在北朝并不受约束，即使墓志中也并不讳言，可觇当时习俗风尚之开放。又如据《元恭墓志》中载元恭之妻为茹茹（即柔然）主之曾孙女，又载茹茹主之子娶景穆皇帝之女乐平长公主，

---

① 《汉魏南北朝墓志集释》，第 51 页。

《阎伯昇墓志》中载茹茹主之子伯昇所娶为咸阳王之女乐安郡公主，结合史书中有关茹茹归附北魏的记载，论道："以此志互证，知茹茹主内附后，其子姓频与魏室通婚。拓跋氏怀柔外族之术，可于此见矣。"[①]就皇室婚姻带有的政治内涵作了分析。

此外，《集释》之中就墓志文学写作也有所论述。墓志作为一种传记性文体，在内容上有不少与正史重合呼应之处，但在写作立场上却存在明显的区别，一为亲友之私议，一为史家之公论。这也就决定了二者在材料剪裁、叙事详略、遣词用句上皆有差异，其中的微妙关系也应为研究者所留心。赵万里注意到墓志文采藻饰，常有虚浮空洞之辞。如指出《徐之才墓志》多典丽之辞，无一事及其医术，全然不能彰显其作为一代名医之事迹。同时对墓志叙事含蓄隐曲、回护虚美之风亦有揭示。如隋人徐智竦因牵连赵讷贪污一事连坐而死，其墓志云："昊天不愁，歼此哲人，痛心疾首，行路悲戚"；"泪落花堕，鸟共哀鸣，孝子欲养，慈亲不在。"《集释》解释曰："辞意隐婉，有非楮墨所能宣者也。一如高虬以坐废太子勇党诛死，而志云'光景不留，溘先朝露'之比，志例当如此。"[②]

总的来说，《集释》一书不仅为相关文史研究提供坚实的材料基础，也对墓志作了多维度、综合性的史学研究，在传统金石学向现代转型上具有重要意义。目前学界对此书的认识和评价仍有所欠缺，有待作进一步的细致探讨。墓志研究具有相当大的开放性，新材料的发现、新方法的提出会不断促进研究的更新和发展。赵万里之后，赵超编有《汉魏南北朝墓志汇编》，罗新、叶炜著有《新出魏晋南北朝墓志疏证》，二书皆在《集释》基础上搜采新资料，是补充《集释》的

---

① 《汉魏南北朝墓志集释》，第95—96页。

② 《汉魏南北朝墓志集释》，第269页。

续作,《疏证》在墓志解读上也对《集释》有所继承并有进一步提升。这也从另一方面说明了《集释》在墓志研究上具备典范意义。

(四) 词曲研究

除了校辑词曲文献,赵万里也从文学研究的角度探讨词曲,他在20世纪词学史上有较为特殊的位置,在词曲发展史、词曲作家、戏剧情节原型研究上皆有不少创见。

词学是20世纪前叶文学研究热点,各派学者从不同立场、角度、方法将词的研究深入到了方方面面。以胡适为代表的新派学者,认为词是白话文学发展的重镇,所以古体词并未像"选学"辞赋、桐城古文那样被打倒,反而作为新文化运动"整理国故"的重要内容,以胡适为主导,有胡云翼、陈中凡、郑振铎、薛砺若等追随者,取得了新锐可喜的成果。同时,清末词学繁荣的余波一直延续下来,至30年代还有一支由常州词派、彊村词派正统传人构成的声势浩大的词学队伍,代表人物有刘毓盘、梁启勋、吴梅、顾随、俞平伯、夏承焘、龙榆生等。胡明《一百年来的词学研究:诠释与思考》一文中将胡适一派称为"体制外派",而传统一派称为"体制内派"。主要区别在于前者从外部入手研究词,注重以新的思想理论来评论词风、词作,评价词在文学史上的地位;而后者关注的是词的本体,研究工作集中于词籍、词谱、词调、词韵、词史。文中指出王国维词学成就主要在于将新的文学、美学理论引入词学,开创词学研究新的体系,总体上倾向"体制外派";赵万里在词学界以《校辑宋金元人词》闻名,这是承袭王鹏运、刘毓盘等人的路子,故划入"体制内派"①。其实不仅是词集校

---

① 胡明:《一百年来的词学研究:诠释与思考》,《文学遗产》1998年第2期,第19—21页。

辑，赵万里在词学观点、古体词创作上都深受吴梅影响，尽管他的校辑之学、词史研究体现出一些受王国维影响的痕迹，但与王国维的词论体系相去较远，归入"体制内派"自是没有问题。30 年代，"体制内派"是更为活跃的，不仅取得了辉煌硕果，还常结社集会、创办杂志，影响很大。知名大学中纷纷开设词学课程，时任教授者多为"体制内派"词学家，北京大学所聘的词学教授正是赵万里。他在授课过程中，编写了一部名为《词概》（又名《词史》）的讲义，系统论述了词学发展史。

《词概》由于是讲义而非专著，主要根据其师吴梅讲授词学时所著的《词学通论》撰写而成。按照目录，全书共 11 章，全面讲述由唐至清的词学发展，并论词韵、词律。可惜存稿不全，仅见前 7 章，至"明人词概"止，各章内容主要是综论一代词之发展和主要词家作品分析。虽然创新程度有限，然与吴梅之书细加比较，《词概》仍有一些独到之处，可圈可点。作为目录版本学家，赵万里仍旧在书中发挥了其长于文献考据的特色，增加了对各家词集版本情况的分析，吸收了学界对词学史料的最新研究成果。如论周邦彦词，即纳入了郑叔问《清真集校后录要》和王国维《清真先生遗事》对周邦彦生平和词集版本的考证，以及他自己对周邦彦词作的辑佚所得。并对前代文献记载中的一些混淆错误之处进行了辩正，如考旧题冯延巳《谒金门》"风乍起"一首应为成幼文所作，辨《贵耳集》所载周邦彦《兰陵王》"柳阴直"一词是为李师师作非实等，皆持之有据。吴梅《词学通论》之一大卓识在于寓"史"于"论"，着意于词家艺术面貌的沿承和新变，精当地将其放置到"史"的坐标上去辨析①。赵万里《词概》对此有进一步的发挥，如其论稼轩词云："辛词佳处全在有真性情，笔墨飞舞

---

① 严迪昌：《吴瞿安先生的词与词学观》，《词学》第十六辑，第 305 页。

跳荡，与晏欧柳秦之冶逸作态者色泽全异。从此宋词中别创一新境界，后之刘龙州、刘后村，金之元遗山，元之白仁甫及清初之陈其年皆承稼轩衣钵。"① 论夏言词云："仁宣以后，兹事几绝。独文愍以魁硕之才，起而振之，豪壮典丽，与于湖、剑南为近。王元美评其词最号雄爽，且拟诸稼轩，自是不刊之论。"② 皆打破了朝代界限，以词本身的演进和词人风格为中心作出融贯之论。

　　吴、赵二人论词，对于流派纷繁、风格竞出的词学各家基本做到公允持平，但对某些词人的评论也因个人观点、偏好不同而有歧见。吴梅对李清照之词颇有指摘，谓"大抵易安诸作，能疏俊而少沉着"③；而赵万里对李清照却甚为推崇，赞其词"清丽疏宕，开南北宋未有之境界。"又云："盖易安天才独擅，其所作《金石录序》亦层次井然，有条不紊。然则谓易安仅工倚声，不足以尽其长也。"④ 吴梅论词，更靠近清末朱祖谋彊村派一路，以周邦彦、吴文英为宋词之正宗。赵万里虽不像王国维、胡适那般极度重五代北宋而轻南宋之词，但他对吴文英贬抑甚低，批评梦窗词堆垛雕缋、失之晦涩，进而谓："南渡后人始斤斤于寻章摘句，陆辅之《词旨》即此时代之产物。有时一阕中虽有二三名隽之笔，然通全篇观之，罕见一气呵成圆活灵妙者，观于梦窗词即可知也。"⑤ 这又表现出他受王国维影响的一面。又吴梅论词尚雅正，排斥俳谑之体、以俚俗之语入词，故他不喜柳永之词，认

---

　　① 赵万里：《词概》，引自《赵万里文集》第二卷，国家图书馆出版社，2012 年，第 52 页。

　　② 《词概》，第 76 页。

　　③ 吴梅：《词学通论》，上海古籍出版社，2013 年，第 74 页。

　　④ 《词概》，第 54 页。

　　⑤ 《词概》，第 58 页。

为其"好作俳体，词多媟黩"，"率笔无咀嚼处"①。赵万里却极好柳词，推柳永为北宋词家之巨擘，对于柳词中风月之作，也谓其"虽系游冶之作，温柔沉着，绝不似郭频珈辈专以挑达轻率见长也"②。他还专门作了一篇《谈柳词》，文中将柳词之中具有市井俚俗气之作品，比之于南北散曲与明代山歌等，认为正是新兴时曲的代表，不应指责。尽管赵万里并未如胡适、胡云翼等"体制外派"将俚俗视为柳词特出之优点，但无疑是持肯定态度的。他还提出词学研究应留意话本、戏曲中的俳谑之词，这也是颇具创见之论。胡文中曾指出 30 年代的"体制内派"与"体制外派"是"各干各的"，两派之间罕有往来，而赵万里作《校辑宋金元人词》请胡适作序，却是两派之间互有交流的特例之一③。然就上述赵万里与吴梅论词的差异来看，赵万里的词学研究一定程度上接受、吸纳了"体制外派"的观点，故而显得更加多元融通、不拘一格。

戏曲研究方面，主要是撰写了一些考证性的文章。《散曲的历史观》一文，对散曲发展的历程作了简要明晰的勾勒，并对散曲兴衰演变的原因作了分析。文中采用了一些新的文学史料如《永乐大典》辑出的戏曲材料、作者搜集的明代时曲等，使文章内容更充实，论证也更有力。《关汉卿史料新得》及《一点补正》两文，是对关汉卿生平问题的考证。因缺乏确切的文献记载，关汉卿之生平颇多疑点。关于其生卒年的问题，30 年代胡适、顾随、郑振铎等人就曾多次发文讨论，1958 年关汉卿被选入"世界文化名人"后，这一问题再次成为学术争论的热点。赵万里在辑佚《永乐大典》过程中，从佚书《析津

---

① 《词学通论》，第 49 页。

② 《词概》，第 42 页。

③ 《一百年来的词学研究：诠释与思考》，第 22 页。

志》中发现了一则关汉卿的小传，据此论证"汉卿"非名而是字，以及关汉卿应为金末元初之人①。这则史料的发现对于关汉卿生平研究十分重要，故而赵万里的文章也成为"具有长期影响的关汉卿生平籍贯研究的重要论述"②。《金元素事迹考》也是钩稽史料，对学界尚较陌生的元代文人金元素的生平事迹作考述。《〈水浒传〉双渐赶苏卿故事考》《王子高芙蓉城故事考》二文，都是对戏曲故事情节的考证，通过扎实的文献爬梳，将故事的原型及流传变化的脉络清楚地呈现出来。《写在〈琵琶记〉之后》一文，是就高明创作《琵琶记》的动机进行推究，通过对高明的诗文作品及相关文献的挖掘，指出对贞洁孝义的表彰和对名教纲常的维护是高明文学创作的一贯宗旨，且他身逢元末乱世，目睹了民不聊生的惨状，故而在《琵琶记》中高度称颂赵五娘的贞孝，并极力渲染她因贫吃糠的场景。此外，还有《旧刻元明杂剧二十七种序录》《元明杂剧之新发现》等，皆是就戏曲文献作提要式的介绍。总的来说，赵万里戏曲研究方面的文章数量虽然不多，但是多能就新发现之材料论述新的问题，有理有据，具有较高的学术价值。

纵观赵万里一生，除却晚年，其求学、治学之路都是比较顺遂的。虽历经战乱年月，但相较同辈学者，他未曾遭受辗转逃亡、颠沛流离之苦，而是拥有较为安稳、平静的人生，又有极佳的问学、工作环境与条件，足以让所学得以施展发挥。他一直活跃于学术文化界的中心，于北图、北大、清华、中央研究院、故宫博物院等重要学术机构任职，

---

① 因在《关汉卿史料新得》一文中，赵万里误将史秉直降元之"癸酉"断作1263年，从而误将关汉卿当作元世祖中统时期之人。后经吴晓铃、胡忌指出，"癸酉"实为1213年，又作了《一点补正》将此问题修正。

② 赵建坤：《关汉卿研究学术史》，中山大学出版社，2008年，第136页。

在图书馆建设、学术研究、教书育人、刊物编辑上皆有作为。他一生与书结缘，为北图善本部之发展做出了卓越贡献。今天国图古籍馆以善本收藏之盛傲立于同侪，大半功劳应归于赵万里一人。身处中西、新旧之学激烈交汇、碰撞的时代，赵万里治学较少受西学影响，而偏向传统旧学，这应与他从东南大学国文系再到清华大学国学研究院的求学经历密切相关。他基本上是沿着清代考据学的路径继续探索、推进，内容上重文献史料、目录版本，方法尚考证、辨析，形式上以古籍整理、考释为主，表达上亦多用文言文书写。他见闻广博、学植深厚，治学极为严谨、精细，所编著《校辑宋金元人词》《汉魏南北朝墓志集释》《中国版刻图录》《北平图书馆善本书目》等均达到了同时期的最高水平，堪为领域内的典范之作。他早年涉猎广泛，后期逐渐聚焦于目录版本之学，从广博走向专精。他在目录版本、金石、戏曲等方面的研究，也或多或少旧中带新，体现出由传统向现代转型的痕迹。若非"文革"，他应能完成自身学术的总结，建立起更为完善的学术体系，至少能写出系统的版本学、目录学理论专著。尽管有未尽之憾，赵万里平生事业、学问之成就，已是硕果累累，足以令世人瞩目，为学界所赞誉。

（原载《中国学术》第三十六辑，商务印书馆，2016 年 4 月）

赵万里：一生为书

陈麦青

在赵万里（斐云）先生（1905—1980）不算太长的 75 年生命历程中，竟有 52 年的工作时光，与图书馆的古籍善本相伴；而今收入洋洋三卷《赵万里文集》（以下简称《文集》）的著述文字，也绝大部分与此相关，则其一生为书，可以想见。

当然，除了书，赵先生在其他方面的学术成就，亦不乏可观：年方 20，便在大学临毕业前离校赴北平，拜时任清华国学院导师的王静安（国维）先生为师，并兼助教。1927 年，静安先生辞世之后，又在编辑《海宁王静安先生遗书》的同时，陆续编成如今皆收入《文集》的《王静安先生著述目录》《王静安先生年谱》《静安先生遗著选跋》《王静安先生手校手批书目》等，对后世研究王氏其人其学，功莫大焉。再由《文集》所收《斐云词录》《谈柳词》《词概》，以及《天宝遗事诸宫调校辑》《关汉卿史料新得》诸作，能知其倚声填词的创作水准和词曲研究之功力造诣。至于《文集》之外专书另行的《汉魏南北朝墓志集释》（科学出版社，1956 年），更是极具学术价值且影响及今的金石学经典名作，因而被台湾鼎文书局（1972 年）、广西师范大学暨鸿宝斋（2008 年）等一再翻印重版。此外，《文集》中《中国史料目录学讲义》《目录学十四讲纲目》《校勘学纲要》《版本学纲目》等赵氏当年在北大、清华授课的讲稿提纲，又可见其在文献学专业教学中独到的心得见解和视野方法。如"特重中国文学及文学史之新旧史料"的《目录学十四讲纲目》中，"目录学不限于线装书，凡一切地下材料及古代美术、艺术遗物皆属之"，"古铜器中韵文铭识与《诗经》之关系"，"汉石经、鲁诗与毛诗之异同"，"石刻镜铭中之六朝文学史料"，"唐人选唐诗略说"，"旧本宋词编次法之特点"，"宋刻宋词之分布区域"，"毛晋父子保存旧本词集之特色"，"明代别集总集中之短篇散文"，"明清八股文学史料"等专论章节，无不堪称启迪思考、引人入胜之说。而其当年在课堂上的风采，则尚小明先生所著《北大史学系早期发展史研究（1899—1937）》①中，也有评述：

> 年轻教师中，也不乏出类拔萃者，如赵万里，1929 年 8 月到史学系任教的时候，只有 24 岁。他是一位版本目录学家，史学系的必修科"中国史料目录学"一直由他讲授，很受学生欢迎。

更多引当时亲历者所记：

> 赵先生是教"中国史料目录学"的，年纪在二十几至三十左右。蓬蓬勃勃的神气，严肃而带有刺激性的面孔，会教你见而生畏。每当讲书时，用一种紧急的声调，"烟士披里纯"的口吻，滔滔不绝的演述着。每一个同学，屏着气息，不敢说话，不敢笑，不敢斜视。侧耳静听，除写字飕飕声外，一切都在沉默着……我们没有一个不是心悦诚服的接受。②

> 赵万里先生的"中国史料目录学"，虽然只是史学入门的课程，但他将几千年来中国历史史料的来源、内容、演变，分散情形，重现经过，可靠性等等……原原本本，一五一十的介绍给这

---

① 北京大学出版社，2010 年 3 月。

② 夏岩：《关于北大的两个青年教师》，《大学新闻周报》第 2 卷第 18 期，1935 年 1 月 14 日。

班青年史学家。也不知他怎么对于史料这样熟,真所谓"如数家珍"。①

尽管有此种种,但对23岁进入国立北平图书馆任中文采访及善本考订组组长,并服务终生的赵万里先生来说,为图书馆访求、典守善本珍藏,或许才是其毕生精力和心血的真正所在。更确切地说,为了那些"宝贝",他尽心尽力,甚至还有几乎不近情理之举。

抗日战争期间,蛰居沪上"孤岛"的郑振铎先生,在错综复杂的险恶形势下,与张菊生(元济)、张咏霓(寿镛)、何柏丞(炳松)、张凤举诸先生,共同发起组成"文献保存同志会",为当时的中央图书馆和北平图书馆秘密收购古籍珍本,抢救在战火中流散的故家旧藏。在此过程中,得到了王伯祥、张葱玉,以及张耀翔夫妇、王馨迪夫妇等在沪友人的各种帮助;而北平方面,间道来沪的徐森玉先生和往返两地的赵万里先生,助力尤多。刘哲民、陈政文两先生所编《抢救祖国文献的珍贵记录——郑振铎先生书信集》(学林出版社,1992年8月)一书中,"致张寿镛(咏霓)"诸信所述有关种种,并"赵万里先生昨来一函,可见其为我们得书之辛苦""赵先生为我们尽力极多"诸语,皆可见当时情形之一斑。

1949年新中国成立,郑振铎先生受命赴京,主管文化部文物局事。不久,赵万里先生也在原北平图书馆更名为北京图书馆后,出任善本特藏部主任。受文物局委派,他常常亲出访书,四处网罗珍本。而为将各家私藏谋归公库,千方百计之下,竟招舆情不满,怨声颇起。其间内情,近日上海图书馆《历史文献》第十六辑(上海古籍出版社,2012年4月)所刊柳向春先生整理的《郑振铎致徐森玉函札》60

---

① 朱海涛:《北大与北大人:课程与图书》,转引自陈平原、夏晓虹编:《北大旧事》。

多通中，多直言不讳："斐云在南方购书不少，且甚佳，其努力值得钦佩。惟心太狠，手太辣，老癖气不改，最容易得罪人。把光明正大的事，弄得鬼鬼祟祟的，实在不能再叫他出来买书了。浙江方面对他很有意见。先生是能够原谅他的，否则，上海方面也会提出意见的。"虽责怪之中仍有赞赏，却也是实话实说。"老癖气"可能指赵氏平日一贯比较高调而言，民国间王佩诤先生撰《续补藏书纪事诗》①，其记陈乃乾、赵万里两位的一首中，即有"恂恂儒雅陈仲子，虎虎生气赵王孙"之喻，并于诗注中述陈氏"为人也和平中正，休休有容"；而赵氏则"二十余年前来苏，主瞿庵师家。见其入门下马，行气如虹；头角崭新，睥睨一切。"郑说"鬼鬼祟祟"似较形象，邓之诚先生在 1950 年 1 月 29 日日记中，也称赵氏"人极诡谲……今年以四千万人民券买铁琴铜剑楼之书十二箱以归公。欲买吴县潘氏滂喜斋之书，未果"②。而沈津先生《顾廷龙年谱》（上海古籍出版社，2004 年 10 月）1950 年 1 月 6 日条下，引顾氏日记曰："赵万里来……并言常熟铁琴铜剑楼书成交，计购三百种，三千万元。赠四十二种。"至于"浙江方面对他很有意见"云云，未明具体所指。今《文集》第一卷开首的编年体《赵万里先生传》（赵芳瑛、赵深编，胡拙整理）中，唯 1950 年及 1951 年12 月两处，颇记赵氏受文化部委托，在同乡友人宋云彬先生陪同下，多次往访浙江海宁著名藏书楼蒋氏西涧草堂、衍芬草堂后裔及族人，谋洽将其世代所藏捐献国家并最终成事，而其中宋元精品，又拨归北图。不知是否与此有关？但《顾廷龙年谱》1951 年 12 月 21 日条下，亦据顾氏日记，谓"瞿凤起女来，述赵万里昨夜议书价不谐，竟拍案

---

① 收入伦明等撰：《辛亥以来藏书纪事诗（外二种）》，北京燕山出版社，1999 年12 月。

② 邓瑞整理：《邓之诚文史札记》，凤凰出版社，2012 年 4 月。

咆哮"，则确是当年赵氏在沪上谋购铁琴铜剑楼藏书时发生的事情。

《郑振铎致徐森玉函札》后，附有徐森玉先生1952年2月19日给儿子伯郊一信，其中提到"此间谢、刘均成贪污犯。赵斐云来信，渠被检举，甚严重"。可知此时赵氏已经遇到了比"怨声"更大的麻烦。差不多同时，郑振铎先生也有致徐森玉先生一信（原信仅署2月16日，无年份。然信中有"回京已经二十多天，以全力投于三反运动，未及奉函"，"我们想不到谢某竟会也是一只大老虎！人其可尽信乎"诸语，而当年"三反""五反"运动的时间，主要在1951年底至1952年上半年，再据上海书店出版社2009年9月版郑重先生《谢稚柳系年录（增补本）》1952年下记："《解放日报》于是年二月十九日发表了报道，题为上海文教部门打出十只'大老虎'……在这篇报道中的'十只老虎'，就有一只是'字画老虎'谢稚柳。"则郑振铎先生所说"谢某"，应指谢稚柳先生。故此信亦当写于1952年初），在写完后未寄出之前（2月18日），特地"又启"："又，我局去岁曾向瞿氏铁琴铜剑楼购善本两批，计共两亿元。请先生代向瞿氏兄弟一询：有没有人向他们要过钱？他们给过没有？有没有给过人什么'书'（包括赵斐云及文物处的几个人在内）？请他们据实答复（不可代为隐瞒）为荷。"再由郑氏信中说赵氏"近来精神至为不振，交代问题不少。闻曾函先生，语多悲戚"等等，则其当时处境，可想而知。不过，郑氏还是坚持认为："他毛病很多，但确是一个人才。群众对他也还不至于压力太大，在他已是接受不了。经过这次的运动，他过去的一切身上的污垢，当可完全洗清，成为一个'新人'了。"果然，到了7月21日的信（因信中提及上海图书馆将于22日开幕）中，"斐云问题已解决，只是记过。但他思想上仍不易搞通。昨晨谈了半天，我已切实的规劝他一番。他的工作，最重要的是把善本书目续编编好。限他半年工夫做好这个工作，诸事不问，也不必再管买书的事。他已经答应了。"在当时的环境形势下，能如此了结，恐怕已属不易；而郑氏爱惜人才，亦可谓用心良苦。

其实，当年郑振铎先生自己为公家搜集包括书画图籍在内的各类文物，也可以说是不遗余力。在致徐森玉先生的那些信中，不是挖掘人脉关系以助追踪征集，甚至详列"非要不可"的名品，便是安排如何具体操作以达目标，包括商讨谈判细节条件，正如他自己所说："我辈爱书如命，求书如渴。为人民得善本名画，即大费心力，亦将乐此不疲。"因此，对赵万里先生其人其事，无论是赞赏还是批评，都有着一般人不太容易做到的爱惜和理解之情。而那种强调文物应归国家和人民所有，当入公库保存的观点，则不仅是他们的共识，也是一种很有时代烙印的历史存在。文物古玩界前辈马宝山先生，曾在其《书画碑帖见闻录》（北京燕山出版社，1997 年 4 月）的《李衎〈四清图〉的风波》一文中，专记解放初因谣传由故宫散出的"东北货"元代名家李衎《四清图》卷在其手中，有关方面便让其"赶快交出"，弄得他"寝食不安，坐卧不宁"。直到友人告诉他："《四清图》已有下落，惠孝同听说你蒙冤，他就把《四清图》送到团城文物处去了。"这才"如释重负"，并敢去团城见郑振铎先生：

> 郑振铎命我把所有的"东北货"和早存珍贵书画，全部开列清单，送文物处审批，而《四清图》的事，竟一字未提。
>
> 在这段时间里，我唯一的想法就是结束业务，回老家去种地。所以赶快选了所存珍品二十多件，最名贵的是顾恺之画的《洛神图》（即现《国宝荟萃》刊印的那件），还有唐孙过庭书《景福殿赋》等等。这些珍品共写了二千七百余元，开了清单送去团城。徐邦达、张珩二位看后说："你写的这价对吗?"（意为定价太低）

我连忙说："对！对！"

不久，"三反""五反"运动起，罚了我店二千八百多元。古人云"云烟过眼"，这句话我深有感焉。

至于熟识的朋友之间，更是直截了当。黄裳先生就在怀念郑振铎先生的《拟书话——〈西行书简〉》① 中，有这样的回忆：

> 又一次，我在来青阁买到一册宋本的《尚书图》，是南宋建阳刻本，白麻纸初印，有胡心耘跋，在古版画中算得是最早期的作品。西谛收古版画数十年，著有版画史图录，不能不给他看看，于是再访团城。西谛一见此书，高兴得几乎跳起来，急问在哪里买的，花了多少钱？不容分说，就做主留下，照原价由国家收购，马上送到正在举行的雕版印刷展览会上去了。

需要顺便一记的是：笔者昔日曾当面问过黄裳先生，上世纪 50 年代他还将另一珍稀稿本《远山堂曲品》捐入北京图书馆，是否也是郑振铎先生的意思。回答为"不是"。谢国桢先生在《怀念版本学家赵万里先生》② 一文中的记述则为：

> 1958 年我从南开调到北京科研机关从事研究工作，与君和向达（觉明）先生来往尤密。我是喜欢收藏书籍的人……偶然遇到两三种善本，如陈梦雷《松鹤山房诗集》，以及南宋袖珍刻本《宋名臣言行录》，斐云兄说："这些书非归北京图书馆不可。"我只得把它们献给公家了。

自然，也有"不买账"的事。郑重先生在《中国文博名家画传·徐森玉》（文物出版社，2007 年 3 月）一书中，记 1962 年赵万里先生来沪，到文管会拜访前辈徐森玉先生，谈起流落在外的宋龙舒郡斋刻

---

① 收入黄裳《珠还记幸（修订本）》，三联书店，2006 年 4 月。

② 收入谢国桢《瓜蒂庵文集》，辽宁教育出版社，1996 年 9 月。

本《王文公文集》残帙的收购事宜，赵氏提出："《王文公文集》要拿到北京去。徐森老，你一直是北京图书馆的保护神，这件东西一定要给北京图书馆。"没想到，"听了这话，徐森玉一下子从椅子上站起来：'你放屁，你只知道什么都弄到北京去。做梦，绝对不行。'谢稚柳在旁边打圆场说：'八字还没一撇，你们闹什么。森老，你坐下来。'徐森玉坐下来，赵万里跑到徐森玉身边，也坐下来，用手摸摸徐森玉的光头，说：'平平气，平平气，以后再谈。'徐森玉说：'没什么好谈的！'"对赵氏这种"什么都要弄到北京去"的做法，黄裳先生也很不以为然。《来燕榭读书记》（辽宁教育出版社，2001 年 3 月）所收明万历本《利器解》一书的跋语中，就特别提到："赵斐云南来，闻石麒告以此书端末。大呼如此好书，何不归伊。倩石麒向余索观，余则靳而不与。非秘惜此书，实厌其为人耳。"但对其学识水平，则十分认可：

> 十年前海宁赵万里来斋中观书，示以此册及李因竹笑轩吟草三集。斐云欢喜赞叹，出小册录行款序跋而去，而于他旧刻不如是之重也。斐云知书，更好诗余。湘蘋《青玉案》、《满江红》诸调，都能默诵。得此真赏，亦足快心。（清顺治本《拙政园诗余》跋）

> 此书买得后，即付工重装，未遑考索，亦不知其名，但知为明初旧本而已。今日赵斐云来斋中观书，示以此册，欢喜赞叹，以为得未曾有，盖即洪武原刊之《太和正音谱》也。（明洪武本《太和正音谱》跋）

1980 年 6 月，赵万里先生去世。30 年前（庚寅，1950 年）曾因不满赵氏某些行事而"实厌其为人"的黄裳先生，以"黄垆之痛"的悲情，在他那本劫后幸存的《太和正音谱》上，又写下了这样的文字：

> 斐云久病，余念之不已。实以近时版本之学，无逾此君者，

人才难得也。半月前余以事入京，晤谢刚主，告"文化大革命"中斐云所遇诸酷。先是为拘系于地下室甚久，阴湿不堪。逻者知其性最畏蛇，乃以置于卧具中，大惊怖，遂中风，以至不起。近国家订定全国善本书目，聘顾问三人，周叔弢丈外，斐云亦其一……斐云得讯大兴奋，终夜不能眠。翌日疾作，遂卒。余访北京图书馆日，适为斐云送葬之辰，因得一赴，并睹遗容，不可谓非有前缘也。此本余初不知为何书，斐云一见，即断之为《正音谱》，检视果然。此种眼力学养，今无之矣。

（原载《东方早报》2013 年 6 月 2 日）

其志甚壮，其言甚哀

冯　象

　　早就想写点什么，纪念大舅斐云（赵万里）先生。去年至清华服务，大表哥赵深见示大舅遗稿《天宝遗事诸宫调》曲集遗文，睹物思人，感慨万端。

　　大舅是 1980 年 6 月逝世的，一晃已 30 年了。那时我在昆明上学，母亲赶去了北京，是父亲写信告知的。父亲的信，平常多是回复我提的文学方面的问题，或者因我要去访他的老友，叮嘱几句。那一次却写了一页大舅与北图（今国家图书馆），及古籍善本保护的事，是要我牢记的意思。后来，母亲依我的建议，写过几篇短文，其中有忆大舅和清华生活的。还编了一份大舅的年表，由大表哥修订，增补了内容，交我润色。课余，遂根据年表翻阅资料，钩稽故实，渐有收获。以下就二三事略作说明，求方家指正；枝枝蔓蔓，不及修剪，是些随手记下的片断。

一

　　提到清华（国学）研究院，有一幅导师与助教 7 人合影，大概是流传最广的历史记录了。前排 3 位导师，即王观堂、梁任公、赵元任，并讲师李济；后排 3 个助教，名字标作（左起）：章昭煌、陆维钊、梁廷灿。这照片最初登在《清华年刊》（1925—1926 年卷），1926 年夏出版。

清华学校研究院导师与助教合影

　　幼和（戴家祥）先生晚年，常来家中与母亲聊天。某日，谈到清华研究院往事，说：那张照片的说明弄错了，陆维钊因祖父病故，未能就任助教，后排中央站着的是斐云。不久我回国讲学，母亲嘱查一下，说看照片像是大舅，不似陆先生。陆先生是母亲在松江女中的老师，他年轻时的相貌神态，母亲是记得的。戴老当年是清华研究院的学生，从观堂习金文与甲骨文，故与大舅相熟；对老师的学术、投湖之背景和研究院史实，皆有探究。1960 年 1 月，清华大学迁观堂棺于福田公墓，1985 年树碑，便是幼和先生撰的碑文（沙孟海书丹）。他的讲法应是可靠的。

　　查《王静安先生年谱》：乙丑（1925 年）"七月，里北来受业于先生之门，先生命馆于其家。会研究院原聘助教陆君以事辞，主任吴先生命里承其乏，日为先生检阅书籍，及校录文稿"[1]。这是大舅自己的记录，作于 1927 年 12 月 10 日。

---

　　[1]　《赵万里文集》卷一，第 55 页；原载《国学论丛》第一卷第三期，1928 年。

《追忆王国维》载海宁蒋复璁（慰堂）先生文章，也说，因研究院主任吴雨僧（宓）先生来自东南大学（南京高等师范），除了任公的助教由堂侄廷灿担任，其余助教皆东大毕业生。"分配给静安先生的助教是陆维钊君，陆君因病不能赶到，先请赵万里君代理，后来就由赵万里担任"（第119页）。慰堂1923年北大哲学系毕业，其时在清华兼课，任讲师，住古月堂。观堂入居清华园后，他常去请益，曾协助研究院第一期招生，是知情人（参见下文）。但"陆君因病"不确，或属误记；陆先生"不能赶到"的缘由，不是本人染疾，而是祖父病逝。同书另有观堂的女长公子东明先生的回忆，与戴老相同："父亲就任清华研究院，原已聘定平湖陆维昭（钊）先生为助教，当时陆先生因祖父丧未能履任，赵〔万里〕先生即由人推荐与父亲。"（第412页）

综上，若大舅补缺为助教是在8月，即清华研究院开学之前，则合影后排居中者便可确定是他，而非陆先生。因为细看那照片，7个人都身着秋衣（夹袄或薄棉衣），不是夏天的模样。

看来，《清华年刊》的文字说明是错了，诚如戴老所言。只是《年谱》跟知情人的回忆文字少些细节，而考证似应使用更直接的第一手的证据。但工作一忙，这疑问就搁下了。

10月末内子抵京，一同至观堂先生纪念碑凭吊，忽又想起。于是上清华校史研究室网站检索，读到孟凡茂《关于陆维钊——任职助教，何时离校》一文，终于有了答案。

孟文的考证干净利索。首先作一判断，照片据人物衣着，当摄于1925年秋或1926年春。但李济先生1926年春赴山西做考古调查，则拍摄日期就只能在1925年秋了。然后，从《吴宓日记》查雨僧为3位导师聘助教的记载及各人到校日期，即可证明，合影时陆先生不在清华。我请学生帮忙，借了《日记》（1925—1927 年卷）来逐条核对，确实孟先生解决了问题。雨僧是先师李赋宁先生的老师，两家为世交，所以《日记》读来饶有兴味，每每让我想起两位先生的旧事——那是题外话了。

7 人当中，观堂最早迁入清华，1925 年 4 月 18 日："晨，王国维先生搬来居住。"之前，4 月 3 日："See Pr. on As. Bdg."（为助教及房舍事谒校长）。4 月 15 日："上午，见 Pr."，括号"梁廷灿"等。孟文推测，雨僧这两趟见校长曹云祥，跟观堂和任公聘助教有关。

8 月 1 日："赵元任来，拟用其内侄为助教。逾日，决用章昭煌，企孙荐也。"8 月 4 日："作函致章昭煌聘为赵元任先生助教，月薪 60 元……宓函由赵寄叶企孙转交。"可知助教人选，皆由雨僧与导师商量后决定，且着意提携东大学子，如慰堂所述。次年陈寅恪先生到任，所请助教也是东大人，即大舅的挚友浦江清先生。

8 月 31 日（星期一）："赵万里到校，代陆维钊。"9 月 1 日："见校长……以赵万里代陆维钊职务，批准。"

9 月 5 日及 6 日，新生入校，报到注册。9 月 8 日，雨僧在工字厅设宴，招待观堂、任公、梁漱溟（讲师）、赵元任、李济、"戴元龄、赵万里、卫士生、周光午"。注明：助教梁廷灿、章昭煌"未到"。"下午……在宓室，开研究院第一次教务会议"。9 月 9 日："十时，至大礼堂，行开学礼"。9 月 13 日："十时，至琉璃厂文友堂，晤王静安先生及赵万里君，为校中购书。"观堂"请在青云阁玉壶春午饭，进果面"。9 月 14 日（星期一）研究院开始上课：上午听观堂讲《古史新证》。"晚赵万里来，细述陆维钊之身世情形。决即永远留赵，命陆不必来此。所谓两全其美也"。

10 月 1 日："章昭煌欲移居古月堂或学务处。"请吴先生帮助安排。10 月 20 日："梁廷灿昨日到校。"直到这时，照片里的人方才到齐，而陆先生请假回乡，早在开学之前。故孟文认定，合影摄于 1925 年 10 月下旬至 11 月间，后排中央观堂的助教，只能是大舅无疑。

二

陆维钊（微昭）先生在东大与大舅同级，也是从吴瞿安（梅）、柳翼谋（诒徵）二位老师研习词曲。但大舅 16 岁上的大学，比陆先生小了 6 岁。如果陆先生毕业后曾经北上，应在 6 月下旬或 7 月间。或许抵京不久，未及就任，便因祖父病重或亡故而告假回了平湖。雨僧《日记》未提陆先生到校，只记了临开学由大舅代职，校长批准，旋即正式聘任。其命陆先生"不必来此"，似指后者须在家乡守孝，无法履职，故谓"两全其美"。

守孝期满，陆先生到秀州中学教书，继而受聘至松江女中，成了我二姨的国文老师。当时，松江女中的师资可谓人才济济，有徐声越（震堮）、施蛰存、王季思、丰子恺等，皆一时之选。徐先生是母亲的国文老师，课外另教她世界语，放了暑假便用世界语通信，给她改错，还译了她一篇作文（写小蚂蚁过年的童话），登在匈牙利的世界语刊物《文学世界》上。徐、施二位解放后执教于华东师大，徐先生且是近邻，可说是看着我长大的。

陆先生多才多艺，尤擅书法，松江女中的校匾是他的字，校歌则是他作的词。抗战后移席浙江大学，1952 年院系合并，转为浙江师院（后更名杭州大学）中文系副教授。1960 年，潘天寿先生出面，调至浙江美院国画系任书法篆刻科主任，从此成了专业的书法家。

二姨和姨夫留学英国，1947 年应竺可桢校长之邀回浙大服务，便成了陆先生的同事，直至他调离杭大。此外，他跟姨夫在民盟与省政协也是多年的同仁，加之重为表哥（二姨的长子）学画，所以陆先生的字画，我自幼即有印象。"文革"中，我在云南边疆自学外语，作业寄姨夫批改。每年回沪，先在杭州下车，到道古桥杭大新村二姨家住几日。有一次外出，路过陆先生家，二姨说进去看看老先生，但那天的细节，他们聊点什么，已淡忘了。

据说，陆先生对未能问学于观堂，是终生抱憾的。然而他书画双绝，"蝶扁体"独树一帜，并有诗词传世，育才无数，如此成果斐然，实非常人可比。

三

岔开去谈谈幼和先生。他虽是清华研究院第二期学生，1926 年秋入学，《吴宓日记》却有更早的记载。1925 年 6 月 23 日："下午五时，戴家祥持胡适致校长荐函来，准报考。"也许他因故未考，或没被录取，8 月 29 日："见戴家祥，求为旁听生，未准。"9 月 1 日，又记"戴家祥来"。如此，戴老同大舅相识，很可能在 1925 年 8、9 月间。

1951 年，华东师大成立筹备组，戴老因好友中文系主任许杰先生相邀而"加盟"，先任中文系教授，次年转历史系，主讲历史文选、中国通史。1957 年反右，先生耿介敢言，被人在万人大会上栽赃诬陷，打成右派。遂不许教书，放在资料室做一个资料员。但先生毫不灰心，利用业余时间继续收集拓片，准备编撰《金文大字典》。不想"文革"骤起，复遭残酷批斗，打断腿骨。数十年辛勤考证金文、甲骨文所做的卡片和书稿，红卫兵抄家付之一炬。"文革"结束，他以耄耋之年，积 16 载之功，终于完成三大卷《金文大字典》，于 1995 年出版。同时，还校勘了他姨公、晚清大学者孙诒让的《名原》《古籀馀论》和《籀廎述林》。16 年间，戴老没有伸手要过一分钱科研经费；直到项目列为上海市"六五"重点，编撰组才获得 4500 元拨款，用于购置图书资料。据戴老的得意门生王文耀先生记述，同事和领导曾多次劝戴老申请补助，"老师却执意不肯，结果他自己垫入抄写费近万元"。如此勤俭治学，学生助手都学他的榜样，初稿用废旧纸，资料袋手工制作，去出版社送取稿件，"靠手提肩驮，从不搭出租车"（戴家祥，第 34 页）。比比当今学界的排场、挥霍跟造假，真是判若云泥。

幼和先生 1998 年逝世，享寿 93。王文耀先生整理出版了《戴家祥学述》，题赠母亲一本，我拿了来美国。书里夹有一纸，是母亲所记幼和先生讲的几件事，及他提供的资料出处。老先生家住师大一村进校园的先锋路近旁，我陪母亲出门，常见他戴着袖套，手提一把竹扫帚，在路口扫落叶或清理布告栏；那是他每天的公益劳动。母亲便上前问安，他总是乐呵呵的，对我说：回来啦，这一趟居几日啊……

四

《吴宓日记》率真生动，处处流露性情，足可媲美英人皮普斯（Samuel Pepys）日记。1927 年有数条提及大舅的婚事，不啻一份珍贵的历史见证。4 月 25 日："又夕，赵万里偕周光午来，商赵万里结婚之办法，并拟请宓为证婚人云。"5 月 24 日："夕，与陈寅恪、赵万里、周光午散步，并至寅恪家中坐谈。赵万里不日结婚，本已约定宓为证婚人，旋以寅恪言，改请梅贻琦。盖以职位之关系云。"

6 月 5 日（星期天）："下午二时半，微雨。偕心一、学淑，至报子街聚贤堂，赵万里与张劲先女士婚礼。宓代王先生（静安）为介绍人之一，并演说。略谓古今文学家，皆有美人以引其情而助成其诗文著作。欲知今日新郎新娘之恋爱订婚以迄结婚之历史者，请俟赵万里君所作词集《夕阳琴语》出版，取一册读之，便知其详云云。旋即入席。宓与梅贻琦、陈寅恪等同桌，食半饱。"

过一周，陈、吴二位宴请新郎新娘及诸友。6月12日："夕赵万里，偕其新夫人张劲先来。"6月13日："晚八时，至寅恪宅，而彼等来拜。旋即赴小桥食社，寅恪及宓为主人（每人费六元二角，合十二元四角）。客如下：赵及其新夫人张，新夫人之姊张愚亭女士，周光午、浦江清、王庸、杨时逢、侯厚培（夫人未到）。席散后，又同至宓室中茗叙。九时半散。"

大舅妈的姐姐名智扬，愚亭大约是字。她是北京女师大毕业，夫君李芳馥先生也是我国图书馆界的翘楚，解放初负责筹建上海图书馆，为第一任馆长。

大舅与大舅妈是表兄妹。据母亲的文章，大舅妈的父亲（即母亲的舅舅）名张励石，是前清举人，曾在外地做官，民国初年任《浙江日报》主笔，笔锋锐利。他思想开明，反对缠足。家人给大妹缠足，只要他看到，就一把将妹妹抢下，不许再缠。但小妹即我的外婆缠足时他不在家，因而外婆的脚就成了"三寸金莲"。他为两个女儿取名智扬、劲先，意在鼓励与男儿一样力争上游，独立生活。稍长，即带去杭州读书。智扬中学毕业，考进女师大；劲先则是杭州女师毕业后来的北京，当了孔德学校的教员。

大舅同表妹原先没见过面，是到了北京才相识的。之前，父母给他订过一门亲事，女方是同邑（海宁城区）一士绅家的姑娘。双方交换了照片，家长看了都觉得满意。那年大舅18岁，正在南京上学，相片是在乾隆朝大学士陈阁老的私家花园啸园的九曲桥上拍的，"长衫马褂，西式分头，眉清目秀，翩翩一少年"（母亲语）。如今他同表妹时常往来，两人就恋爱了，不久即写信回家，提出解除婚约。这事让父母大伤脑筋。起初对方坚决不同意，认为解约有损女儿的名誉。后来托人居中调解，商定男方出钱在女方家门前修一条路，这才避免了一场纠纷。

五

大舅拜观堂为师，听母亲说是瞿安先生写信推荐的。好像华东师大历史系研究观堂的刘寅生先生曾告诉她，见过原信。拜师的时间，按蒋慰堂先生回忆，在1925年7月：

> ［民国］十四年七月，我回到北平，同乡张树棠先生，亦是曲友，他与赵万里君的尊人是结拜朋友，说在海宁接洽过的，赵万里是东南大学读完二年级，本从吴瞿安（梅）先生治曲学的，要到北平来从静安先生读书，因他不认识静安先生，托我介绍进谒。于是我陪赵万里君至王家晋见，拿了两条大前门香烟，进门就叩头行礼。[1]

慰堂出身海宁大户，是民国军事家蒋百里先生的堂侄，徐志摩的表弟。表兄弟俩兴趣相投，徐的第一本诗集《志摩的诗》便是表弟帮他编的。慰堂是中国现代图书馆学的先驱，其事业始于任公创办的松坡图书馆，继而做北平图书馆编纂，负责中文图书编目。遂有志于改革中国图书分类，几经探索，创立了一套新的编目与分类法。抗战期间出任中央图书馆馆长，为保护国家文物做出了卓越的贡献。抗战胜利，回上海接收日伪资产，最著名的一桩功劳，是逼迫军统头子戴笠

---

[1] 《追忆王国维》，第119页。

交出私吞的国宝毛公鼎。迁台后，仍主持图书馆工作，并应蒋介石之请，筹建台北"故宫博物院"，为首任院长。

但蒋先生说大舅只"读完二年级"，却是误会，或是看年龄作的推测（当时大舅刚满二十）。又，观堂与大舅实为姻娅，关系是这样的：观堂的原配莫氏因产褥热去世，续弦娶潘氏。潘夫人为莫夫人表甥女，是我外婆的表妹；故大舅应叫潘夫人表姨母，称观堂表姨夫。不过两家虽同在海宁，只是葭莩之亲，平时并无交往①。所以为郑重起见，大舅虽有瞿安先生的推荐，仍请了蒋先生"介绍进谒"。

大舅拜见观堂的情景，东明先生有生动的描绘：

> 民国十四年冬天，我到清华不久，赵先生即到职了，想到第一天他见父亲的情形，我们谈起来还要失笑，他毕恭毕敬远远的站在父亲面前，身体成一百五十度的向前躬着，两手贴身靠拢，父亲说一句，他答一句"是！"问他什么话，他轻声回答，在远处根本不知他说些什么？话说完了，倒退着出来，头也不抬一下，我想这个情形，大概就是所谓"执礼甚恭"吧。他对母亲不称表姨母而称师母，态度也是恭恭敬敬的。（同上）

东明先生自谓，是"阴历十一月中旬""严冬季节"到清华的②；如上文所述，那时大舅已做了将近一个学期的助教。因此，她说的"第一天"晋谒，恐怕不是慰堂领来拜师那一回。但也许这让人失笑的"毕恭毕敬"，确是拜师的场面，只是东明先生年幼，还在家乡，并无目睹，是事后听家人告诉的。讲得多了，在记忆中，便成了自己的经历。

东明先生在清华园，没有上成志小学或另请老师，而是由父亲亲

---

① 参见《追忆王国维》，第 412 页。
② 参见《追忆王国维》，第 405 页。

自施教，念《孟子》《论语》。次年6月，观堂沉湖，潘夫人悲痛欲绝，曾有轻生的念头，悄悄写了遗书，被东明发现，几个人哀求苦劝，才打消了死志，说："好吧，我再管你们十年"①。东明因为不放心母亲，就没敢去上学，潘夫人遂请大舅教女儿古文：

> 赵先生与我，又有一年的师生之谊……他替我准备了一部《古文观止》，先选读较易懂的，再读较艰深的。他讲解得很清楚，每次教一篇，第二天要背、要回讲。他上课时板着脸，我怕在外人面前失面子，因此用心听讲，用功熟读，直到有了把握，才放心去玩。记得有一次念韩愈的《祭十二郎文》，竟感动得掉下了眼泪，这表示我已能全心的投入了。

> 赵先生有一位贤内助，是硖石张氏名门才女，写得一手好字，凡是赵先生的稿件，都是她誊写的。当他们离开清华时，已经有了一个男孩子。②

大舅妈的字确实漂亮。大舅的字，照外公的说法，是抄书抄坏了的——成天抄珍本抄碑文而不讲究书法气韵，因此不如大舅妈。《天宝遗事诸宫调》遗稿中，有十来页不是大舅工整的墨迹，字体娟秀而饱满，便是大舅妈誊写的部分。

六

有一则大舅教书的趣闻，大约最早出自吴组缃先生一次访谈。说是大舅25岁时，回清华讲版本目录学，一日在课堂上说：不是吹牛，某书某版本只有我见过。课后，却有两个学生即钱锺书跟吴晗议论：

---

① 参见《追忆王国维》，第410页。
② 参见《追忆王国维》，第413页。

只有他见过吗？我们也见过呀，而且同他介绍的不一样。大舅那门课，原"计划讲十个题目，第一个题目落下这个笑话后，就留下七八个题目请钱锺书和吴晗讲"。吴先生说，大舅的学问很了不起，但有这样的雅量，更令人佩服①。

这故事我当初读到，也觉得挺风雅的，颇似《世说新语》里那些风流人物的俊逸旷达，也是老清华永久的魅力所在。

然而，钱先生郑重否认了：在清华从未选修版本目录学，"看书［也］不讲求版本，于版本既无所知，亦无兴趣，哪里会那样充内行呢?!"还说，"吴晗是燕京转学到清华历史系的，我已在三年级，从没和他同上过任何课程"②。

查大舅年表，观堂弃世次年（1928），大舅由陈寅恪先生介绍，离开清华研究院加入北平图书馆（原名京师图书馆），任中文采访组和善本考订组组长，兼任馆刊主编。其时采访部主任为徐森玉（鸿宝）先生，大舅在徐先生指导下工作，日日浸淫于宋元旧刻、精校名抄之间，又时常求教于前辈藏书家如傅增湘、周叔弢、张允亮等先生，与之亦师亦友，相互切磋。并在各地藏书楼访书，开始了《永乐大典》的辑佚校注工作。又次年（24 岁），受聘在北大兼课，讲授"词史"，讲义《词概》和《词学通论》由北大出版部印行。同时兼任中央研究院历史语言所特约及通讯研究员、故宫博物院图书馆并文献馆专门委员。清华兼课，则始于 1933 年 9 月（28 岁），在国文系讲"金石学"，讲义《中国金石学》由清华出版部印行。或许也开过版本目录学，但钱先生是 1933 年从外文系毕业，正好同大舅在清华错开。所以，上述钱先生的澄清是可信的。

---

① 李洪岩：《吴组缃畅谈钱锺书》，载《人物》1992 年第 1 期。

② 舒展：《钱锺书怎样对待"钱锺书神话"》，载《北京日报》2002 年 6 月 3 日。

那么，会不会是吴晗先生一个人代的课呢？也不太可能。吴先生1934年毕业，选过大舅的"金石学"。大舅说，他极用功，但常缺课，期末交来一篇论文，跟课程内容无关，是他自己正做着的题目。大舅读了，颇为欣赏，就让他以论文代替考试。也许这论文代考，便是那安在钱先生头上的逸闻的原型吧。

当然，后人一般的心理，是不妨信其有，而不愿信其无的。任何一所有点历史的大学，倘使没有一堆名教授的趣事与传说，还能称得上名牌么？

吴先生小大舅四岁，对老师非常尊敬，时有书信往来，探讨学术。即使建国后当了北京市的领导，仍不时到北图善本部查阅古书，直至姚文元发难，批他的《海瑞罢官》。不久，"文革"抄家，那些信便成了罪证，审查者要大舅交代，与吴先生究竟什么关系。大舅的回答却也富于历史意味，说：关系不复杂，是前后两段。起先我在台上讲，他坐在下面听，我是他的老师；后来他在台上讲，我坐在下面听，他是我的领导。审查遂不了了之。吴先生1969年10月殁于北京狱中，死因不明，距今已41年了。他内心始终是一个诚恳而执着的学者。

七

我小时候是圆脸，舅舅阿姨都说长得像大舅，同辈中又是唯一喜欢文科的，虽然调皮，不甚用功，后来读了西学而非国学。但对大舅，便有一种特别的亲近的感情。脑海中的大舅，至今还是60年代初他来上海那几回，一身呢子中山装，神采奕奕的样子。他通常是受文化部委派，到闽、浙、苏、皖一带访书，或是考查地方戏曲、文物保护，或是去港澳替国家收购宋元明珍本。最后一次大概是1963年，回家同丁阿姨谈起——上海的旧事，我一向仰赖她的记忆和化作诸暨成语字字珠玑的描摹——她还记得。说是做了一桌家乡风味的鱼虾烤鸭，大舅吃了，赞不绝口，回到北京对父亲说：宝鏖啊，你真有福气，丁阿姨烧的一手好菜！那一年父亲调去了中央机关，参加写跟苏共论战的"九评"。丁阿姨说，大舅到父亲的书房里待了一会儿，出来说，那两架线装书无收藏价值——他还想着寻访古籍呢。

"文革"中再见大舅时，他已经瘫痪在床，基本上不能言语了。大舅妈把我领进里屋，他苍白的脸上绽出了笑容，嘴唇蠕动着，吃力地想说什么。大舅妈俯身去听，替他"翻译"，我心里一阵酸楚，悲哀得说不出话来。他是在北图的"牛棚"管制劳动期间，由于扔掉一块没吃完的窝窝头，而招惹的灾祸。批斗者强迫老人把那块捡回来的已经发霉的东西，当众吞下，导致肠胃严重感染，高烧、吐泻、失水、神志不清，最后深度昏迷。送到医院抢救，那几个丧心病狂的还日夜监视，命医生将"此人有政治问题"记入病历。刚刚苏醒，即停止治疗，赶出医院。大舅曾有多少事情计划了要做，多少古籍还等着他整理保护，多少宝贵的知识经验，甚而瘫痪之后他还想着要著书传授。他一生的心血全给了北图，而北图竟这样待他。

那是我初访北京。待到 80 年代初，在北大读研究生，便成了北观场胡同那座四合院的常客。大舅妈看我来了，总是让我陪着走出巷子，到王府井买点素鹅或别的熟食，再让姥姥炒一盘白菜肉丝。聊起旧人旧事，大舅妈有说不完的好听的故事。这也不奇怪，她就生活在"故事"之中。屋子里几样旧家具，还是 1928 年潘夫人举家南迁时留下的，如一家人吃饭的方桌、靠椅、孙儿的书桌，都是观堂的遗物。问及大舅的藏书，大表哥说，两册《永乐大典》，"文革"前就捐给了国家（入藏北图）。"文革"抄家，则不知拿走多少。"文革"后平反，归还抄家物品，北图来人说，希望捐献其中 19 种古籍。大舅看了清单，表示同意，但唯有一件一定要归还。那是他当年在清华研究院所临观堂亲校的明刻《水经注笺》（朱王孙本），书末有观堂的长跋并两方钤印，乃是恩师留下的最珍贵的纪念：

> ……门人赵斐云酷嗜校书，见余有此校，乃觅购朱王孙本，照临一过，并嘱识其颠末……然则斐云以数月之力，为余校本留此副墨，亦未始非尘劫中一段因缘也。丁卯二月十八日雪霁后观堂书。

周叔弢先生在给黄裳先生的信里，曾这么评价大舅的成就："斐云版本目录之学，既博且精，当代一人，当之无愧。我独重视斐云关于北京图书馆善本书库之建立和发展，厥功至伟。库中之书，绝大部分是斐云亲自采访和收集，可以说无斐云即无北图善本书库，不为过誉。斐云在地下室中，一桌一椅未移寸步，数十年如一日，忠于书库……其爱书之笃，不亚其访书之勤。尝谓余曰，我一日不死，必护持库中书不使受委屈。我死则不遑计及矣。其志甚壮，其言甚哀。"

是的，其志甚壮，其言甚哀。大舅对于历史上无数珍藏的损毁散失，文化的衰败，风雨飘摇，太了解了。那年 6 月，观堂先生自沉昆明湖，去得如此"平静、从容、高峻"（王文耀先生语）——那天，他曾四处找寻；而后，整理出版恩师的遗著，编撰年谱，一步步走来，不负其厚望。观堂的志与哀，又何尝不是他的志与哀呢？

2010 年 9 月于铁盆斋

参考文献：

冀淑英等编：《赵万里文集》（卷一），国家图书馆出版社，2012 年。

王文耀整理:《戴家祥学述》,浙江人民出版社,1999 年。

孙敦恒:《王国维年谱新编》,中国文史出版社,1991 年。

吴学昭整理:《吴宓日记》,生活·读书·新知三联书店,1998 年。

张志清:《赵万里与永乐大典》,载《中国文物报》2002 年 5 月 10 日。

陈平原、王风编:《追忆王国维》(增订本),生活·读书·新知三联书店,2009 年。

(原载 2010 年 11 月 28 日《东方早报》;收入冯象《信与忘:约伯福音及其他》,生活·读书·新知三联书店,2012 年 7 月)

赵万里与冯孟颛

饶国庆

赵万里与冯孟颛先生是浙江老乡，均为民国时期著名藏书家、版本目录学家。冯孟颛比赵万里年长 19 岁，却称赵万里为"足下"①，而以"弟"自居。二人皆少年成才，满腹经纶。赵万里作为王国维高足，除版本目录之学外，在戏曲、金石、文史等方面造诣极深，一生在全国各地访书、征书，是北京图书馆的开创者和奠基人。冯孟颛则是一位传统文人，早年参加科举考试，17 岁中秀才，与陈布雷、钱罕等都是国学家冯开的学生，文学桐城派，诗出汉魏六朝。冯先生还是宁波首届军政参议员，与军、政、文各界联系密切。然而，令人称奇的是冯先生辛亥革命后，伏跡乡里，常年搜集地方文献、保护古迹，成为一代乡贤及藏书家，是民国期间宁波版本目录之学唯一的传承者和集大成者。

对于赵、冯二人之间交往的书林逸事，学界却未有提及。实际上早在 1931 年夏二人就有了很好的接触。当时郑振铎先生从英国回来，在上海巧遇赵万里先生，二人商议到天一阁访书。8 月中旬到宁波后，他们住在好友马廉的家里，两次谋登天一阁皆被拒之门外，无奈之下赵、郑等人"则访书于冯孟颛、朱鄮卿、孙祥熊三家。孟颛、鄮卿皆

---

① 见后冯孟颛与赵万里通信副件。

尽出所有，以资探讨"①，"于是我辈乃谋访鄞地各藏书家，尽数日之力，于冯孟颛、朱鄮卿、孙蜗庐诸氏所藏，皆得睹其精英焉。孟颛所藏姚梅伯稿本甚多，予抄得姚氏《今乐府选》全目，殊为得意。鄮卿藏曲子亦不少。蜗庐于书深藏秘锢，淹于我辈，尽出其佳品"②。此次访书，赵万里作为一位有学养的"年轻人"③，不仅饱览了伏跗室④等宁波藏书家的珍藏，还给人留下了深刻的印象。

1931 年的天一阁，就像一位饱经风霜的老者，如同清初黄宗羲登楼前一样，低调、寂静而封闭。但它并没有离开学者的目光，此时的中国藏书文化在内忧外患之中催生出了第一次学术浪潮，由谁来揭开天一阁神秘的面纱，似乎天一阁及学界都在等待着。

——

1933 年 7 月 26 日，宁波《时事公报》以"中央研究院派员来甬会编范氏天一阁书目"为题，刊登赵万里来阁编目的消息：

国立中央研究院以鄞城天一阁范氏藏书为浙东冠，其中明季史料尤多，欲详悉其间真相，特派北平图书馆编纂委员赵万里君，携蔡子民先生致陈县长函，于前日来鄞，当分赴县政府及文献委员会、鄞县通志馆，有所接洽。惟该阁劫后书目，亟须整理，特邀同北平中法大学教授马隅卿、鄞县通志馆协纂马涯民、文献会委员长冯孟颛、商校校长王奂伯、文献委员朱鄮卿诸君协助编订

---

① 见国家图书馆所藏的《新镌女贞现重会玉簪记》郑振铎题记。
② 详见《西谛书话》，第 484 页。
③ 见《朱鄮卿日记·1931 年》，未出版。
④ 伏跗室，冯孟颛先生之藏书楼。

书目，业于昨日偕同范氏各房长及范鹿其等，入阁着手检查矣。

消息一登出，"闻讯来观光的人纷至沓来，把一个小小的阁楼挤得水泄不通"①，天一阁立刻成为宁波及中国藏书文化的一个热点，再现了清初大学者黄宗羲登阁观书之后，"会买扁舟下浙东"②的盛况。

对于此次天一阁编目，赵万里并非一时冲动，他曾对冯孟颛及来访之人讲过，其实早在三年前北平图书馆就有此项计划，后"因种种关系，迟迟未执行"③。1930年，赵万里曾访上海涵芬楼，在张菊生先生引荐下观看了涵芬楼的藏书。他发现该楼藏书中精品绝大部分为天一阁劫后流散的古籍，如"明代登科录乡试诸录，至少也有七八十种……最引人注意者，尚有类书类明人吴琯所编蓝格印本《三才广记》一书，共存四百九十六卷，八十三册"④。此时他已经有了要为天一阁编一部新目录的想法。他原计划有空时再次登涵芬楼，详编书目。殊不料，1932年1月28日，日机轰炸上海，涵芬楼付之一炬。赵万里先生为之悔恨有加，更加坚定了他要为天一阁编定一部现存书目的想法。虽然对1931年来甬后未能登天一阁观书有点遗憾，但并未打消他的决心。1933年7月初，他再次从北平至上海，再由上海乘船到宁波。他走访了此时已任鄞县文献委员会委员长的冯孟颛先生⑤，希望冯先生能够协助引见范氏族人。冯先生将此事告知鄞县县长陈宝麟。陈宝麟、冯孟颛及鄞县通志馆马涯民等人，与范氏子嗣协商，最后范家开会通过，终于"成立了一种谅解，相约七月二十五日起，以一星期为限，

---

① 见《鄞范氏天一阁书目内编》附三，第29页，《赵氏万里重整天一阁现存书目内篇外篇附篇》。

② 贺铸之诗句。

③ 见1933年8月15日《宁波日报》刊登之《范氏天一阁藏书》一文。

④ 见赵万里《从天一阁说到东方图书馆》一文。

⑤ 1932年11月1日，鄞县文献委员会成立，冯孟颛任委员长。

开阁观书。在此期间，所有监视我们的范氏族人膳食费都由我负责筹款担任，但须向鄞县县政府补递一封公函，以便据以备案"①。由于需要一份公函，赵万里先生赶回上海，找到时任中央研究院院长的蔡元培先生，以中央研究院及国家图书馆特派员的身份再次回到宁波时，已"费时十余日之久"② 了。加之范氏族人只答应以一星期为限，无法细览藏书，藏书的编目计划变得非常紧迫。在人事上，赵万里邀请了冯孟颛、朱鄦卿、马廉、杨菊庭等人帮忙，还通过朱鄦卿在宁波法院里找了两位专司誊写的年轻人。后来，"北京大学史学系同学张苓思先生看了日报，知道我在宁波，也赶到阁里来帮着编目"。加上因登报而来帮忙的杨贻诚、张美馀等人，足有"十余人"③。冯孟颛先生的独子冯昭适亦来帮忙。赵万里先生则"一个人负全部提调之贵，旁人整理过的书籍待经我审查一次，才算完事"。关于如何编目，赵万里对冯孟颛等人讲，"决于年内先行编纂简要目录，至明年再行编订详细目录"④，待书目完成后，"分赠各大图书馆以备查考"⑤。

为天一阁编目的过程是很紧凑的。赵万里先生后来回忆说：

我从上午六时起至阁工作，下午七时才出阁休息，晚上如无应酬也得和隅卿和其他熟人乘风凉闲谈。所以每天睡眠时间最多不过五小时，但是精神并不觉得疲倦。这二千多种的书到现在还能默忆出大部分来。我们整理的步骤是用预定的一种精密的统计法，无论行款、边口、版心大小，属于机械方面的，固非一一记

---

① 见赵万里《重整范氏天一阁藏书记略》一文。
② 见 1933 年 8 月 15 日《宁波日报》刊登之《范氏天一阁藏书》一文。
③ 见《鄞范氏天一阁书目内编》附三，第 29 页，《赵氏万里重整天一阁现存书目内篇外篇附篇》。
④ 见 1933 年 8 月 15 日《宁波日报》刊登之《范氏天一阁藏书》一文。
⑤ 见 1933 年 8 月 15 日《宁波日报》刊登之《范氏天一阁藏书》一文。

载不可，就是序跋和内容的特点也得在极短的时期内缩写下来，以便日后作书志时参考。①

编目的过程是有趣的。他们曾为天一阁古书中的芸草有过辩论，冯孟颛有记云："赵万里认为是除虫菊，钟观光定为火艾，未审孰是。"②

编目5日后（7月31日），众人于天一阁前公祭范钦。鄞人张原炜有记：

> 中华民国二十有二年七月二十五日，北平图书馆派员来鄞，会同鄞县文献委员会、鄞县通志馆诸同人等编次《天一阁劫后书目》。越五日，公祭兵部右侍郎东明范公，用资景仰。即卒祭，与祭者署名如左。

署名人有陈宝麟、赵万里、冯孟颛、冯昭适等18人。

此次编目于1933年8月1日③正式结束。赵万里携稿北归，打算继续整理以待出版。赵万里与冯孟颛把此目定性为天一阁书目内编，约收书2000种。冯孟颛先生回忆说，赵万里在编目时还有一个标准，就是清乾隆皇帝御赐给天一阁的铜活字本《古今图书集成》一万卷以及天一阁入清以后收藏的各类文集不予收录。这条也是与日后冯孟颛编撰的四卷本《鄞范氏天一阁书目内编》重要区别之一。对于赵万里及赵目④，冯孟颛先生有高度评价。他说："赵氏周游南北各省访求遗书，曾入故宫整理典籍，闻见既广，鉴别尤长。民国二十二年七月，

---

① 见赵万里《重整范氏天一阁藏书记略》一文。
② 见冯贞群著《鄞范氏天一阁书目内编》附四第11页《芸草避蠹英石收湿之说》。
③ 见《鄞范氏天一阁书目内编》附三，第29页，《赵氏万里重整天一阁现存书目内篇外篇附篇》。
④ 赵万里主编的《天一阁书目内编》，简称赵目。

客游鄞江，登阁编目，体大思精，校编周全。"①

对于赵目中出现的一些问题，如："其记略所云东边一个柜子里装着六部不全的成化本《宋史》，今细核之，仅存其半。又云登科会试乡试武举等录约有一千二百余种。考薛氏书目载四百九十二种，为历来著录最多者，与其所约相去悬殊，故其总计二千多种，大相径庭。"②冯孟颛先生认为"盖赵氏入阁仅仅八日，手披目览，应接不暇，未遑详审也。"③

可惜的是，赵万里回去后忙于《北平图书馆善本目录》的出版，未能如约于1934年来甬。而赵目原稿在1947年与冯孟颛先生对话中告知，"天一阁书目内编手稿在抗战期间全都散佚了"④。赵目是否尚在人间，已成为一个不解之谜。然而可以肯定的是，赵万里先生此次来天一阁编目，以及所确立的天一阁书目内编、外编的构想给冯孟颛先生日后编《鄞范氏天一阁书目内编》（以下简称冯目）以及书目外编产生了巨大的影响。此次天一阁编目8日，十余人朝夕相处，所讨论的天一阁目录编纂思想已经深深地印刻在日后的冯目体系之中。因此，有人说冯孟颛先生的目录学思想及体系的形成，与赵万里来天一阁编目是有很大关系的，所言不虚。

以上可知，赵目虽然难觅踪迹，但赵万里来甬编目，不仅使天一阁再次站在了学术和舆论中心，对日后天一阁化私为公起到了推波助

---

① 见《鄞范氏天一阁书目内编》附三，第29页，《赵氏万里重整天一阁现存书目内篇外篇附篇》。

② 见《鄞范氏天一阁书目内编》附三，第29页，《赵氏万里重整天一阁现存书目内篇外篇附篇》。

③ 见《鄞范氏天一阁书目内编》附三，第29页，《赵氏万里重整天一阁现存书目内篇外篇附篇》。

④ 冯孟颛外孙陈伯龙对作者云此。

澜的作用，而且他所带来的传统目录学思想在四明大地上生根发芽。

二

赵万里与冯孟颛因天一阁而结缘，而冯孟颛先生的命运，更是与天一阁紧密相连。赵万里编目不久，即 1933 年 9 月 18、19 日宁波遭遇飓风，天一阁东墙全部倾倒，风雨交加下已损及图籍①。

赵万里在甬城编目的气氛未消，天一阁受灾的消息一出，鄞县上下高度关注。在范氏后人无力修葺天一阁的情况下，以冯孟颛为首的鄞县文献委员会决计在天一阁成立重修委员会，以冯孟颛为实际负责人，帮助范家渡过难关。天一阁重修委员会迅速制定了详细的修缮方案，主要包括：一是对天一阁落地大修，更换朽木，并修复倾倒的东墙。二是将宁波尊经阁内收藏的石碑搬至天一阁内。三是在天一阁的北面再造一个新的天一阁用以藏书，以替代旧天一阁。四是编撰天一阁书目内外编。

修缮需要资金，重修天一阁委员会决议向全国募集资金。冯孟颛将此事告知远在北平的赵万里先生，并希望他为天一阁撰写一份募捐启。赵先生爽快答应，并于 11 月 18 日左右寄上其书写的募捐启一份。但由于天一阁急于修复的原因，加之天一阁重修委员会决议一边修缮一边募捐，以冯孟颛等人起草的募捐启，先于赵氏募捐启刊登发布，故赵氏募捐启并没有真正使用。现今从冯氏、赵氏募捐启二者比较中可以看出，冯氏重视实用，而赵氏之募捐启考证更详，文气更甚。赵氏之《天一阁募捐启》辑录如下：

> 大江以南为历代藏书渊薮。自明以来，叶文庄、陆元大、吴

---

① 详见 1933 年 10 月 20 日《宁波日报》刊登之《鄞文献委员会代电募修天一阁》。

元恭、都玄敬辈，文采风流，照耀三吴；文衡山、王履吉继之，逮虞山毛氏、昆山徐氏而极其盛，言版刻者宗焉。顾未见有以一代文献自任如吾鄞范东明司马者。司马以进士起家，历巡闽、赣，所至有声。起天一阁于月湖之滨，广购海内异本，尤致意朱明一代文献，举凡志乘科贡之录，靡不甄收，与弇州王氏互钞增益，迄无虚日，宦游所至，复多搜获。野竹斋沈辨之、茶梦庵姚舜咨之藏，载与俱归，而袁忠彻、丰道生遗书，更兼收并蓄，不数十年，蔚为大国。其子少明光禄继之，克承先志，浙东藏书家自是咸推天一阁矣。易代而后，梨洲、谢山一再登阁，俱为之记，梨洲且以黄氏千顷堂、曹氏倦圃相比拟，其推挹如此。盖梨洲以躬行实践为治学之本，谢山以征文存献为当务之急，故于司马遗书独斤斤焉为之表襮不已。清乾隆间开四库馆，诏求遗书，司马裔孙懋柱徇浙江巡抚三宝意出阁书以献，采入四库者凡四百七十三种，一时声闻特起，得拜《图书集成》之赐。厥后文渊、文溯、文源、文津及文汇、文宗、文澜七阁之成，取范天一，司马之嘉惠士林，岂可计量哉？嘉靖①中，阮芸台督学两浙，登阁观书，为刻书目十卷，此为阁目行世之始。中经丧乱，迄于同光，阁书亡佚过半。无锡薛叔耘观察收拾余烬，编刻《见存书目》六卷。四十年来，人事纷更，薛目著录者复多有目无书。然明代方志存者三百余帙，乡、会试录其数盈千，旧椠名钞且未遑偻指。今年盛夏，北平图书馆编纂委员赵斐云先生道出甬江，偕本会同人登阁观书，竭旬日力重整书目一过，存者尚有二千五百余种，其为阮、薛所失收约十之一焉，世人始知阁中精萃，实非阮、薛二目所能尽。今存诸书，类多孤本抗行，无一非先民精魄所寄。虽历经散

---

① 嘉靖，当为"嘉庆"。

佚，而诏示吾人者，尚如是之多且精，微司马之泽不及此。因念江南藏家与司马同时，或后于司马者，如梨洲所举，率皆散尽万签，不留一目。即两浙闻司马风起而藏弃者，如祁氏澹生堂、郑氏二老阁、赵氏小山堂、卢氏抱经楼、徐氏烟屿楼、姚氏大某山馆，皆事过境迁，未有若斯阁历十数世而长存于天壤间者。此不仅一乡一邑幸，属在邦人与有荣焉。会大风雨，阁东墙圮。本会同人佥曰：阁建于明，修于清，四百年矣。池台湫隘，亭馆荒凉，非重加修葺，不克永其存。阁书流出者，亦当次第收归，或钞存副本，以实阁藏。拟迁府学尊经阁于阁北，以为治事阅览之室，筑新阁于其后，以度征集图书。然非巨资不能集事，乃于十月二十四日成立重修天一阁委员会，厘订方案，以利进行。凡我邦人君子、海内名流，或钱捐母氏，或书出东壁。庶几群玉之府重光今日，宛委之藏复见后世。司马英灵，实凭式之。鄞县文献委员会委员长冯贞群，委员忻江明、吴经熊、夏启瑜、孙振麒、马衡、马瀛、马廉、陈屺怀、陈宝麟、陈训慈、张之铭、张寿镛、张琴、张传保、张原炜、张絅伯、张其昀、叶谦谅、赵家荪、励延豫、魏炳等一百三人谨启。中华民国二十二年十二月。

重修天一阁委员会于 1947 年结束使命。期间除重建新天一阁外，其余工作完成得较为圆满。冯孟颛先生的任期从 1933 年至 1941 年宁波沦陷为止。其中最重要的成就是编撰完成了《天一阁简目二种》《鄞范氏天一阁书目内编》（历时 9 年，1933—1940）。在《鄞范氏天一阁书目内编》中不仅收录了赵万里先生当年编目整理天一阁藏书的《重整范氏天一阁藏书记略》一文，而且对赵氏整理天一阁书目内编一事仍念念不忘，他曾说："日月不居，忽忽七年，时同编录者，马君隅卿墓有宿草，而赵氏之目不审比有写定否？"他很希望亲眼看到赵万里的目录有出版之日。而赵万里对于天一阁亦情有独钟，1947年10月，他再次来甬，在汪焕章①、冯孟颛等人的陪同下，参观了天一阁。他对来访的记者说："拟用最新式活动摄影机，摄影古版书籍，以保存国粹。"②

现今关于冯孟颛先生的《鄞范氏天一阁书目内编》评价极高，认为是天一阁编目历史上的集大成之作，而且冯孟颛先生对天一阁所提出的"五劫说"，独具开创性。此目虽然吸收了赵目的目录学思想，但在很多问题的处理上与赵目有不同之处。如清人文集的收录、《古今图书集成》的收录。还有对于范氏收藏的《历代圣贤像橅本》（原藏一百五十幅）的看法，赵万里认为是赝品，而冯孟颛先生在《鄞范氏天一阁书目内编》附录中则予以收录，并附录了范钦十一世孙绍芳的跋语，显得更加理性。

在内编之外，赵、冯二人一致认为要编一个《天一阁书目外编》③，但在如何编撰上，赵、冯二人有分歧。赵万里认为天一阁的书目外编要考镜源流，偏重于存世的天一阁藏书，要考证现存于何地、何馆及流传情况、存卷多少等等，而冯孟颛先生认为天一阁的书目外编要完整，要倚重天一阁历史上的书目，只要是天一阁历史上曾经的藏书失散了都要列入外编，而是否存世及存世情况不甚重要。与赵相比，冯先生更偏重校对工作④。还有值得一提的是，赵万里先生因忙于国家图书馆建设，实际上并没有启动天一阁书目外编工作，而冯先生

---

① 汪焕章，时为天一阁重修委员会实际负责人。

② 见1947年10月13日《大报》刊登之《北平图书馆派员摄天一阁藏书》。

③ 赵万里认为："编辑天一阁阁外现存书目，是刻不容缓的。"见《重整范氏天一阁藏书记略》。

④ 以上看法，源于2013年5月笔者与骆兆平先生谈话。骆先生为天一阁研究专家，曾跟从冯孟颛先生整理天一阁藏书，故说法可信。

从 1940 年以后实实在在地干了 20 多年的天一阁书目外编整理工作。

三

　　根据现有的资料显示，赵万里先生一生来甬四次，分别是 1931 年、1933 年、1947 年和 1961 年。冯孟颛先生几乎足不出甬，也没去过北平。由于特殊的天一阁情结，每次来甬赵万里都要到天一阁去看看，而关于天一阁的情况，很多时候消息都来源于冯孟颛先生及宁波当地的其他藏书家。赵、冯之间的沟通，除了当面交流，更重要的是信函来往。可惜经过战乱及"文化大革命"，赵、冯二人之间的信函恐怕已无存世①。然而，幸运的是冯孟颛先生有写信留底稿的习惯。笔者有幸得见几份，从这些难得的备份里我们看到两位目录学家的心灵交流，感受在国家动荡的岁月中从事文献工作的辛酸苦辣。

　　其一：

　　　　与赵斐云（北平文津街一号，北平图书馆采访部中文采访组）

　　　　前月晦辱手毕，知别后于十五日复抵北平，深以为慰。适沪时，往访张咏老②，□□其请代钞四明人著述，预计需费在二百元以上。及新访得张东沙《芝园□》，□驰告咏老，今得其后书，言钞书费二百元业经汇奉，不审曾达到否？

　　　　手辱问明季仰先魏野余有传钞本否，窃疑魏野当为魏耕之误。耕名壁，字楚白，改名苏，号白衣，又号雪窦山人，慈溪人，归安籍诸生，有《息贤堂诗集》，里中本已刊就，时以文禁而以他姓

---

　　①　笔者走访多年，业与《赵万里文集》编者张志清先生沟通，称未见有藏。冯氏后人无收藏，惜未能与赵氏后人沟通一二。

　　②　张咏老，即张寿镛，鄞县人，《四明丛书》主编。

填之，与钱霍合为一集（见《鲒埼亭》）。据陶四言者，刊本极罕见。清季何著菁卿，举人，麟祥访得旧本，不分卷数，署魏柳井田丈人著。魏柳者，白衣所居集中所云魏家浦故里，以存姓也，井田则离其名以为隐也，由是世有传钞之本。今刻入《四明丛书》二集，著曰"雪翁诗集"者是也。魏野，字仲先，宋陕州人，著有《钜鹿东观集》七卷（一称十卷），世行钞本。余于曩岁向孙翔熊假其所藏卢氏抱经楼旧抄七卷本传录一册，并辑得遗诗（九首）、著作考、传记、遗事、酬赠诗为二卷附于卷末，写竟始知贵池刘氏有景宋天圣十卷本、昆山赵氏峭帆楼均有新刻本，弟均未之见也。

将制召平堂集二卷（见晁氏《读书志》《宋史·艺文志》），未见传本。天一阁目比曾写定未？倘已印成，乞惠寄几册，先睹为快。隔卿兄时召晤面，此上无期。

从行文及内容上看，此信当书于 1933 年 8 月至 9 月 18 日前。赵万里回京后曾来信问及四明人著述及邀请冯孟颛到京一叙。冯孟颛以"此上无期"略示无奈。

其二：

复赵斐云（七月三十日）

前展赐书并纪元编一函收到，曾于隔卿兄函中先为致复，天一阁书皆移藏诒谷堂中，封禁极严，不能启视。传说老屋□□□□□，倘不拘时，□修阁落成后，容缓图之。北平天一阁捐赠不知□□□券集也。

全新所藏范大渚编《范氏家乘稿》五巨册，欲让渡与张公咏霓。弟即驰书弦问，顷得张公函复，许为承买，其价国币二百四十元，由工行汇奉。□乞检入，其书即寄上海爱文义□□路觉园十一号张公馆可也。

足下所编北平馆善本书目,咏公属北转乞一部,并得赐寄,不胜翘望。北平馆藏明活字本《虞世南诗集》一卷,咏公欲乞足下请人传钞一本,以校丛书刻本异同。北平馆藏四明人著作极富,咏公为编刻丛书,拟陆续录副。一切□求足下主持,万望勿却。写费若干未知,当照汇奉。□□□。

弟夙痰如故,不能久生,真可恼也。

从行文上看,此信写于1934年。除介绍了天一阁藏书等情况,最主要的是冯孟颛先生告知赵万里"弟夙痰如故,不能久生,真可恼也"之语。冯孟颛与赵万里一样,一生嗜书如命,但因其家族皆体弱多病,可能是基因的原因造成了他对书籍的严重过敏。一直到1962年去世时,他仍然夙痰不止。

其三:

与赵斐云(三月五日)

前辱手书,惊悉隅卿兄仙作古人,别仅一载,竟成永诀。

马廉先生是介绍赵万里、郑振铎、冯孟颛等人相识的介绍人,1935年2月19日在讲台上因病去世。故此文当作于1935年。

其四:

复赵斐云

日月易得,别来忽复十有四载,爱护之情,尝念之耳。前辱手教,知近客沪上,拟游甬来阅范氏藏书,美甚感也。弟为天一阁事遭不白之冤①,几不得保其首领,不得已将阁仍归返范氏,已五载矣。文献会多归汪君奂伯主持,□□。弟杜门谢客,□□文

① 估计称宁波日寇占领期间,日人要冯贞群先生出任宁波维持会会长,冯坚辞不受,为人所污一事。宁波于1941年4月至1945年8月为日寇占领。

献会以消残年。天一阁今改为保管委员会，由范鹿其主持，来函已转交鹿其矣。开放修理后，其下当可下榻。足下来南，可在阁下居住，一切望与鹿其接洽之，专此布达，即问起居。

天一阁改成管理委员会为 1947 年 2 月。此文当作于 1947 年，刚好离赵万里来天一阁编目有 14 年之久。冯孟颛称"为天一阁事遭不白之冤，几不得保其首领"，根据其事推断当于 1942 年左右。宁波于 1941 年沦入日寇之手，冯先生为保护其藏书，未能离甬。日人芝原平三郎知道冯孟颛先生德高望重，几次要求冯先生出任宁波伪维持会会长，冯先生誓死不从。日人就出毒计，在上海登报称冯孟颛先生已经同意出任宁波维持会会长一职，各种谣言纷至沓来，冯先生之儿媳也在担惊受怕中离世。内忧外困中，冯先生承受了巨大的心理压力。范家人在此种环境中不理解亦在情理之中，不得已冯孟颛辞去天一阁重修委员会负责人一职，杜门谢客。

四

赵万里与冯孟颛先生因天一阁而结缘，二人为天一阁的建设与发展做出了重要贡献。冯先生为天一阁甚至几乎到了"不得保其首领"地步。两位学者的情感在艰难岁月的洗礼中得到升华。赵万里一生为了国家图书馆的建设而四处奔走，为此冯孟颛也将自己心爱的四部古书低价售予赵万里，它们是《宋人小集五十五家》（七十五卷，抄本，二十册）、姚燮《琼贻副墨》（七种四十六卷，稿本，八册）、陈全之《游梁集》（一卷，嘉靖刻本，一册）、姚燮《词学标准》（不分卷，一册，稿本）[1]。这四部书如今也成为国家图书馆的珍藏。

---

[1] 此四部书估计是 1947 年以后售予赵万里的，因材料所限，未能考证确切时间。

1961 年 11 月，冯孟颛已进入晚年，赵万里再次来到宁波。据他后来称，20 日下午"到孝闻街问候冯孟颛老先生，老先生痰喘正剧……时正为天一阁编辑阁书散失在外地的目录，即所谓天一阁'外编'目录，为此事交换了一些意见"。这应当是赵、冯二人的最后一次会谈，冯先生于几个月后因病去世，藏书也全部捐赠给了国家。两位版本目录学家的情意，真是始于天一阁，终于天一阁啊。

（原载《天一阁文丛》第 11 辑，浙江古籍出版社，2013 年）

在赵万里先生铜像揭幕仪式上的
致辞与发言

张志清等述　　郑小悠整理

2016 年初，海宁市人民政府、嘉兴经济技术开发区管委会代表赵万里先生家乡人民，向国家图书馆捐赠资金，为赵万里先生制作铜像。国家图书馆委托南京艺术学院雕塑系主任尹悟铭先生进行设计、制作，并决定铜像长期安放在国家图书馆善本阅览室内。2016 年 12 月 17 日，国家图书馆在善本阅览室举行赵万里先生铜像揭幕仪式。国家图书馆古籍馆陈红彦副馆长主持仪式，国家图书馆副馆长兼国家古籍保护中心副主任张志清、海宁市副市长沈勤丽致辞，尹悟铭先生、赵万里先生之孙赵建与多位版本目录学界专家学者分别发言，共同表达对赵万里先生的仰慕与追思。

张志清

沈市长、尹老师、赵万里先生的家人、各位专家学者、各位朋友：

大家上午好！

今天，我们在这里隆重举行著名学者、国家图书馆善本特藏部前主任赵万里先生铜像揭幕仪式。我受韩永进馆长委托，代表国家图书馆、国家古籍保护中心，对在座各位领导、专家的莅临表示热烈欢迎！

对大力支持古籍保护事业，向国家图书馆捐赠赵万里先生铜像的海宁市人民政府与嘉兴经济技术开发区管委会表示崇高敬意！对为赵万里先生铜像制作付出智慧与辛劳的雕塑家尹悟铭先生和国图员工表示真挚感谢！

赵万里先生是我国近现代著名文献学家，精于版本目录、校勘辑佚之学。赵先生出身书香门第，早年亲炙于国学大师吴梅、王国维先生。1928 年，赵先生就职北平北海图书馆（后来 1931 年成立了国立北平图书馆，他就到这个馆来任职），其中尤以担任善本特藏部主任时间最长。他 40 年殚精竭虑、夙夜忧劳，为国图善本馆藏建设和古籍保护奉献终生。

上世纪 30 年代，赵先生奔走南北，为国图采入大量珍贵文献。抗战期间，他留守北平，为保护珍贵古籍免遭日寇劫掠损毁，与郑振铎等人在上海组织的"文献保存同志会"呼应，极力抢购善本，拯中华文脉于倒悬之危。新中国成立后，赵先生凭借版本目录学界"当代一人"的渊深学养和崇高地位，获得许多著名私人藏书家的尊重与信任，是这一时期大批私藏珍本入藏国图的重要因素。大藏书家周叔弢先生即向人言："捐书如嫁女儿，要找个好婆家。北京图书馆善本书部由赵万里先生主持，他是真懂书爱书的，书到那里可谓得其所，我是放心的。"因人成事，莫过于斯。

赵先生访书之念惟殷，爱书之情更笃。担任善本部主任期间，亲自在地下室守护善本书库，数十年有如一日，一桌一椅，未移寸步。现在业界公认的善本"三性"原则，50 年代初由赵先生发起，在收集革命文献等新善本中奉为原则；古籍修复的"整旧如旧"原则，也是由赵先生提炼总结，在修复《赵城金藏》中得以遵守的。2007 年，国家实施"中华古籍保护计划"。全国古籍保护工作者为之奋斗的事业，赵先生在数十年前已躬为先驱、践行不辍。

十八大以来，习近平总书记多次强调，要传承弘扬中华优秀传统文化。"十三五"期间，实施"中华古籍保护计划"被列入国家百大工程项目，上升到前所未有的战略高度。值此古籍保护事业发展的最佳历史机遇期，海宁市人民政府偕嘉兴经济技术开发区管委会，代表家乡人民，向国家图书馆捐赠赵万里先生铜像。南京艺术学院雕塑系主任尹悟铭先生完成了铜像的设计、制作。我们将铜像安放于善本阅览室内，昭示先生对国图善本馆藏建设和古籍保护所做的重要贡献。

海宁自古就是钟灵毓秀之地，诗书礼仪之乡。赵万里先生是海宁近代名人的杰出代表。2014 年 9 月，中宣部部长刘奇葆同志提出，要创新发展乡贤文化。他说：乡贤文化根植乡土、贴近性强，蕴含着见贤思齐、崇德向善的力量。此次海宁市政府向国图捐赠赵先生铜像、支持古籍保护事业的义举，不但是海宁人崇文重教优良传统得以延续的重要表现，更是海宁市政府贯彻中央指示精神，宣传涵育海宁乡邦文化的有力实践。在这方面我要说一下，海宁在历史上对国图做出了非常大的贡献，赵万里先生是一个代表。因为赵万里先生的缘故，大量王国维先生的手稿入藏到国图。过去我刚到善本部的时候，就知道赵先生对于善本的选择，凡是王国维先生在书上有一字的，都要进入善本。像吴梅先生的藏书，也在国图。还有就是在"文革"前，陆小曼把徐志摩先生的稿子通过陈从周先生也给了国家图书馆。他们的书都安然度过了十年浩劫，一方面是海宁学者专家对国图的厚爱，另一方面我想在整个"文革"期间这些书都能完整地保存下来，国图人也是尽到了自己的心意。

青年雕塑家尹悟铭先生不计劳酬多寡，但思精益求精，在铜像设计过程中，与国图反复沟通、几易其稿，终将赵先生的形象塑造得神形兼备、栩栩如生，尤称学术与艺术的水乳交融。国家图书馆的刘波先生和郑小悠博士，作为继踵赵先生意愿、从事古籍整理保护的后辈，自始至终参与了赵先生铜像的选型、设计、联络工作，一丝不苟，终成善事。展览部李周也以最快的速度制作了美观的铜像基座。陈红彦馆长今天带领古籍馆的同仁们在善本阅览室精心布置了会场，都充分体现了国图善本人对赵万里先生的崇敬。我作为一个受赵先生精神感召、半生从事古籍工作的国图人，在见到铜像的那一刻，倍受鼓舞、倍感欣慰。这个像请到国图以后，大家打电话说你来看一看。到保护中心办公室去一看，我觉得塑得特别好，特别令人感动。

筚路蓝缕，贤哲既开其先；发扬光大，我辈宜善其后。今天我们为赵先生铜像揭幕，不但是对前贤的追思缅怀，更是对自己的鞭策激励。"中华古籍保护计划"已进入第十个年头，普查、修复、人才培养等各项工作都处于攻坚阶段。在座各位专家，是今天古籍保护事业的中流砥柱，青年员工，是古籍保护事业发展的有生力量。希望大家以赵先生为楷模，以此次活动为契机，提升认识、精进学问，成为中华优秀传统文化的传承人和守护者。

最后，再次感谢大家的光临，祝大家新年快乐。谢谢各位！

沈勤丽

尊敬的各位领导、各位专家、各位来宾，大家上午好！

今天，我非常荣幸能受邀参加赵万里先生雕像揭幕仪式。首先，我谨代表海宁市人民政府，向本次活动的主办方——国家图书馆表示衷心的感谢！

海宁隶属于浙江省嘉兴市，是赵万里先生的故乡，自古以来就是钟灵毓秀、人文荟萃之地，孕育了国学大师王国维，诗人徐志摩，图书馆学家、书法家张宗祥以及武侠小说家金庸等众多文化名人，在中国近现代文化史上留下了浓墨重彩的一笔。作为海宁文化名人的杰出代表之一，赵万里先生怀抱着对中国传统文化强烈的责任感和使命感，一生勤奋苦读、严谨治学、博采众长，在中国文献学、版本目录学等领域造诣精深，在古籍善本的保护、古典文献整理研究方面取得了丰硕的成果，为传承和弘扬中国传统文化做出了重要的贡献，是海宁人民的骄傲。

今天，海宁市政府与国家图书馆共同为赵万里先生塑像，既是为了缅怀先生伟大的一生，也是为了弘扬他高尚的学术精神和无与伦比的学术成就。同时我也相信，雕像的落成，也将激励后人始终以先生的治学精神和崇高的人格为坐标，在守护中国传统文化的道路上不忘初心、砥砺前行。刚刚到的时候跟张馆长聊起，对于我来说，我是刚分管文化这一块儿，能够了解我们海宁的名人，特别是像赵万里先生这样的文化名人，在国家图书馆有这样璀璨的历史，或者说是令我们海宁人民骄傲的历史，我觉得非常荣幸。也在此对赵万里先生的家人表示最真诚的邀请。邀请赵万里先生的家人能够多来海宁，多来看看我们家乡的变化。

最后再次向国家图书馆表示感谢！祝各位领导、各位专家身体健康，工作顺利，万事如意，谢谢大家！

尹悟铭

非常感谢国家图书馆，感谢各位前辈。我做肖像已经有 16 年的时间了，在全国各地也做了不少这样的肖像。做赵万里先生这个作品，我想有两个关键词，一个是感谢，一个是感激或者感动。感谢在哪呢？国家图书馆张馆长在跟我们南京艺术学院领导沟通期间，认可我能做赵万里先生这个作品，我非常感谢张馆长对我的信任。他愿意把这件作品交给我这么一个年轻小伙子，当时我非常感动，我们谈的时候就非常流畅。接下来的工作主要是创作，在创作当中我体悟最多的是感动。为什么呢？因为要做好这一件作品，作为雕塑家来说，我就变成了赵万里先生本人。我又是导演，又是演员，我必须要去体会赵万里先生这种一丝不苟的精神，这种倔强，这种对学术的态度。特别是在四分之三侧面，我记得嘴角有一个的角度，还有鼻翼有一个微微往下内收的感觉，都是表现性格的细节。这尊像和我们以往所做的特别粗糙、有一些缩痕的作品不同，我想把他塑造得特别干净，没有任何的杂质，因为赵万里先生是没有任何杂念的学者。在做这件作品的过程中，我体会到了感动。非常感谢国家图书馆，感谢刘波和郑小悠博士，我们在做的过程中积极沟通。作品放在这，上边有我的名字，但是这件作品事实上是我们大家一起完成的，只不过是通过我的手，我采纳了大家的想法，包括张馆长当时的一些愿望，把他塑造出来。我再次谢谢大家。

赵　建

衷心感谢国家图书馆、海宁市政府，邀请我们作为家属来参加我爷爷赵万里的铜像揭幕活动。感谢尹老师为制作铜像所付出的巨大努力。

活动主办者给予我们的，不仅是一个受感动的过程，也是一个受教育的过程。看到现场的海宁市领导，让我今天多了一分被家乡认同的激动，我们终于是海宁人了！因为这让我想到了几年前参观天一阁时被指定祖籍的经历。

按照天一阁规定，凡进天一阁工作并做过贡献的外姓人，都被在天一阁内做了浮雕塑像。但是在赵万里的浮雕上，标识的却是宁海人。看到这一情景，我当场就指出"赵万里应该是海宁人啊"。解说员也立即斥责我："你说的不对！"我说："我怎么能说得不对呢，我是他孙子，他是我爷爷啊"。但她竟然说"不可能的"。我愕然，只能问："那你怎么才能认定我们是宁海人呢？你是什么标准？"结果，她的回答简直让人无语。当时，这位解说员指着浮雕理直气壮地对我说："如果赵万里是海宁人，那就不是我们宁波人了！天一阁是我们宁波的，宁海也是我们宁波的，所以赵万里不可能是海宁的。"把文化仅仅当符号去摆设的功利现象，真随处可见！

我听说，海宁对自己的子弟和后代都是很关照的，而且都是有跟踪的，我是第一次感受到。在这之前只看到过浙江出版社出版的一本书叫《影响中国的海宁人》，之中第 297 页有我爷爷的故事。而今天，我终于看到家乡父母官了，我们家的人又终于被认定为是正宗的海宁人了。

我爷爷赵万里是个"择一事，终一生"、以书为命的人。我跟爷爷接触比较多的时期，是他生病卧床在家的最后 12 年。在我的印象中，即使在他心脑血管疾病加上半身不遂的病情到了最后阶段，在身体已经非常虚弱、境况极差的情况下，只要有客人到家里跟他谈书，让他鉴赏书，他的思路都会完全脱离当时的病态，非常兴奋、激动地用他浓郁的海宁普通话，在我奶奶的翻译帮助下，忘我地与客人交流。我觉得，他对书的钟爱，展现的是一种古籍大家的敬业和献身风范，按照今天的语境，可以称作是充满了"工匠精神"，体现着高度的文化自觉。多少年来，我们全家也都是在爷爷所树立的这种氛围里，经历了历史大变革的冲击和动荡。

参加这个铜像揭幕活动，让我作为后辈对他老人家所从事的事业，产生了新的理解。我爷爷在北图善本部的工作，包括现在国图古籍馆的工作，我以为是一种严肃的文化发掘和传承工作。世界有多种文明，专家们矢志不渝默默从事的是，发掘和传承中华文明中的最基础工作之一——版本目录学。我觉得这个工作意义重大。正如1964年，毛泽东主席接见三届人大代表，周总理在旁向主席逐一介绍，当介绍到我爷爷是古籍版本目录学家时，毛主席说："三百六十行，这也是一行啊！"今天看，只有文化传承做得好，才能真正建立起中华民族的文化自信。只有文化自信立住脚，才会有理论自信、道路自信、制度自信。所以，古籍善本工作是中华民族伟大复兴当中的一个基石性质的事业。

从我自己工作角度可以更宏观地理解这个事业的历史定位。我现在做的是经济金融工作。人民币国际化是我们的努力方向。如果未来这一目标得以实现，世界其他国家人的财富中，都有一部分是人民币计价的资产，那么他们就会关心中国的事情。哪个国家政府想欺负中国，那里的人民都不会愿意，因为人民币贬值了等于他们自己的财富也在贬值。他们越关心中国的事情，就越会逐步建立和加深对中国的感情。而建立感情是要通过中国文化作为载体来填充的。未来"中华民族的和平崛起"也就将在这个过程中逐步实现。那时人们不再会去关心要不要打仗，因为任何人想打仗，他都要掂量和权衡自己的财富是否也将遭受损失。这也是文化与和平的关系。因此某种意义上，人民币国际化最终要靠中国文化来支撑，而支撑着货币、金融、经济走向国际化、全球化的中国文化和中华文明，要靠我们不断传承。在传承中最基础的工作之一，就是中国的古籍善本事业。这就是今天我理解爷爷他老人家以及在座诸位专家所从事这项事业的历史定位。

最后，我再次感谢国家图书馆、古籍馆。希望中国古籍善本的伟大事业能进一步走向辉煌。希望海宁的经济、文化事业都能健康发展。

我也代表我们家人表一个态，我们能为国家图书馆、能为海宁家乡继续做贡献，既是我们的使命和责任，也是我们的义务，希望今后能有更多效力的机会。也希望能得到家乡更多关怀。

张玉范

赵万里先生是我们搞版本目录学的学者非常敬仰的。赵万里先生是我国著名的文献学家、敦煌学家。赵先生精于版本目录、校勘辑佚之学，他的学术成就对我们这些后学有很大的影响。当铜像揭幕的一刹那，给我们带来的是感动。我们这些崇敬赵先生的人也没有能力给赵先生塑一个铜像，只有家乡人和国家图书馆，还有非常好的雕塑家，才能办到，我非常感动。铜像的塑造特别代表了我们这些人的心情。

我1973年到北大图书馆，就分到古籍善本部，我的版本目录学老师是宿白先生。宿先生是考古学家，因在北大图书馆工作数年，在版本目录学方面也很有成就。但是赵先生对我的影响也是非常大的。到图书馆以后，我就跟和古书打交道，宿先生指导我看哪些书，并要求我做笔记。记得大概是1976年，有一天先生给我拿了一个很破的蓝皮笔记本，一看就好多年了。宿先生对我说，这是孙作云先生记的笔记，是赵先生30年代在清华大学讲的版本目录学，还有有关戏曲方面的课程，因为赵先生对戏曲也很有研究。你把它抄一遍。我一下子如获至宝，在工作之余每天抄写。用了大概一年多两年时间，慢慢给抄完了。后来宿先生说孙先生已经过世了，这个笔记本什么时候给孙先生家人寄过去。

这个笔记因为是上课笔记，所以记得不是很全面，孙先生当时也做了一些校注。我不知道这个事怎么传到志清馆长耳朵里了，有一次志清馆长给我打电话说：张老师，您有一个赵先生讲课的笔记，您什么时候找出来整理一下，咱们出版。正好那时候我刚搬新家，我所有的书都捆起来了，我说真是很难找，因为我先生的书有将近两万册，再加上我的书。结果前两年我一下翻到了，我就给志清打电话说我找到了。志清说那就让刘波帮助你，你们整理整理，等有机会咱们可以出版。然后我又找了张丽娟老师，我们就一块儿整理。去年沈乃文说：张老师您那东西整理得怎么样啊？因为要纪念赵先生诞辰110周年，我们那杂志《版本目录学研究》上能不能发表啊？我说达到发表水平还不一定。志清馆长已经跟我说了，他要用，你要用只能用一部分。他说我们就是想用一部分，这样就给乃文用了一部分。

从我对孙先生的笔记了解的赵先生，我觉得那时候他就是版本目录学方面国内最优秀的专家，研究得非常好，非常到位。他把国家图书馆所有的善本书，起码是宋元本、明版书都看了，讲课的时候一本一本的讲，讲得非常好。我觉得至今赵先生的水平还是无法超越的。所以我们对赵先生真是非常敬仰。笔记的另一内容是词曲方面的，戏曲方面因为我们都不懂，我请了中国艺术研究院的吴书荫先生帮忙看看。吴先生就给看了，有些地方他也查了书。张丽娟、刘波两位也在馆里查了一些宋版书进行核对了。现在要是把孙先生的听课笔记出版也不是不可能，但是还要继续做一些工作，使他的讲稿更有条理。因为孙先生的笔记虽然记得好，但不可能全记，我想通过整理，将来对我们学古籍版本的学生还是非常有用的。

今天赵先生的铜像能放在国家图书馆，是我们这些搞版本目录学人非常欣慰的。因为赵先生一直是我们崇敬的大学问家，我们学习版本目录学离不开赵先生的研究成果，对于学术的传承，对后来学者是非常有影响的。所以我在这里再次感谢国家图书馆、感谢海宁市、感谢我们的雕塑家，你们特别代表我们的心情。我非常的高兴看到赵先生的塑像栩栩如生，特别好，特别干净，很有学者风度。我在此表示深深的谢意。

沈乃文

几天前来开另一个会，张馆长已经允许我对赵万里先生的塑像先睹为快了。当时看到塑像，我的感受就是张馆长的用语：非常感动。我一直做有关版本目录学的事情，但是此生没有见过赵先生，是一个很大的遗憾。这次见到赵先生的塑像，使我脑子里有了赵先生的立体形象，可以说是生平遗憾得到了相当程度的补偿。以前我是从赵先生的著作中体会赵先生的气质和音容的，与现在看到的塑像非常吻合，所以我对尹先生非常佩服。一般说隔行如隔山，尹先生不做版本目录，但是这个塑像把赵先生那种老一辈版本目录学家的气质塑得非常好，表现出鲜明的性格，这是很不容易做到的。回顾赵先生的一生，我认为他最意气风发的时候，学术上进展最快的时候，是1930年到1937年之间，是比较年轻的时候。这个塑像就是选的这个年龄段，我觉得选得非常好，可以作为赵先生的代表形象。

赵先生在版本目录学研究史上是绕不过去的人，是20世纪的一座高峰。日本学者写文章说日本的版本目录学家，比如已经去世的阿部隆一先生，现在的尾崎康先生，学习赵先生的《中国版刻图录》是非常虔诚的，是反复学习研究的。提到赵先生的鉴定，尾崎康先生讲，钦佩赵氏的眼力。所谓眼力，就是鉴定版本时，书上没有提供文字依据，仅凭眼睛看外观，以自身经验作出判断，这是有硬功夫的，是经受了赵先生去世后30年的时间考验的。

去年是赵先生诞辰110周年，我们有一个《版本目录学研究》，作了一个赵先生纪念专栏。因为等约稿，耽误了出版时间，所以原来想今天能带来送给大家，也算是我们配合国图的工作，但是没能拿到，非常遗憾。希望赵先生的亲属留一个地址给我，书出来以后给您寄去。给赵先生纪念专栏写文章有相当的难度，因为赵先生的学术门槛比较高，不是轻而易举就可以评价的。同时我们有一条，什么大师、泰斗、春风化雨、高山仰止这类浮词套话一概不能用，有一说一，有二说二，这是学术纪念，不是炒作。征稿的情况非常乐观。老一辈的像沈燮元先生，一下就写了两篇。一篇是他当年和赵先生的交往，这也是难以想象的，因为他和赵先生交往的时候 27 岁，现在 92 岁写回忆文章，多不容易。另外一篇是他收集的《赵万里文集》中没有收录的佚文，你想想他珍藏了多少年？要不是这次发表出来，老先生这些东西怎么办？另外还有很多都是辑赵先生未刊发的文章，或者从各方面研究赵先生版本目录学学术的，专栏基本上代表了当前对赵先生学术成就的研究水平。另外就是张玉范老师贡献了秘笈，是 30 年代赵先生讲课时的学生笔记，到现在 80 多年了，堪称传奇。当年的学生笔记居然保存下来，传给了宿白先生，宿白先生又传给了张老师，张老师是宿白先生在版本目录学方向的第一弟子。张老师专门为发表写了一个题记，说明这不是赵先生的原始著作，而是学生在课堂上的笔记。学生的笔记有局限性，一般来讲老师说三句，学生只能记下来一句，而且很多文字融合了学生个人的理解，未必是老师的原话，所以今天看起来，有些内容还可以研究。这次发表课堂笔记，是提供给研究者用的，不能把其中的每一个字都作为赵先生之作来理解。发表这个非常珍贵的课堂笔记，表达了我们对赵先生的尊敬和怀念。

赵先生在版本目录学研究史上的地位，是非常值得深入研究的。因为版本目录学作为传统文化的一部分，在此前两千年基本上是一脉相承，但是到了赵先生的时代，发生了天翻地覆的变化。西方文化冲进来，传统文化打了败仗，整个社会转型。最典型的就是 1905 年的废除科举、1911 年的辛亥革命、1912 年的民国建立、1919 年的五四运动，传统文化在这几大冲击下，所有的方面都发生了变化，版本目录学也不能例外，而赵先生就生在 1905 年，从此成为这个转型时期的代表人物。在他之前的人，基本上是藏书楼阶段的，比如傅增湘先生、王国维先生等。在他之后的人，基本上是图书馆阶段的，比如后来的图书馆古籍工作者。这个转弯很典型，赵先生是怎么想的，怎么做的，很有意思。有人说赵先生的转弯也是形势造成的，前面走不通，是谁都得转弯，这样说也是对的。但是这些事集中在赵先生身上，就使赵先生的思考和作为具有了历史意义。

我认为赵先生的版本目录学研究可以分为三个阶段。第一个阶段是 1930 年以前，主要受王国维先生影响。赵先生早慧，几岁的时候就由母亲教背唐诗、爷爷教四书，6 岁上小学、12 岁上中学、16 岁就考上大学，1925 年他到清华研究院给王国维先生做助教时，只有 20 岁。王国维先生对赵先生的影响非常深刻，赵先生一生的学术都带有王国维先生的痕迹。那个时代主要做考据，从第一手文献出发，因而校勘很重要，可以称为校勘的时代。这一年王国维先生自己校书十几种，可见当年校勘工作量之大。赵先生在 1930 年以前的主要精力都用在校勘上，有时一种书没有宋本，要用十几种版本反复校，今天看来，触目惊心。王国维先生当时评价说"赵君斐云，酷嗜校勘"，可以想见赵先生当年校勘的热度之高。

第二个阶段是 1931—1937 年，王国维先生去世后，赵先生到了北图。从赵先生的文集中可以看到，一开始校勘的成果比较多。但从 1930 年后，整个校勘的势头就收住了，此后主要是作不同版本之间的比对，解决版本的最早最备问题。这和当年国内学术形势的变化有很大关系，版本目录学从此转变方向。

这段时间的赵先生，一是给今天的国家图书馆做了最大的贡献，就是收书。赵先生是强势风格，我刚到北大图书馆的时候老馆员和我讲，1950年代燕京大学花1250万元买了弘治本《西厢记》，赵先生知道后非常不满意。卖家没办法，从北大把书借去，送给赵先生看了很长时间，最后才放过他们。宿白先生2013年和我讲，如果1939年不是日本占领时期，李盛铎藏书也得归北图，北大没戏。由此可知赵先生收书在当时整个古籍流通市场的地位。二是在1933年编了《北平图书馆善本书目》。过去的藏书家拿出藏书目录一般都是晚年，因为目录一出来就代表你的版本目录学水平和你对书的掌握程度，这是一目了然的。所以一般都是不断积累，到晚年才拿出来。赵先生到北图不久，就动手编善本书目，收书3700多种，相当于《四库全书》的规模。当时他只有24岁，完成时只有28岁，成名太早了。可知当年赵先生的水平之高和能力之强。此前北图的《学部图书馆善本书目》，受到很多人批评，还有人质疑主编缪荃孙的水平。实际上，当年的《学部图书馆善本书目》是职务之作，并不是个人的学术著作。缪荃孙1909年到学部图书馆做馆长，那时候还没有馆舍。经过他的努力，把什刹海的广化寺确定为馆舍，而后急着要开馆，借阅要有目录，所以学部图书馆的目录实际上是个急就章。后来有人揭了底，因为很多藏书是从旧藏家收集来的，所以编目的时候就直接把旧藏家的目录抄过来了。缪荃孙虽然挂名主编，但是是否每一条他都看过，都跟书核对过，八成是未必。这样的书目到了赵先生手里，肯定是过不去的，所以赵先生一到北图，首先整顿目录是必然的。

赵先生还在1930年代提出了一个概念：比较版本学，这是过去没听说过的。研究版本目录学很容易陷入细节，每一个书怎么样？每一个版本怎么样？赵先生受王国维先生影响，总是从更高的角度统括地来看版本，所提出的比较版本学，主要是借鉴了考古学。比如说青铜器的时代怎么定，考古学上是确定标准器。就是把能够确认时代的青铜器排列出来，作为标准器。把没有时代依据的青铜器，与标准器比较。比如标准器有十个特征，需要鉴定的青铜器也有这十个特征，就可以大致确定与标准器同时代。

当时赵先生的版本研究，注重两种方法。一个是目鉴，就是拿眼睛看。另一个就是刻工。两种方法都有来自傅增湘先生的传承渊源。

第三个阶段是 1950—1966 年，赵先生的主要精力在于对刻工的研究。2003 年我们曾经请冀淑英先生到北大做版本目录学讲座，当时冀先生明确告诉我：版本目录学这些年有很大的发展，过去你确定一个版本，就是老先生说了算。老先生来了，看了，说是什么版本，就这样定了。现在不行了。比如有人偷了珍贵的版本，到法院判刑的时候要去做鉴定，偷的是什么东西？你说这是很珍贵的宋版书，法院就要问你，你说它是宋版书的根据是什么？你不能说我这么一看就认定了，这不行，必须有客观的东西来支撑。这个客观的东西当年赵先生和我商量研究，认为应该是刻工。当年冀先生就跟我讲，你一定要重视刻工，一定要研究刻工。从冀先生的做法来看，她对研究刻工特别支持，尽自己的最大可能提供帮助。当时听冀先生讲，我认为是听懂了，但是现在想起来，也就是表面上听懂了，其中的深意并没有全懂。

赵先生的刻工研究不断地积累，在庆祝建国十周年时出版了《中国版刻图录》。赵先生自己讲准备了 3 年，可是据我看实际上的积累不止 3 年。从赵先生来讲，出版《中国版刻图录》是以多年的研究积累，把最具有代表性的书挑选排列出来的一个版本标准器。今天看，《中国版刻图录》是 20 世纪中国版本目录学的巅峰之作，一直到今天，版本目录学研究的发展从总体上说，没有超过《中国版刻图录》，还是在《中国版刻图录》这件衣服上打补丁。虽然《中国版刻图录》有很多地方可以商榷，这是非常正常的，因为学术研究是没有止境的，但就《中国版刻图录》而言，第一是它的开创性，第二是它的基础性，其他都是浮词。

所以我认为，今天纪念赵先生既是表达我们尊重、敬仰的心情，又是通过给赵先生立像，督促大家在版本目录学研究上更加努力，力争取得更高更深的发展和成果。

罗　琳

非常荣幸来参加今天这样一个给赵先生铜像揭幕的活动。感谢海宁市政府、国家图书馆，还有尹先生制作的这个塑像。赵先生在我们这个行当里应该算是我们前辈的前辈，我们在赵先生面前都是小晚辈。从我 1982 年参加工作起，一直都是受赵先生目录版本学的影响。记得我刚参加工作时，参加编纂《续修四库总目提要》，其中就有赵先生撰写的稿子。赵先生写的很大一部分都是敦煌的稿子，给敦煌卷子写提要，所以我最早接触敦煌文献就是看了赵先生写的提要。同时看的还有王重民先生、向达先生、罗继祖先生，他们当时都是很年轻的，在 1930—1940 年代大概都是 30 多岁左右，是一帮少壮派，写得已经有一种现代气息了。他们的笔法、行文和前面罗振玉等人所写的东西很不一样。

我工作 30 多年以来，手边上一直没有离开过的两部书，一部是国家图书馆的善本目录，这都是赵先生最早发端做的工作。我工作中有什么疑问，只要是国图善本目录著录的，我们一般都是比照国图善本目录著录。还有就是《版刻图录》。这两部工具书跟着我一起很多年，国图善本书目在我手上已经翻烂了，扔掉了一套，后来又买了一套。所以说赵先生在我们这个专业里面，我们这些晚辈一直受他的恩泽。虽然我没有亲眼见过赵先生，没有这种荣幸，但是我在专业上一直受到他的恩泽和教诲，我一直心存感激。

今天来到这个现场，看到赵先生这个像。赵先生在我们心目中，还有照片上，都比这个雕像的年纪更大。今天看到这个雕像确实感到非常朝气蓬勃，而且有新文化的感觉。我不知道说得对不对。非常亲切，非常好！这对我们从事这个工作的人是一种激励。刚才赵先生家属说的我觉得非常好，讲金融学要靠文化支撑，文化要靠古籍原典来传承，这样的逻辑让我也很受启发。总之今天来参加这个会我非常荣幸，也非常感动。再次谢谢沈市长、国图善本部、张馆长和雕塑家，非常感谢！

张丽娟

我从大学毕业分到北京图书馆善本组，虽然没有机会见赵先生，但是听前辈，比如我们一个办公室的王玉良先生等人讲赵先生的事情，我心里就对赵先生感觉特别亲切。不过，我对赵先生的认识是在后面工作和研究中才变得更为深刻。

我感觉20世纪的版本学是从赵先生这里开始了一个新的时代。特别同意刚才沈老师说的，这里可能有一个新旧交替的过程。我个人最敬佩的两个版本学家，一个是傅增湘先生，一个是赵万里先生。傅增湘先生我觉得可以说是旧时代版本学的一个总结，一个高峰，赵先生则是新时期版本学一个开创式的奠基者，也是一个高峰。20世纪图书馆的古籍工作和新时代的版本学完全是建立在赵先生的基础上，包括善本书的收藏、善本目录的制作，包括版本图录。代表就是30年代的北平善本书目、50年代的北图善本书目，以及《中国版刻图录》，这都是版本学发展绕不过去的高峰，是我们到现在还在依赖的东西。包括后来的《中国古籍善本书目》实际上很多东西也是建立在赵先生鉴定的基础之上，我们现在做研究都是把《版刻图录》摆在跟前。

我越做这方面研究就越对赵先生非常佩服，特别是在深入下去的时候。有时候我们觉得自己是发现了一些新东西，好像是找到了前人的一点毛病，但是你再深入观察的时候就会发现，赵先生当时的鉴定是有他的精微妙处的。我前些天在看桥本秀美翻译尾崎康先生的《正史宋元版研究》，中华书局要出版。他其中讲到一本《隋书》的版本，后人根据一些材料，对赵先生原来的结论做了改动，我们1987年的书目里就改掉了。但实际上那个改动源自大家的一个误解，是后人把两个不同版本混淆了。尾崎康的论证过程当然很复杂，但最后的结论还是认为赵先生的鉴定是个很稳妥很合适的鉴定。我做经学版本时也有这样的例子，一部《礼记》版本，后人针对前面的鉴定加了一个东西，做了修正，似乎是有道理，有新材料，但实际上加的那个东西是错的，是对材料使用错误，实际是对原书没有一个很深刻的了解。所以我感觉对前人的东西特别是对赵先生的东西要有一个非常深刻的理解过程，只有在这一过程上才能有所进步。我非常同意前面张老师、沈老师的说法，我们现在真是还没有达到赵先生的水平，还必须要向赵先生学习。这是我的一点感受。

付 佳

大家好，我是一个晚进的后生，从北京大学古典文献专业毕业后去了清华大学国学院，正赶上清华国学研究院编一套书丛书《清华院史工程》，就是为了纪念老清华国学院的先贤，给他们每一位师生编一部文存。因为专业比较切近，我就选编了赵万里先生的文存。文存的编纂就是辑选赵万里先生的代表作，并对他的生平和学术作评述，在书前写一个几万字的导言。

赵万里先生的生平大家已经研究的很清楚，也有小传，在文集中出版了。对于赵先生的学术，我在研究中也注意到，他作为一个版本目录学家，这在学界已经得到了公认，各位前辈都比我认识得深刻。但是我个人觉得赵万里先生作为民国时期那一辈学者，学术研究不像我们今天的学术分科这样专门，这么细，他们涉猎的领域非常多，对于赵先生在目录版本学之外的成就，目前认识还不够。我认为赵万里先生在金石学和词曲方面的研究非常深入。简单说，在金石研究方面，他的《汉魏南北朝墓志集释》这本书不但是民国时期墓志整理的集大成之作，在史料考订上也延续了乾嘉考据的传统，在将墓志运用在史学领域的开拓方面，也进入到比较深入的研究层次。北大中古史中心有老师在评价墓志文献研究的发展时，谈到赵先生这本书是一个高峰，是不得不提的。还有关于词的研究，词学研究在上个世纪前半叶是一个热点，王国维先生是将西方文艺理论引入词学研究的一个代表，吴梅先生又是继承清代传统词学的一个代表。赵万里先生恰好既师从于吴梅先生，又师从于王国维先生，所以他的词学研究实际上是融合了他们当时交锋的两种观点。我想在目录版本学之外也应该对赵先生其他方面的学术有更深入的研究，这是非常值得开拓的。

因为编纂《赵万里文存》，我自己有了一点感触和思考，后来还做了一个课题，也写了一些文章。很有幸的是沈乃文先生编的《版本目录学研究》上面也收了我一篇关于集外文的稿子，之后还会再写一些文章，希望能对赵先生的学术作更多揭示。

最后我也想借这个机会对赵万里先生的家人，主要是赵深先生和夫人，还有冯象老师，向他们对《文存》的编纂所给予的帮助表示感谢。还要感谢国家图书馆的刘波老师，他也给了我很多帮助和指教，谢谢大家。

李际宁

今天我们参加赵万里先生铜像安放和揭幕仪式，我想我们古籍馆和国图的人都心存一份感激，感谢赵万里先生家乡的父母官，感谢尹先生倾心雕塑赵先生的形象，我们感到非常荣幸，也感谢赵万里先生的家属来参加这次活动。

套用一句俗话说：余小子，其生也晚。跟赵先生没有见过面，没有请教过。但是我们在国图工作，天天翻看我们的善本书，翻看我们的草片，天天看着赵先生用毛笔改写的那些目录，就好像向前辈请教，跟前辈对话。赵先生的东西不仅在他的文集里体现出来，还体现在我们那些草片里头。在善本组工作的先生们编草片，早年间的一些草片都是赵先生手校、手改。我们仔细揣摩一下赵先生他改的有些什么道理，有些什么用意。这是我们在没有得到赵先生亲自指导下的一种学习方法。

1929 年、1930 年国立北平图书馆北海馆落成之后，赵先生就是我们考订组的组长，同时也是国立北平图书馆采访委员会的副主任。我现在印象记得不清楚了。那时候相当于今天我们古籍馆框架下的几个组都已经有了，比如说金石组、舆图组、管理敦煌遗书的写经组、管理我们善本书的就是这个考订组。赵万里先生那时候负责考订组的工作，包括善本书的编目、采访。那么今天我们看一看，沉在我们国图善本书库的这些书，大家都说好。那么好在哪？我想一个是数量多。刚才沈先生说，赵先生是强势。新中国成立后，北京图书馆领国家图书馆的职能，国家调拨了大量的书到这个馆来，但是（国图能有这样数量的馆藏）也跟这些老先生特别是赵先生的亲自采访、辛勤工作是有关的。

赵先生的学术我评价不了，如果再说句俗话，他的学术根基那么博大精深，我个人做的那是一小点。今天我举两个例子，从我了解到的，看赵先生的学术。一个是我们馆有一个《碛砂藏》的零本，《大般涅槃经》的卷二十九，胡适先生原藏。胡适拿到这部经以后很奇怪。他说这个《千字文》号是辅助的"辅"，"辅"字号，查遍《千字文》号，没有"辅"字号。《千字文》号是"桓公匡合"，哪有"辅"字号啊？那是"匡"字。然后赵先生给书后加了一个长长的跋语，相当于给胡适先生的疑问一个答复。胡适在写完这两行题记以后，认认真真在这个书上盖了个章："胡适的书"，这是有典故的，正正规规的楷书体。赵先生把《碛砂藏》的历史总结了一下，然后讲宋代避赵匡胤"匡"字的讳，改"匡"为"辅"，同时还举了金石拓片里面一个例证，把这一个问题解决了。就我所看，后来大藏经在使用这个"辅"和"匡"字的时候，大家都知道这个问题是赵先生解决的。这是其一。

其二就是《赵城金藏》，1949年1月份，《赵城金藏》由河北根据地辗转送到了国立北平图书馆。4月份在北平图书馆那里搞了一个小型座谈会，同时也搞了一个展览。在座谈会上，赵万里先生对《赵城金藏》的学术价值做了一个介绍。特别提到了中国历史上的大藏经有很多种，但是《赵城藏》是继承了《开宝藏》的，与南方系统的大藏经是不相同的。他把大藏的版本状况梳理了一下，给我们鉴定宋元版本指了一条可行的路子。尽管后来学术界到80年代给予宋元版大藏经更深入的研究和更细的分类，但是赵万里先生当年这个研究我认为是对当时的大藏经研究的一个非常好的促进，是一个开创性的工作。另外在这个会上谈到了《赵城金藏》的修复问题，那时候学者就感慨，北平刚刚解放没多久，要修复体量如此庞大的大藏经恐怕要动用比较大的人力、物力、财力。赵万里先生就说了几句话，他说一些先生们提出如何修复装潢《赵城金藏》，这是一个重要的事情。他说：过去本馆装修的观点是，将每一书完全改为新装，此办法始而觉得很好，其后则发现不对。一本书有它的时代背景，所以自民国二十三年后，决定不再改装，保持原貌。从这以后，赵先生对《赵城金藏》的修复逐渐形成了一个整旧如旧的体系化理论化想法，指导我们修复《赵城金藏》。我想举这两点可以看出赵先生在国家图书馆工作的一小点。

我们今天在这工作，我们使用的这些资料拿出来都是很新鲜，我们比一些小馆都是近水楼台先得月，但是我们应该铭记前辈学者为我们图书馆奠定的基础，也希望我们后代能够继承，把这个事情做好。另外晚年赵先生受"文革"冲击，病卧在床上不能工作，但是1982年的时候赵先生满怀热情的在《人民铁道报》上发表一篇文章，谈《赵城金藏》（整理者注：指1982年5月5日《人民铁道报》发表的《一部稀世典籍的真实故事——〈赵城金藏〉获救记》，收入赵先生文集。其时，赵先生已去世两年）。特别说到了当年在那样艰苦卓绝的情况下，由八路军、共产党领导的部队抢救《赵城金藏》，使几乎要被毁灭的文物得到重要保护，他专门来写文章歌颂这个事情。

2000年代中期，北京图书馆、上海图书馆、南京图书馆三家合作准备出四个先生的集子，包括赵万里先生文集，命名为《芸香阁丛书》。当时把这个事确定下来以后，志清馆长、红彦主任、国图出版社的郭又陵社长、程有庆先生，还有几个人我记不太清楚了，我们到畅春园赵深先生家里去，当时把这个计划提出来，得到了赵先生家属的支持。那时候大家就有一个说法、一个意愿，就是说希望赵万里先生回归国图。就是说我们不仅要纪念赵先生，学习他的学术，另外我们要通过纪念赵先生，追思这一代学者，这一代人在图书馆的工作。

程有庆

今天参加赵万里先生铜像揭幕仪式我也是非常激动，在此之前我只见过赵先生的照片，今天就在揭这个铜像的一刹那，我终于看到了赵先生立体的形象，往常都是平面的，当时我心里真是非常激动。我觉得他这个立体的形象真是非常好，跟照片上很相近，非常感谢雕塑家雕塑得这么好。另外前面几位先生对赵先生的评价和贡献都说到了，我特别同意北大的几位先生，张先生、沈先生、张丽娟老师的说法，赵先生当年也到北大去编过李氏书目。他们几位对赵先生的学术地位评价得都已经非常好了。

本来我想就他编的《中国版刻图录》说几句感言的，现在我觉得沈乃文先生的评价已经很好了，最重要的意义都说到了。我是感到他的《版刻图录》貌似只讲些图，文字不多，但作为一个古籍图录它是经典的，在我眼里就像一个经典电影，一个经典著作。别人想改动我认为也没必要。到现在它的学术意义也一直存在着，没有被超越，也很难被超越。从表面上，我们国图的另外一位学者张秀民先生的《中国印刷史》的影响非常大，但作为一个古籍版本目录研究，如果要深入研究写论文的话，可能更多的要参考赵先生的《中国版刻图录》。《图录》的图释文字和图，确实是具有标本性的，是作为标本供其他学者参考研究的。他是按时代地区来排列，你就可以进行深入研究。这个意义极其重大，后来都是按照这种方式比较版本的，不是仅仅比较相同版本，而是可以比较地区的、时代的种种。（在图录的选择上）他选的是比较初始的印本，可靠性是比较强的，有些我们今天说是宋刻本，但印得很晚，他选的都是印得比较早的，意义极其重大。但是就这么一个重要的著作，可能对更多的读者来说不容易认识到，所以写评价《中国版刻图录》的文章也不太多，因为实在很难写。就像沈乃文先生说的，它高度太高，其他人很难写评价。但是这么一个重要的著作，我之前就听说哪里又要印，还因为某某加了几张图就说是某某来补的，我强烈保留意见。经典著作不需要后来人加几幅图再如何如何，用不着了，这本来就是经典。有点问题不算什么，这是那个时代的代表作，包括研究中间也是这样。北大的宿白先生在赵先生全集出版时写到《中国版刻图录》是赵先生最重要的著作，说这是 20 世纪 60 年代代表最高学术水平的著作。但是 60 年代因为当时的原因没有署赵先生的名字，实际上客观来讲从学术上说它就是赵先生的个人主编的著作，别人也无法做到，这是都知道的，不是只有少数学者知道。今天从学术角度来说，我认为对赵先生这是不太公平的，我们要尽可能让更多的人知道这是赵先生的著作，不要谁又想加两幅图就说是谁谁的，这种学术风气我是坚决反对。赵先生的学术贡献我认为应该真正的给一个学者公平的待遇。现在即使是职务作品也都可以署名，所以我认为应该基于客观事实，哪怕有些地方还有困难，但我认为应该再多宣传宣传赵先生，宣传赵先生在《中国版刻图录》这部书上的重要贡献。我认为《中国版刻图录》的意义是怎么说也不过分的，只要写宋版书的相关文章，就非要读《中国版刻图录》不可。另外有的学者可能说，这部图录收录的只是宋版书。这个问题我个人观点，赵先生是研究中国古代印刷史，他是注重重点。晚的印本作为文化的传承没有早期的意义大，他是注重书籍的文物价值，这一条不能轻视。这些年来我越来越感到，书籍的文物性被我们忽视了。所以保护珍贵古籍实物的原装，意义极其重大，我认为这也是赵先生在《版刻图录》

中所体现出来的。

另外赵先生是充满爱国情怀的学者，我在看他《版刻图录》的时候长期思考这个问题。他选的《剑南诗稿》有两个宋本，一个是《剑南诗稿》，一个是《剑南续稿》。《剑南诗稿》是严州本，我认为他判定的非常准确。尽管有人质疑，或者未必说得特别准确，但是他从文物角度的鉴定说得非常准确。可他对《剑南续稿》的选择，鉴定难度非常之大，都是残本。赵先生其实不必非要选那个版本进去，会导致一些不同看法。但是赵先生对陆游这个爱国诗人充满了爱。我在看的时候开始还不明白为什么要选这个容易让人产生歧义的版本，没有必要。但是因为赵先生喜欢陆游，具有爱国情怀。当（赵万里）全集出版的时候，我看到他介绍爱国诗人辛弃疾和陆游的那篇文章，我就理解我原来的判断，我自认为是非常正确的。他充满了爱国情怀，喜欢这样的爱国词人、诗人。陆游的诗句是带有旗帜性的，所以他要选两个陆游诗集的版本。

赵先生对古籍目录和图书馆建设贡献巨大。刚才几位先生都说到了，他做出来的目录和传统的古籍目录不同，传统的目录有些提要太繁。现在繁简适中的古籍目录编纂方式，我认为赵先生在其中是起了关键作用的，赵先生对现代古籍目录的编纂方式具有开创性贡献。包括古籍版本鉴定也是如此。刚才张丽娟讲得非常好，我也是对傅增湘非常佩服。我的角度，学古籍版本近代著作就要看傅增湘的、看赵先生的，在学习古籍版本鉴定方面我认为读这两位的书是最大的捷径，这两个人的著作最为重要。

赵先生是我最佩服的近代学者，又是我们馆的，但是我没有见过他本人。由于种种原因，我在1986、1987年经常去赵先生家里，那时候赵先生已经故去了，我跟赵深先生和赵深先生的夫人都有过很多交谈，也听了很多过去的事情。今天赵先生的铜像立在我们善本阅览室，我觉得对我们善本组的这些年轻员工是一种激励。应该好好地保护我们古代的这些文化，传承文明。作为中国四大发明，其中造纸术、印刷术，就体现在古籍上。这么多珍贵的古籍保存下来，赵先生是做出了多么大的贡献！对于这样一个学者，我们应该给他更多的积极评价，现在对他的评价还不太多。今天这个铜像揭幕，会给更多的学人昭示这个意义。

刘 波

今天参加赵万里先生铜像的揭幕仪式，非常激动。作为后辈，我没有机会见过赵先生，更没有机会向赵先生请教。今天赵先生的铜像立在善本阅览室，我们以后就可以经常看到赵先生的音容笑貌，更直观地感受到赵先生的精神。在赵先生目光的注视下工作，这对我们是一个非常大的激励。

前几年承蒙张馆长和陈主任的安排，我做了一些赵万里先生文集的编辑辅助工作。在这个过程中我自己受到的教益非常多，而且非常深刻，一天一夜也讲不完的。赵先生的学问和贡献，是需要我用一辈子时间来体会学习的。赵先生文集出版以后，我的同事们也都拿到了。年轻的同事们可能也会有跟我类似的感想，我们在工作岗位上是赵先生的后辈，在赵先生的激励下，以后也会努力学习、努力工作，在业务上和学术上也要延续赵先生的精神。

今天我还想提一个愿望，一个请求。这个愿望就是，希望几年以后能给赵先生的文集出一个增订版。文集在2011、2012年陆续出版之后，我们又陆续发现了不少佚文，付佳女士也找到了不少。刚才沈乃文老师也说，沈燮元先生还有其他先生都有一些新的发现。我自己这几年在继续学习文集的过程当中，也发现了一些编校方面的错误。当然这些都是我个人的错误，很惭愧。我希望过几年能有机会给文集做一个增订，使它更完美，更能体现赵先生的学术和精神。

另外我个人还有一个请求。我这些年利用业余时间在做赵先生的年谱，现在即将完成。当然我个人的力量、个人看书的范围毕竟是很有限的，肯定还有一些资料没有看到。如果哪位老师知道哪里还有赵先生的资料，尤其是比较特别的资料，请给我一个提示，非常感谢。

参加赵万里先生铜像揭幕仪式的两点感想

林世田

12 月 17 日非常有幸在庄重典雅的善本阅览室参加了赵万里先生铜像揭幕仪式，聆听诸位领导、专家发言，深有所感，现将当时两点感想追记下来，以求教于诸贤。

在仪式现场善本阅览室，看到 1300 多部《中华再造善本》整齐地摆放在书柜中，这些散藏于各地书库中的珍贵古籍化身千百，走进阅览室，方便读者使用，成为古籍保护、利用的典范。不由想起和刘波一起整理袁同礼档案时，发现赵万里先生协助袁同礼馆长参与编纂《国藏善本丛刊》的相关史料，我们梳理成文，发表在 2012 年国家图书馆出版社出版的《袁同礼纪念文集》上。20 世纪 30 年代是我国学术研究的一个黄金时期，刊印善本古籍，服务学术研究，不仅是学术界的迫切需求，也是国立北平图书馆等古籍收藏机构的愿望。当时，袁同礼和傅斯年两位收藏单位和学术单位的执牛耳者一拍即合，倡议编纂《国藏善本丛刊》，得到国立北平图书馆、国立北平故宫博物院、国立北京大学、国立中央研究院历史语言研究所、商务印书馆的积极响应。《国藏善本丛刊》最关键的选目汇总工作即由精通版本目录之学的赵万里先生负责，他不但负责挑选北平图书馆的目录，并根据其他三家机构提交的目录，吸收各方意见，择其精要而成。从这份目录可以看出，这是当时规模宏大的善本影印项目，可与我们现在的《中华再造善本》相媲美。然而就在商务印书馆印行《景印国藏善本丛刊样本》之后的三个月，日寇发动"八一三"事变，商务印书馆的出版事业陷于停顿，《国藏善本丛刊》尚未正式开印，便功败垂成。

据我所知，国家图书馆历史上留存至今的铜像仅有一尊，是我们第 16 任馆长梁启超先生的，目前陈列在名家手稿展厅梁启超专藏中，郑重地安放在当年梁启超使用的办公桌上。参观者可以在此缅怀梁启超馆长对国家图书馆以及中国文化史的贡献：1925 年 12 月北洋政府教育部聘请梁启超先生担任国立京师图书馆馆长，1927 年 6 月因病请辞馆长，8 月向新任馆长郭宗熙移交馆务。梁启超先生虽然执掌馆务只有一年半，但以其地位和影响为国家图书馆做了许多开创性的工作，特别是我们耳熟能详的——当时北洋政府拖欠经费，馆里经费窘迫，他把个人 10 余年积存的人寿保险费押借现款，维持馆务运转并给员工发了一年工资。在去世前还留下遗嘱，将其所藏古籍、未刊稿、拓片及私人信札等全部寄存图书馆，以供读者阅览。1931 年 6 月国立北平图书馆文津街新馆舍建成，专门开设梁任公纪念室，庋藏寄存图书，以资纪念。很多观众问梁启超先生铜像是哪年塑的，我觉得应该就是 1931 年为梁任公纪念室专门塑的。80 多年来这是国家图书馆唯一的名人塑像，相对于国家图书馆百年历史的文化积淀，不能不说有一点孤单。今天终于有了赵万里先生的塑像，这也是国家图书馆文化自觉、文化自信的表现。在此也希望以此为契机，将为国家图书馆馆藏建设、事业发展做出巨大贡献的陈垣、郑振铎、周叔弢、傅增湘等先生的塑像陆续安放在国家图书馆这个文化殿堂中，睹像思人，激励我们图书馆人不忘初心、砥砺前行。

从赵万里出发重新审查宋元版本

[日] 桥本秀美

名人铜像一般都不会令人高兴或喜欢。一个铜像固定的表情，做得再好也无法代表历史伟人的丰富意涵。有些人物没有显赫事迹，铜像却做得很气派，也不免扫兴。我们心目中的人物形象与铜像风格之间，通常都有严重失衡。看到赵万里铜像，我生平第一次对铜像感到兴奋。这座铜像做得太好了！

今日的宋元版研究，以《版刻图录》为典范。随后赵万里受到打击，研究条件被剥夺，阿部隆一、尾崎康遵照《版刻图录》体现的方法，对日本、中国台湾所藏宋元版本进行全面细致的调查，公布详细的调查报告，推进宋元版研究有显著贡献。近十多年来，数据条件有颠覆性改变。直接调查宋元版原件越来越困难，而复制图像的大批出现，尤其经过电子化，使学者很容易了解各种版本的大致面貌，也能进行简单的比较。结果不少非版本学专家都撰写讨论版本的文章，版本学界变得非常热闹。现在需要真正的版本学专家，对宋元版本展开新的研究，获得一套更精准的系统认识。

《版本目录学研究》第七辑开设"赵万里专题"。蒙主编沈乃文老师不弃，笔者忝为编委，与盟友叶纯芳一起撰写一篇《学版刻图录记》塞责。拙文认为当今学界对宋元版本的认识框架即由赵万里一手创建，而且赵万里的认识有很多变化，几经调整没有形成最后定论，其中仍然有很多问题有待解决。例如文中提到《广韵》避不避"眘"字，《版刻图录》中两说歧见，当初以为赵万里最早没注意，后来才发现有避"眘"字，阿部隆一从后说，认定为孝宗朝刊本。刊物排版之后，想到这问题恐怕较复杂，赵万里有可能故意留两说。从刻工、字体等综合考虑，《广韵》应该是高宗朝刊本，但避"眘"字说明是孝宗以后刊本。其实，赵万里认为南宋初刊的版本，阿部隆一认为孝宗朝刊本的例子很多，除了拙文中后来补注提到的《春秋经传集解》外，笔者正在编辑影印本的《周易正义》单疏本也如此。阿部认为刻工出现的时间有一定的幅度，也有同名异人的可能性，而避讳可以确定时间上限，避"慎"字不可能是高宗朝刊本。究竟如何，刻工、避讳两方面都需要进一步讨论。

鉴定宋版最大的问题是补版的认定。无论是赵万里还是阿部隆一，他们分析刻工时都有分辨原刻与不同时期补版，但辨认很难精准，所以他们的认定都有不少失误和很多疑问。有些非专业学者，参考各种刻工表如《古籍宋元刊工姓名索引》之类二三手数据，轻易讨论刊刻时间，实在不足据。鄙意应该由张志清老师、陈红彦老师等专家拟一个计划，对重要的宋版进行逐叶认定，在网络上公布书影的同时，公示专家的认定，就每一叶说明该叶为原版还是补版，刻工名谁何，然后让大家共同讨论。这样才能积累真正可靠的刻工信息，才有希望将宋元版研究提高到新的水平上。另外，避讳问题也需要重新讨论。避讳如果在修补部分，自然不足以讨论原版刊刻时间。就算在原版上，避"慎"字也有可能是后来削掉末笔。所以单纯少末笔的避讳不足以论刊刻时间，只有以缺笔为前提设计的字形（倒数第二笔撇的位置偏右）才能作为孝宗朝以后刊刻的确证。

我们的出发点是赵万里，不会是别人。赵万里搭起了今日我们的

宋元版概念，确定了鉴定研究的方法，同时留下了各种各样重要问题
（请参拙文《学版刻图录记》）。衷心希望我们的版本学专家重新审查
赵万里的版本学，参照阿部隆一、尾崎康在赵万里的框架下发展的成
果，发现问题，探索有效并且可靠的方法，一步一步解决问题，让我
们更好地理解宋元版本。作为一名爱好者，笔者渴望宋元版研究有新
的突破，只能寄希望于来往国图的版本学专家。我幻想赵万里以铜像
的形态站在那里，每天向每一位专家学者发功，诱导、督促他们推进
宋元版研究。赵万里还没死，所以需要铜像。只有宋元版研究提高到
完全不同的层面上，赵万里才可以结束历史使命，超度为古人。

芸盦赵先生铜像落成敬题

张本义

缃素韦编起一经，海宁文苑举芸英。
百年人物谁言老，石室名山信有情。

后　记

这部《赵万里先生纪念文集》的主体，是 1980 年以来发表的纪念、回忆诗文，作者大多是赵先生的家人、朋友、同事和学生。此外还收录了 2016 年 12 月 17 日在国家图书馆善本阅览室举办的赵万里先生铜像揭幕仪式上的致辞和发言，以及由这次活动触发出来的几篇文章，代表了更年轻的两代人对赵先生的纪念。

赵万里先生是 20 世纪成就最为卓著的版本目录学家与古籍整理专家之一。古籍整理、版本目录学、古典文献学、金石学、词学等领域的研究者，没有人不读赵先生的著作，也没有人不从中获得启迪与滋养。不过对赵先生学术的全貌，他的才情与性格，一般人的了解恐怕不深，或者无从深入了解。

回想 12 年前我从北师大毕业，来到国家图书馆工作，那时无比崇仰赵先生的学问，然而仅仅知道他是版本目录学的权威、本馆古籍善本事业的老前辈。后来承蒙张志清副馆长厚爱，让我参与《赵万里文集》的编纂工作，才比较系统地读了赵先生的著作，头脑中的印象不停地被刷新：原来赵先生校过那么多书！原来赵先生的未刊辑佚稿本还有 200 多种！原来赵先生这么精通金石学！原来赵先生有那么精当的词学辑佚著作！原来赵先生年轻时的词作那么精彩！在一连串的惊叹之后，慢慢地走近了赵万里先生的世界。

与同时代的其他重要学者相比，赵万里先生身后显得有些寂寞。

《文集》出版较《芸香阁丛书》的其他三种要晚，百年诞辰时也没有举办什么纪念活动，探讨其事业与学术成就的文章也不多。这份寂寞，与赵先生在事业和学术上的成就之高，形成了强烈的反差。作为后辈，我们需要做点什么。

从那以后，我就特别留意与赵万里先生有关的资料。遗憾的是，经历过"文革"期间抄家和后来的仓促拆迁，赵家所存资料不多；国图 1966 年以前的档案，据说在"文革"期间做过一次整理，留下来的资料也不多。很多事情，比如赵先生编纂"四部考"、编纂《校辑宋金元佚书》的计划等等，都是靠其他人日记与书信中的三言两语，才略有一些了解。我希望编一部赵先生的年谱，但用这些零星的材料，无法拼出赵先生的完整人生。

因而，本集收录的这些家人、朋友、同事与学生们的回忆，就显得非常珍贵。从他们的笔下的细节描写，可以看到活生生的赵先生。他力求把世上所有珍本全都收归北图的痴迷与执着，他典守库藏的勤虔与稳慎，他谈书论学时的兴奋与自负，历历如在目前。从这里看见的赵先生，比从著作中看见的赵先生，更加生动丰满、可亲可敬。

本书所收文章之外，篇幅较短的回忆文章或片段，也还有不少。比如邓云乡先生回忆北平的《文化古城旧事》中，"版本学家"一节便专写赵先生：

> 回忆几十年前临时大学二分班在沙滩红楼上课时，每一下课，他总向同学们说："你们来哪，馆里我有一间房，方便极了！你们到门口就说找我好啦。"一再叮嘱同学们要常常到文津街图书馆找他去，对待同学极为热情。当时先生正在壮年，但剃的是光头，穿的是蓝布大褂、布鞋，外表极为木讷，完全像一个琉璃厂书铺跑外的伙计。而说起话来，十分健谈，精力充沛，一接触就知道

是一位十分精明干练的人。赵斐云先生名万里，是浙江海宁人，和目录家陈乃乾、金石家朱剑心是小同乡，少时都是嘉兴中学前后期的同学。朱剑心氏生前常谈：赵斐云在初中时即光头不留发，而且《西厢》背的极熟，一见同学，便开玩笑，躬身一揖，念道："小生姓张名珙字君瑞，年方二十二岁，尚未娶妻……"是一个极为风趣的人。（《文化古城旧事》，中华书局2004年3月，第278—279页）

又如戴逸先生《初进北大》一文，对赵先生的课堂风采有简要记述：

　　1946年深秋，我从上海交通大学转到北京大学。……我在北大两年还听了许多史学系的课程。……还有一位从北京图书馆请来讲目录学的赵万里，他是王国维的学生、同乡，其读书之广、识断之精、记忆之强，令人惊叹。上课不带片纸，各种珍本、善本的特点，刊刻年代、内容，均烂熟于胸，娓娓而谈，均有来历，课堂上有问必答，略无迟滞。据说他幼年时走过几遍街道，就能把两旁商店招牌，暗记背诵出来。（1998年2月4日《光明日报》第7版）

这些零散的记录，连同本书收录的回忆文章，分别展现了赵万里先生性情才华的一个侧面，足以想见其为人，也有益于理解他所处的时代。

最近几年，赵万里先生著作纷纷重版或影印出版。成名作《北平图书馆善本书目》（1933年），2008年收入北京图书馆出版社影印的《明清以来公藏书目汇刊》，2011年人民文学出版社又将之与仓石武四郎编拍的《旧京书影》合璧影印。2008年8月广西师范大学出版社影印了《汉魏南北朝墓志集释》，2013年8月国家图书馆出版社影印了

《校辑宋金元人词》。《中国版刻图录》由文物出版社于 2015 年 1 月印行修订本，这已是它的第四版。

继 2011—2012 年三卷本《赵万里文集》出版之后，清华大学国学院选编了《赵万里文存》，作为《清华国学书系》之一于 2016 年 10 月由江苏人民出版社出版。中华书局还影印了赵万里先生的多部校本：其一是 2014 年 9 月出版的《王国维批校〈水经注笺〉》，底本便是赵先生临王国维先生校本；其二是 2017 年 1 月出版的《赵万里抄校本选编》，收抄本 17 种、临王国维先生校本 4 种、手校本 2 种。单篇文章收入各种论著集的，那就更多了。

在赵万里先生诞辰一百一十周年之际，有两个学术刊物都设立了纪念专栏，即 2015 年 8 月出版的《文津学志》第八辑和 2016 年 12 月出版的《版本目录学研究》第七辑，分别刊登了一组纪念与研究文章。海宁市人民政府与嘉兴经济技术开发区管委会向国家图书馆捐赠了一尊赵万里先生铜像，于 2016 年 12 月 17 日在国图善本阅览室举办了揭幕仪式，把这一系列纪念活动推向了高潮。

与此同时，研究赵万里先生的学术论文，最近五年也发表了近十篇。对赵先生的研究，正在蓬勃开展。限于体例，同时也是为了避免重复出版，这个集子中没有收录专题研究性质的学术论文。期待在不久的将来，能有一部《赵万里研究》出版，从更深入、更专业的角度阐释赵万里先生的学术造诣与事业成就。

刘波

2017 年 6 月 30 日